Zu diesem Buch

Sind Erstgeborene und Einzelkinder die Erfolgreichen in unserer Gesellschaft? Haben es die «mittleren» Geschwister schwerer im Leben? Stimmt es, daß die Jüngsten verwöhnt und deshalb lebensuntüchtig sind? Die Psychologin Lucille Forer macht auf der Grundlage erstaunlicher Forschungsergebnisse und vieler Fallgeschichten aus der eigenen Praxis deutlich, in welch entscheidendem Maße die Geschwisterkonstellation die Persönlichkeitsbildung des einzelnen Kindes beeinflußt. Fähigkeiten zu Freundschaft und Liebe, Berufswahl, sexuelles Verhalten, Toleranzvermögen und Durchsetzungskraft haben viel mit der Stellung innerhalb der Familie zu tun; das Beziehungsgeflecht zwischen Eltern und Kindern und zwischen Geschwistern untereinander kann nicht unabhängig von der Geschwisterfolge gesehen werden.

Lucille Forer erklärt
- welche Schwierigkeiten und Möglichkeiten sich aus der Stellung innerhalb der Familie ergeben können,
- wie manches Geschwisterverhalten zu deuten ist und
- wo Eltern behutsam korrigierend eingreifen können, nachdem sie ihr eigenes Verhalten überprüft haben.

Als Eltern werden wir die eigenen Verhaltensweisen und die unserer Kinder besser verstehen lernen. Als Erwachsene, die auch Kinder waren, werden wir ein bißchen mehr darüber erfahren, wer wir sind, warum wir so sind und wie wir vielleicht das verändern können, was uns mit uns unzufrieden sein läßt.

Lucille K. Forer / Henry Still

Erstes, zweites, drittes Kind ...

Welche Bedeutung
hat die Geschwisterfolge
für Kinder, Eltern, Familie?

Aus dem Amerikanischen von Reiner Arlt

Rowohlt

Umschlagentwurf Werner Rebhuhn
(Foto: Schürmann / ZEFA)

Veröffentlicht im Rowohlt Taschenbuch Verlag GmbH,
Reinbek bei Hamburg, Februar 1982
Titel der Originalausgabe:
«The Birth Order Factor»
Copyright © 1976 by Lucille K. Forer with Henry Still
Copyright © 1979 by Verlag Kiepenheuer & Witsch, Köln
Satz Times (Linotron 404)
Gesamtherstellung Clausen & Bosse, Leck
Printed in Germany
880-ISBN 3 499 17471 5

Inhalt

Teil VI   Ausblick

Bert und Charlene

Vorwort

Ich bin Hunderten von Forschern verpflichtet, die sich mit Effekten der Geschwisterkonstellation beschäftigt und bedeutsame Ergebnisse gefunden haben, die ich zu meinen eigenen klinischen Beobachtungen in Beziehung setzen konnte.

Ich bedauere nur, daß die private klinische Praxis mir nicht die Möglichkeiten zur Forschung im großen Maßstab bot, wie sie an Colleges, Universitäten und staatlichen Forschungsinstituten gegeben sind. Ich habe jedoch auf eigene, kleine Untersuchungen zurückgegriffen, um Konstellationseffekte in Situationen zu beschreiben, die von konventionell arbeitenden Forschern kaum je untersucht wurden. (Zum Beispiel die Einstellung von Menschen zum Kinderkriegen, wie sie in Kapitel 14, ‹Elternschaft I›, erörtert wird. Ein weiteres Beispiel ist das Material über die ehelichen Beziehungen zwischen Menschen aus verschiedenen Geschwisterkonstellationen.)

Henry Still und ich möchten Dr. Bertram R. Forer, der das Manuskript durchsah und wichtige Verbesserungsvorschläge machte, für seine wertvolle Hilfe danken. Seine kreativen Ideen und klinischen Beobachtungen waren uns eine so große Hilfe, daß man seinen Beitrag zu diesem Buch nicht hoch genug einschätzen kann.

Vorbemerkung zu den Fallstudien

Leser psychologischer Bücher neigen dazu, ‹sich selbst› in diesen Büchern wiederzufinden. Vielleicht glauben manche Leser, vor allem frühere Patienten von mir und ihre Verwandten, sich in einigen der hier dargestellten Fälle wiederzuerkennen. In Wirklichkeit identifizieren sie sich dann nur mit gängigen Verhaltensmustern, denn wir alle machen Erfahrungen und haben Persönlichkeitszüge, die wir mit vielen anderen Menschen teilen.

Wir haben bei allen Fallstudien große Mühe darauf verwandt, Einzelheiten, die möglicherweise eine Identifizierung der Betroffenen ermöglichen würden, zu verändern. Vielfach steht ein einzelner Fall auch für viele Menschen in der gleichen Geschwisterkonstellation. Zuweilen haben wir Berichte anderer Therapeuten in unsere Fallstudien integriert. Die Darstellungen der Behandlungsverläufe wurden vereinfacht, und besonderen Wert legen wir stets auf die Berücksichtigung der besonderen Geschwisterkonstellationsprobleme in der Therapie.

– Lucille K. Forer, Ph. D.

Einführung

Es gehört zu den ernstesten und lohnendsten Aufgaben im Leben herauszufinden, wer wir sind, warum wir so sind und – wenn wir mit dem, was wir herausfinden, unzufrieden sind – wie wir das ändern können. Dieser Prozeß beginnt bei der Geburt (vielleicht schon bei der Empfängnis), und er endet erst mit unserem Tod.

Wahrscheinlich ist die Psychologie von allen Wissenschaften die klärendste, weil sie das menschliche Denken und die Motivation des Menschen untersucht. Aber sie ist auch die nebulöseste aller Wissenschaften, weil sie es mit Myriaden von Variablen zu tun hat.

Ein neugeborenes Kind ist durch das Muster des bei der Zeugung verschmolzenen Keimplasmas der Eltern weitgehend determiniert, und es bleibt stets gebunden an die sich wandelnde Umwelt, in die es hineingeboren ist. Niemals werden zwei völlig gleiche Menschen geboren – nicht einmal eineiige Zwillinge –, und nie können die Lebenswege zweier Menschen von der Geburt bis zum Tod völlig gleich verlaufen. Jedes Erleben verändert den Lauf und die Struktur des weiteren Lebens.

Die Vererbung hat großen Einfluß auf ein Kind: sie bestimmt, ob es ein Junge oder ein Mädchen ist, blond oder dunkel, groß oder klein, intelligent oder dumm, genialisch oder zurückgeblieben, gesund oder kränklich, wohlgestaltet oder mißgebildet, und zwischen all diesen Extremen liegen zahllose Abstufungen. Die Umwelt des Säuglings kann liebevoll oder feindselig, streng oder gütig, reich oder ärmlich, warm oder kalt, ländlich oder städtisch sein – auch hier eine enorme Vielzahl von Variablen.

Die wissenschaftliche Forschung bemüht sich durch Beobachtung und Experiment, allgemeingültige Regeln aufzustellen, nach denen bekannte Bedingungen zu vorhersagbaren Resultaten führen. Astronomen können vorhersagen, wann eine Sonnenfinsternis eintritt, und aus der richtigen Mischung von Wasserstoff und Sauerstoff entsteht allemal Wasser. Dagegen finden wir in der Psychologie keine präzisen Formeln, mit deren Hilfe wir die Menschen säuberlich klassifizieren und dann erwarten können, daß sie für alle Zeit in diese Kategorie fallen werden.

Psychologie ist deshalb das unausgesetzte Bemühen festzustellen, welche Haupteinflüsse das Leben und Verhalten des Menschen bestimmen, sie zu entsprechenden Erfahrungen in Beziehung zu setzen und so allgemein anwendbaren Regeln wenigstens nahezukommen. Das Wort *nahekommen* ist hier entscheidend, denn absolute Genauigkeit ist unmöglich. Ein Jahrhundert Forschung hat aber immerhin zu Leitsätzen geführt, die nahezu für jedermann zumindest teilweise gelten. Wir wissen, daß die Vererbung unauslöschliche Spuren hinterläßt und daß sexuelle Entwicklung und Befriedigung von großer Wichtigkeit sind. Ob die Eltern liebevoll sind oder nicht, hat Einfluß auf den Kampf eines Menschen um die Erhaltung, Aktualisierung und Entwicklung seiner Persönlichkeit. Es ist ein großer Unterschied, ob man als Junge oder als Mädchen zur Welt kommt. Auch die finanziellen Verhältnisse der Familie spielen eine wichtige Rolle. Dies sind nur einige wenige von den Variablen, die auf die lebenslange Entwicklung eines Individuums einwirken.

Eine solche Variable – eine wichtige – ist auch die Geschwisterkonstellation, die Position im Rahmen der Familie, in die das Kind hineingeboren wird: als erstes, zweites, drittes, fünftes, achtes, jüngstes oder einziges Kind.

Die Forscher haben festgestellt, daß jeder Familienposition spezifische Stärken und Schwächen zugeordnet sind. Dabei gibt es erhebliche Unterschiede, und es kommt nicht nur auf die Stellung in der Geschwisterreihe, sondern auch auf das Geschlecht des Kindes an. Der Hauptzweck dieses Buches ist es darzulegen, was man über die Bedeutung der Geschwisterkonstellation weiß, und damit dem Leser verstehen zu helfen, warum er so ist, wie er ist, so daß er aus seinen Stärken das Beste machen und gegen seine Schwächen anarbeiten kann.

Im Grunde geht es darum zu prüfen, wie Organisation und Einstellungen in der Familie Menschen beeinflussen und sich auf die individuelle Anpassung des Erwachsenen auswirken: auf die persönlichen Beziehungen, auf Liebesverhältnisse, Eheschließung, Elternverhalten, Arbeitseinstellungen, Erfolg oder Versagen. Allgemein gesagt wollen wir feststellen, wodurch das Elternhaus einen Menschen befähigt, die (wie Alfred Adler sagt)[1] drei Forderungen einer befriedigenden Anpassung an soziale Beziehungen zu erfüllen: im Beruf, in der Sexualität und im Gefühlsleben.

Es geht uns um die individuelle Anpassung, aber es geht uns auch um die Auswirkungen der Kindheitsbeziehungen darauf, wie Menschen im großen die Probleme des Zusammenlebens in der Welt regeln: in der Politik und Ökonomie, in geschäftlichen, nationalen und internationalen Beziehungen. Wir neigen dazu, unsere Führerfiguren zu entpersonalisieren, aber auch die Führer der Nationen waren einmal – wie wir alle – Kinder in einer Familie, und auch sie hatten ihre Anpassungsprobleme gegenüber Eltern und Geschwistern. Die nationalen und internationalen

Führer sind, genau wie wir anderen, durch ihre Rolle unter den Geschwistern beeinflußt. Die frühere Interaktion eines Präsidenten mit seinen Eltern, seinen Brüdern und Schwestern – die ja beeinflußt ist durch die Position, in die er hineingeboren wurde – muß also gewisse Auswirkungen auf die Art und Weise haben, wie er die Geschäfte der Nation führt. Man hat behauptet, daß die während der Kindheit entwickelten Beziehungen vielleicht sogar die psychologischen Ursachen für Krieg und Frieden sein könnten. Im weiteren Verlauf werde ich versuchen, meine Thesen an Hand einiger Staatsmänner und anderer prominenter Männer und Frauen zu belegen. So hoffe ich nicht nur dazu beizutragen, daß der Leser sich selbst und seine Motivation besser versteht, sondern auch die Einsicht entwickeln zu helfen, welche familiären Einflüsse notwendig sind, um Männer und Frauen heranzubilden, die Weltpolitik so machen können, daß alle Menschen den größtmöglichen Nutzen davon haben.

Dieses Ziel mag ehrgeizig erscheinen. Ich setze es mir nur, weil ich überzeugt bin, daß die Kindheitsbeziehungen zu Eltern und Geschwistern höchst gewichtige Faktoren für die persönliche Entwicklung sind.

Die meisten Untersuchungen zum Thema Geschwisterkonstellation beschäftigen sich nur mit einzelnen Kindern oder mit Familien mit bis zu drei Kindern. Konstellationseffekte in größeren Familien – mit vier oder mehr Kindern – abzuleiten, hat sich als schwierig erwiesen. Meine klinischen Untersuchungen haben mir jedoch gezeigt, daß es möglich *ist*, Konstellationseffekte in Familien mit mehr als drei Kindern aufzuzeigen. Kinder, die zwischen dem zweiten und dem jüngsten stehen, bezeichne ich als die ‹Spätergeborenen› (*later middles*). Grundlage meiner Darstellung sind Untersuchungen zur Geschwisterkonstellation, aber auf Grund meiner klinischen Erfahrung konnte ich die Interpretation der Daten verfeinern und Tendenzen und Persönlichkeitszüge in ihrer Beziehung zur Geschwisterkonstellation – in größeren wie in kleineren Familien – deutlicher herausarbeiten.

Die Kenntnis der Konstellationseffekte kann für jedermann nützlich sein. Wenn Sie die Tendenzen kennen, die sich aus der jeweiligen Position in der Familie ergeben, dann können Sie sich diese Information im täglichen Leben zunutze machen.

Wenn Sie wissen, daß jede Position die Möglichkeit zur Entwicklung besonderer Stärken mit sich bringt, können Sie sich dieser Stärken besser bewußt werden. Sie können auch Ihre Grenzen besser erkennen, können lernen, mit ihnen fertig zu werden und sich selbst gegenüber toleranter zu sein.

Zweitens können Sie auf Grund dieser Kenntnisse besser verstehen, warum Sie sich so verhalten, wie Sie sich verhalten: in Übereinstimmung mit der Persönlichkeit und den Beziehungen zu anderen Menschen, wie sie sich aus der Position in der Familie ergeben haben. Und Sie können erkennen, wie Sie sich selbst und andere ganz automatisch in wirklichkeitsfremde Verhaltensmuster hineinzwingen, indem Sie so handeln, wie es Ihrer gewohnten und bequemen Geschwisterrolle entspricht.

Drittens werden Sie erkennen, daß Ihre Interaktion mit anderen manchmal nicht nur von Ihrer eigenen, sondern auch von *deren* Geschwisterrolle beeinflußt ist. Einstellungen zu anderen Menschen und Erwartungen bezüglich ihrer Reaktionen können auf die beiderseitigen Geschwisterkonstellationen zurückgehen. Die anderen haben Ihnen gegenüber entsprechende Einstellungen und Erwartungen. Wenn Sie beide – die eigenen wie die der anderen – verstehen, dann können Sie mit Toleranz reagieren und viel Ärger in persönlichen Beziehungen vermeiden.

Wenn sich aus Konstellationseffekten Probleme ergeben, so in der Regel deswegen, weil jemand sich nicht bewußtmacht, wie sehr er in der Rolle, die er auf Grund seiner Position in der Familie gelernt hat, befangen ist. Wenn Sie sich diese Effekte bewußtmachen, dann können Sie beginnen, alles zu ändern, was Ihnen nicht gefällt. Dann brauchen Sie künftig weder sich selbst noch anderen immer wieder kindliche Verhaltensmuster aufzuzwingen, die meistens nicht gerade hilfreich sind. Dann können Sie Situationen und andere Menschen genauer einordnen, so daß Sie sich ihnen gegenüber konstruktiver und effektiver verhalten können. Dieses Ziel zu erreichen, ist mein Hauptanliegen bei der Untersuchung des Phänomens ‹Geschwisterkonstellation›.

Wir werden uns mit den Tatsachen beschäftigen, die den aktuellen Ansichten über Konstellationseffekte zugrunde liegen, und sie zur Persönlichkeitsentwicklung und zur Einstellung zu Arbeit, Liebe, Ehe und Elternschaft in Beziehung setzen. (Vielleicht können sogar Ihre Kinder von *ihrer* Familienposition mehr profitieren, wenn Sie mehr über dieses Thema wissen.) Selbst wenn Ihre Familienposition Sie scheinbar zu unangenehmen Verhaltensmustern zwingt, hoffe ich Ihnen zeigen zu können, wie der Zwang zu durchbrechen ist. Ich hoffe, Sie werden in diesem Buch einen Satz, einen Abschnitt oder eine Seite finden, die Ihnen helfen, harmonischer und erfüllter zu leben.

Teil I
Gebunden durch Geburt

Kapitel 1
Ein Platz in der Familie

Welchen Platz jemand in der Familie einnimmt, hat großen Einfluß darauf, wie er sich anderen Menschen und der Welt gegenüber verhält. Vielleicht haben Sie schon einmal festgestellt, wie sehr die Tatsache, daß Sie das älteste oder das jüngste Kind waren, daß Sie einen stärkeren Bruder oder eine mütterliche Schwester hatten, Ihr Leben beeinflußt hat. Aber wahrscheinlich haben Sie bisher geglaubt, nur Sie allein hätten solche Erfahrungen gemacht. Natürlich sind Sie als Individuum einzigartig, aber grundsätzlich unterlag und unterliegt die Persönlichkeitsentwicklung von Millionen anderer Menschen ähnlichen Einflüssen.

Eine Mutter von fünf Kindern stöhnt zum Beispiel: ‹Ich dachte, meine Erfahrungen mit dem ersten Kind würden mir bei den anderen helfen, aber sie sind alle *so verschieden*!›

Oder ein Mann beklagt sich: ‹Ich war das zweite Kind. Mein Vater zog immer meinen älteren Bruder vor – vermutlich, weil er eben der erste war. Er war größer und stärker und konnte mich nach Belieben unterdrücken. Ich fühlte mich wie ein Niemand. Ich dachte mir die heimtückischsten Sachen aus, um ihn auszutricksen und auch mal meinen Spaß zu haben.›

Ein anderer Mann sagt: ‹Ich hatte drei Schwestern, und mein Vater war die meiste Zeit nicht zu Hause. Ich wuchs mit Puppen und Kaffeekränzchen auf. Es schien, als wären Frauen etwas Kostbares und überhaupt die einzig wichtigen Leute auf der Welt. Lange Zeit wußte ich nicht, was es heißt, ein Junge zu sein.›

Oder nehmen wir die Aussage dieser Frau: ‹Mein Bruder war älter und größer und stärker, und er machte sich einen Spaß daraus, mir zu erzählen, was Mädchen alles nicht können oder dürfen. Während meiner Kindheit und Jugend fühlte ich mich in fast jeder Hinsicht minderwertig.›

In unserer zwanzigjährigen klinischen Praxis haben mein Mann (ebenfalls klinischer Psychologe) und ich festgestellt, daß die Position in der Geschwisterreihe nicht nur tiefgreifenden Einfluß auf die Persönlichkeitsentwicklung ausübt, sondern daß diese Effekte auch in gewissen Grenzen und innerhalb ähnlicher Gesellschaftsformen vorhersagbar sind. Wenn wir versuchen, uns von einem Menschen, der mit seinen Problemen zu uns kommt, ein Bild zu machen, erfahren wir fast immer etwas sehr Wichtiges, wenn wir uns die Geschwisterkonstellation ansehen.

Entlastung der Eltern

Seit Sigmund Freud die Büchse der Pandora öffnete, indem er darauf aufmerksam machte, wie Eltern die Entwicklung ihrer Kinder beeinflussen, haben Sozialwissenschaftler und Psychologen diese Beziehung immer wieder sorgfältig untersucht. Kein noch so geringfügiger Aspekt des Elternverhaltens – von den Eß- bis zu den Liebesgewohnheiten –, den man nicht für diesen oder jenen Aspekt der emotionalen oder Persönlichkeitsentwicklung der Kinder verantwortlich gemacht hätte. In den letzten Jahren hat diese Entwicklung so überhandgenommen, daß man, was immer junge Leute tun, auf irgendeine Besonderheit ihrer Eltern zurückführt. Die Folge ist, daß eine ganze Generation von Eltern sich nicht getraut, normal zu leben, weil sie fürchtet, die Psyche ihres Kindes zu schädigen – oder aber aus Furcht, solchen Schaden schon angerichtet zu haben, die schlimmsten Schuldgefühle hat. Und nur zu schnell ergreifen die Kinder den bequemen Ausweg, ihre Eltern für Dinge verantwortlich zu machen, für die sie selbst die Verantwortung nicht übernehmen wollen.

Es ist an der Zeit, die Eltern wenigstens ein bißchen zu entlasten. Im allgemeinen sind die Eltern ja nicht die einzigen Menschen, mit denen wir während unserer Kindheit und Jugend zu tun haben. Fast zwei Drittel von uns werden in Familien hineingeboren, in denen schon Kinder vorhanden sind. Mit diesen Brüdern oder Schwestern leben sie ebensolange zusammen wie mit ihren Eltern. Vom übrigen Drittel, also von denen, die als erste Kinder geboren werden, bekommen die meisten recht bald Geschwister. Die Interaktion mit diesen Geschwistern ist in vielen Fällen häufiger und intimer als die mit den Eltern – vor allem dann, wenn beide Eltern berufstätig sind. Darum ist die Entwicklung eines Kindes zum großen Teil von der Interaktion mit den Geschwistern abhängig. Schließlich beeinflussen Kinder ihrerseits auch den Lebensstil ihrer Eltern, ebenso wie den ihrer Geschwister.

Historische Entwicklung

Das Interesse an den Auswirkungen der Geschwisterkonstellation auf die persönliche Entwicklung und Leistung ist nicht neu. Schon vor über einem Jahrhundert stellte der Engländer Sir Francis Galton[1] unter den hervorragenden englischen Wissenschaftlern eine unverhältnismäßig große Anzahl einziger und erstgeborener Söhne fest; er führte diesen Umstand zum Teil darauf zurück, daß Eltern einzige oder erste Kinder oft anders behandeln als spätere. Galton meint, das gelte in besonderem Maße für Söhne. Seiner Ansicht nach entwickeln Eltern zum ersten

Kind eine besonders enge Beziehung, weil es zumindest für einige Zeit das einzige ist; dem ersten Kind wird auch mehr Verantwortung übertragen.

Noch etwas anderes spielte im viktorianischen England Galtons eine Rolle. Zu jener Zeit galt in England (und in den meisten anderen großen Nationen) noch das Erstgeburtsrecht, demzufolge der erstgeborene Sohn das gesamte Familienvermögen erbte und dafür nach dem Tode des Vaters für die übrigen Familienmitglieder zu sorgen hatte. Das Erstgeburtsrecht wurzelt in der noch älteren Notwendigkeit, den Familiennamen oder eine Blutlinie durch einen Sohn zu erhalten. Solche Überlegungen waren aus praktisch-ökonomischen Gründen, aber auch aus Gründen der Ehre und des Prestiges von großer Bedeutung, wenn die Würde eines Herzogs oder eines Lords oder ein Familienvermögen auf dem Spiel standen.

Es überrascht daher nicht, daß Galton unter den hervorragenden englischen Wissenschaftlern so viele erstgeborene Söhne fand. Von den ältesten Söhnen der Oberklassen-Familien – jenen, die wohlhabend genug waren, die Ausbildung ihrer Söhne zu finanzieren – erwartete man einfach mehr Bildung und Leistung als von ihren Brüdern und Schwestern.

Selbst in Familien mit einem oder mehreren älteren Mädchen hatte der erste Sohn eine besondere Position. Höhere Bildung für Frauen war eher die Ausnahme als die Regel, auch wenn dann und wann vielleicht ein verliebter Vater einer klugen Tochter diese Gunst gewährte. In der amerikanischen Oberklasse jener Zeit war die Einstellung nicht viel anders, obwohl Mädchen manchmal das College besuchten und Karriere machten. Doch erst nach dem Ersten Weltkrieg, nach der Einführung des Frauenstimmrechts, gewann die schrittweise Entwicklung zur Emanzipation von heute an Einfluß.

Seit Galton haben viele Forscher die Geschwisterkonstellation untersucht und nach Beziehungen zu sich entwickelnden und ausgeformten Lebensstilen gesucht. Als erster stellte der Arzt, Psychiater und Psychologe Alfred Adler die Hypothese auf, die Geschwisterkonstellation beeinflusse den Lebensstil in charakteristischer Weise. Er veröffentlichte in zahlreichen Aufsätzen und Büchern Daten über Konstellationseffekte. Adler kam zu dem Schluß, daß trotz weitgehender Aufgabe des Erstgeburtsrechts im westlichen Kulturkreis die Familienposition noch immer einen starken Einfluß auf die Entwicklung ausübe. Die Interaktion eines Kindes mit seinen Eltern und/oder Geschwistern zeigt meist gewisse Eigenheiten und Merkmale, die bei einer anderen Familienposition anders ausfallen würden. Adler schreibt:

Wo immer ich mich mit Erwachsenen beschäftigt habe, stieß ich auf überdauernde Einflüsse aus der frühen Kindheit. Die Position in der Familie prägt den Lebensstil unauslöschlich. Alle Entwicklungsschwierigkeiten entstehen durch Rivalität und fehlende Kooperation in der Familie.

Wenn wir unser Sozialverhalten betrachten und uns fragen, warum es so sehr durch Rivalität und Wettbewerb gekennzeichnet ist ... dann müssen wir erkennen, daß die Menschen allenthalben bemüht sind zu herrschen, zu siegen und andere zu übertreffen. Das ist die Folge der Einübung in der frühen Kindheit, der Rivalitäten und des Wettbewerbsstrebens von Kindern, die sich nicht als gleichberechtigtes Mitglied ihrer ganzen Familie fühlen durften. Wir können diesen unbefriedigenden Zustand nur überwinden, wenn wir unsere Kinder zu mehr Kooperationsbereitschaft und -fähigkeit erziehen.[2]

Nach langer klinischer Erfahrung, die immer wieder gezeigt hat, welch große Bedeutung der Geschwisterkonstellation unter den Kräften, die die Entwicklung einer Person bestimmen, zukommt, stimme ich mit Adler voll überein. Ich muß jedoch zwei Punkte hervorheben:

Erstens ist die Geschwisterkonstellation nur einer von vielen Umweltfaktoren, die für die Entwicklung und Erhaltung von Lebensrollen wichtig sind.

Zweitens ist nicht die *Konstellation* als solche so wichtig, sondern wichtig sind vielmehr die Erfahrungen mit anderen Familienmitgliedern, die jemand *auf Grund* der Tatsache macht, daß er das älteste, mittlere, jüngste oder einzige Kind ist.

Man kann zusammen mit Brüdern und Schwestern aufwachsen; man kann ein Einzelkind sein. Man kann das ältere oder das jüngere von zwei Kindern sein. Oder das erste, mittlere oder letzte von dreien. Man kann das erste, letzte oder eines der mittleren Kinder einer größeren Familie sein. Man kann das einzige Mädchen unter lauter Jungen oder der einzige Junge unter lauter Mädchen sein – in allen genannten Situationen.

Was immer *Ihre* Position ist: sie hat in hohem Maße Einfluß darauf, wie Sie die Ziele, die Sie sich setzen oder die Ihnen gesetzt sind, zu erreichen trachten. Alle Mitglieder einer Familie zwingen einander bestimmte Verhaltensmuster auf, wenn sie miteinander interagieren, um ihre Bedürfnisse zu erfüllen. Diese Verhaltensmuster schließen Einstellungen ein – bestimmte Weisen, Situationen zu bewältigen und mit anderen umzugehen –, die von der Position der Person innerhalb der Familie abhängig sind. In ihrer Gesamtheit bestimmen sie die Rolle, die das Individuum später immer dann wieder spielt, wenn es in eine Situation gerät, die der in seinem Elternhaus ähnelt. So meint es auch Alfred Adler, wenn er sagt, die Position in der Familie präge den Lebensstil eines Menschen unauslöschlich.

Lebensstile und Rollen

Nicht nur in der Kleidung oder in der Musik werden Stile zur Marotte. Menschen greifen irgendwelche Ausdrücke auf und gebrauchen sie eine Weile, nur um sie dann wieder fallenzulassen und andere aufzugreifen – oder aber um sie in die sich laufend entwickelnde Sprache aufzunehmen. Ein Ausdruck, der heute vielfach in diesem modischen Sinne gebraucht wird, ist ‹Lebensstil›.

Der populäre Gebrauch des Terminus verdeckt die ursprüngliche Bedeutung, die Adler im Auge hatte, als er im Zusammenhang mit der menschlichen Persönlichkeitsentwicklung von ‹Lebensstil› sprach. Eine junge Frau sagte beispielsweise einmal zu mir: ‹Was ist denn dabei, wenn ich ein Kind haben will, ohne verheiratet zu sein? Und wenn ich Drogen nehme und in einer Kommune lebe? Das ist eben mein Lebensstil. Sie wollen etwas anderes, das ist Ihr Lebensstil.›

Adler bezeichnet mit dem Terminus die psychologische Funktionsweise des Individuums bei dem Versuch, seine Lebensziele zu erreichen. Seiner Meinung nach ergeben sich die wichtigsten Einflüsse auf die Ausbildung eines Lebensstils aus Problemen, die in bedeutsamen Entwicklungsbereichen auftreten, etwa beim Finden der Geschlechtsrolle, durch die Position innerhalb der Geschwisterreihe oder durch Erkrankungen während der Kindheit. Die Lebensstile von Kindern sind das Resultat ihrer Versuche, sich an bestimmte Gegebenheiten anzupassen – und die Position in der Familie ist ebenso wie die Geschlechterrolle unabänderlich.

Dennoch muß der Leser sich klarmachen, daß sich aus einer geburtsbedingten Position in der Familie nicht mit Sicherheit und unausweichlich bestimmte Folgerungen ergeben. Die Entwicklung des einzelnen kann der anderer in der gleichen Position entsprechen, muß es aber nicht. Auch kann man – da wir ja die Position in der Familie nur als einen von vielen Faktoren betrachten, die einen Menschen zu dem machen, was er ist – seinen Standpunkt, seinen Lebensstil und seine Einstellungen ändern. Gerade dadurch können eine psychologische Beratung und die Information in den folgenden Kapiteln helfen, die Rolle, die jemand von seinen Eltern und Geschwistern zugewiesen bekommen hat, aufzufrischen oder zu verändern.

Die Grundmuster

Erste und einzige Kinder scheinen in der besten aller möglichen Welten zu leben, wenn man davon ausgeht, wieviel elterliche Liebe und Beachtung ihnen zuteil wird. Aber ganz so ist es auch wieder nicht. Durch die enge

Beziehung zu den Eltern ist das erste Kind der ganzen Gewalt ihrer Liebe, ihrer Normen, Einstellungen und Werthaltungen ausgesetzt. Auch die elterlichen Disziplinierungs- und Beschützungsmaßnahmen treffen das Kind voll. Da erste Kinder meist stärker diszipliniert werden als spätere, entwickeln sie in der Regel ein strenges Gewissen. Wohl können sie sich zu starken, aufrechten Bürgern der Gesellschaft entwickeln, aber meist sind sie auch rigide und intolerant gegenüber Menschen, die ihren Normen nicht entsprechen.

Beim Einzelkind bleibt die Beziehung zu den Eltern bis hin zum Erwachsenenalter intensiv. Beim ältesten Kind schwächt sie sich ab, sobald ein zweites Kind geboren wird. Zwischen jedem weiteren Kind und seinen Eltern steht eine Person mehr; die jüngeren Kinder haben also mehr als ein Modell, dem sie nacheifern können – neben den Eltern auch die Geschwister.

Ein Kind entwickelt im Wettbewerb mit den anderen Familienangehörigen immer mehr Selbstvertrauen, solange die Beziehungen untereinander einigermaßen gut sind. Kommt es zu starkem Wettbewerb, dann können die Unzulänglichkeiten des weniger befähigten zu Minderwertigkeitsgefühlen führen.

Das Einzelkind

Beim Einzelkind, insbesondere bei Jungen, scheint das Fehlen von Wettbewerb das Selbstvertrauen zu steigern. Die Welt gehört ihm, und es kennt keine Herausforderung, der es nicht gewachsen wäre.

Einzelkinder sind meist dominant, wortgewandt und perfektionistisch – aber nicht eifersüchtig, denn ihre Position in der Familie war nie bedroht. Gelegentlich leiden sie unter Einsamkeit. Dadurch sind sie in der Ehe oft zu größeren Zugeständnissen gezwungen, um wenigstens eine enge Beziehung zu erhalten, die sie erfüllt. Einzelkinder lernen, etwas alleine zu tun. Sie können sich ganz alleine einer Aufgabe widmen, und sie lösen Probleme selbst. Dennoch sind sie stets eifrig bemüht, der Autoritätsfigur zu gefallen – sei es der Mutter, dem Chef oder dem militärischen Vorgesetzten.

Das älteste Kind

Jedes Kind trägt auf seine Weise zur Entwicklung jedes anderen in der Familie bei. Sobald ein zweites Kind geboren wird, wendet sich das erste meist mehr dem Vater zu. Das mag darauf zurückzuführen sein, daß das erste Kind unbewußt merkt, daß die Mutter für den jetzt entstandenen

Wettbewerb um die einst ihm allein reservierte Liebe und Aufmerksamkeit verantwortlich ist; in gewissem Sinne lehnt das Erstgeborene die Mutter ab. Ist das erste Kind ein Junge, dann ergeben sich aus der Zuwendung zum Vater wenig Probleme. Ist das erste Kind aber ein Mädchen, dann entwickelt es unter Umständen ein eher intellektuelles Leistungsstreben und wenig Interesse für häusliche Arbeiten, die mit der Mutter assoziiert sind. In diesem Fall kann der Zuwendungswechsel zu Konflikten führen.

So beklagte sich Julia, 32, sie fühle sich ihrer Arbeit nicht gewachsen. Sie stand ständig unter Druck und meinte, nicht genug zu leisten. Sie war nicht verheiratet und mußte nun zugeben, daß sie das bedauerte und immer noch hoffte, den ‹richtigen› Mann zu finden. Sie hatte zwar intime Beziehungen zu Männern gehabt, die aber ihrer Meinung nach stets daran scheiterten, daß die Männer zu sehr von ihr abhängig waren.

Julia war die ältere von zwei Schwestern, und zwischen beiden Mädchen hatte während der Kindheit eine starke Rivalität bestanden. Julia gab zu, daß sie sich in der Jugend an ihrem Vater orientiert hatte.

‹Ich versuchte, ihm zu zeigen, daß ich alles ebenso gut konnte wie ein Junge›, meinte sie, ‹aber das schien ihn nicht sehr zu beeindrucken.›

Wie es sich für ein erstes Kind gehört, war Julia in der Schule sehr gut und schloß das College mit Auszeichnung ab. Ihre Schwester besuchte kein College; sie heiratete mit 21, arbeitete ein paar Jahre und wurde dann schwanger. Sie hatte drei Kinder.

Während der Beratung kam Julia zu der Erkenntnis, daß ihre intellektuellen Interessen eigentlich weder besonders stark noch Ausdruck ihrer Persönlichkeit waren. Sie hatte diese Fähigkeiten primär als Mittel im Wettbewerb mit ihrer Schwester benutzt. Ihr wurde auch klar, daß sie in ihrer Beziehung zu Männern die Dominanz brauchte und sie in abhängige Situationen zwingen mußte. Sie interpretierte das Verhalten der Männer als abhängig, gleichgültig, ob es wirklich so war. Über die Männer übte sie die Dominanz aus, die sie sich eigentlich über ihre Schwester wünschte. Sie begann zu erkennen, daß sie Männer geradezu darin trainiert hatte, von ihr abhängig zu sein.

Schließlich begann Julia, ihre eigenen Abhängigkeitsbedürfnisse zu erkennen und sich für nichtkompetitive Aktivitäten wie das Kochen von Spezialitäten und Handarbeit zu interessieren. Der Zwang, mit ihrer Schwester zu konkurrieren, ließ nach, und allmählich kamen sie gut miteinander aus. Später nahm Julias Leben eine Wendung wie im Märchen: Ihr Schwager stellte sie dem Mann vor, den sie dann heiratete.

Erstgeborene (die natürlich Einzelkinder sind, bis das nächste Baby geboren wird) sind meist gewissenhafter, erzielen bessere Schulleistungen und besuchen die Schule länger als die Nachgeborenen. Sie werden auch häufiger Wissenschaftler oder ragen in anderen Berufen mehr hervor als ihre jüngeren Geschwister. Die Erstgeborenen sind aber häufig auch eifersüchtiger und unbeherrschter als die mittleren oder die jüngsten Geschwister. Oft sind sie nervös, angespannt und gehetzt, weil ihre Eltern ihnen nach der Geburt des nächsten Kindes nicht mehr ihre ungeteilte Aufmerksamkeit schenken konnten. Auch erwarten Eltern von ihrem ersten Kind mehr Leistung als von späteren.

Das zweite und andere mittlere Kinder

Zweite Kinder sind meist diplomatisch und können gut verhandeln, weil sie gezwungen waren, sich mit einem älteren, stärkeren Partner zu arrangieren. Oft sind sie freundlicher und haben bessere Beziehungen zu ihren Mitmenschen als die Erstgeborenen. Sie lernen von frühester Kindheit an, wie man mit einem mächtigeren Bruder oder einer stärkeren Schwester zurechtkommt. Sie haben es mit den Eltern leichter, weil die inzwischen etwas entspannter sind und nicht mehr so viele Anforderungen stellen (jedenfalls wenn nicht noch weitere Kinder folgen). Die zweiten von drei oder mehr Kindern lernen – ebenso wie die anderen mittleren Kinder in großen Familien – die Anpassung an Erwachsene und Kinder.

Das jüngste Kind

Jüngste Kinder sind oft charmant, gute Gesellschafter, verspielt und leichtlebig. Sie erwarten, daß immer jemand da ist, der sich um sie kümmert, denn sie waren das ‹Baby› der Familie, und immer waren ein oder mehrere Ältere da, um zu helfen.

Gertrude Stein war das jüngste von fünf Kindern, sie hatte drei ältere Brüder und eine Schwester. Sie beschäftigte sich sehr mit ihrer Identität und verband in ihrer Kindheit einen großen Teil ihres Selbstgefühls mit ihrem zwei Jahre älteren Bruder Leo. Später schrieb sie:

Ich war das jüngste Familienmitglied, und wir waren fünf, und dieser Bruder war nur zwei Jahre älter. Natürlich sorgte jeder ständig für mich, und natürlich sorgte er ständig für mich, und überhaupt wurde ich sehr viel umsorgt, und so hatte ich wirklich eine Menge Zeit.

…Wenn man das kleinste Mädchen in der Familie ist, hat man besser einen zwei Jahre älteren Bruder, dann wird alles zum Vergnügen. Man geht, wohin man will, und tut, was man will, während er alles für einen und mit einem tut – was eine sehr angenehme Art ist, alles für sich getan zu bekommen.[3]

Offensichtlich genoß Gertrude Stein ihre Position als ‹Baby› der Familie. Später wurde es ihr Lebensstil, von Alice B. Toklas ‹umsorgt zu werden›.

Junge oder Mädchen

Es wird im weiteren Verlauf noch manches zur Befreiung der Frau zu sagen sein, aber schon an dieser Stelle müssen wir darauf hinweisen, daß auch das Geschlecht des Kindes und seiner Geschwister für die Vorhersage von Konstellationseffekten von Bedeutung sind. Ein Beispiel dafür bietet die bekannte Anthropologin und Soziologin Margaret Mead, die schreibt:

Ich war das erste Kind, gewünscht und geliebt. Vor meiner Geburt führte meine Mutter ein kleines Tagebuch, in das sie einmal schrieb: ‹Seit ich weiß, daß ich ein Kind erwarte, bin ich ängstlich bemüht, das Beste für es zu tun.› . . . Mein Vater nannte mich, sehr liebevoll, ‹Tropf›. Als dann zwei Jahre später mein Bruder geboren wurde, wurde ich als ‹Original-Tropf› und Dick als ‹Jungen-Tropf› bezeichnet – eine Umkehrung des üblichen Musters, demzufolge das Mädchen nur eine weibliche Version des eigentlichen menschlichen Wesens, des Jungen, ist.

Meine Eltern machten den üblichen Fehler, mir das Baby vor seiner Geburt als künftigen Spielkameraden anzukündigen. Infolgedessen fand ich es höchst ärgerlich, daß das Neugeborene dazu so ungeeignet war. Man hat mir erzählt, daß ich den Kleinen eines Tages im Nebenzimmer schnappte und wütend anfuhr: ‹Kannst du denn nicht mal was anderes sagen als immer bloß da, da, da?›[4]

Das ist die typische Reaktion eines intelligenten Mädchens auf die Geburt eines jüngeren Bruders. Sie findet ihn unfähig und läßt es ihn spüren. Sie glaubt, er sei eine Last für die Eltern, und sie hält ihn für schwächer als sich selbst. Solche Einstellungen bleiben natürlich nicht ohne Einfluß auf den kleinen Bruder: es kann vorkommen, daß er sich unter dem Druck aus der Konkurrenz zurückzieht. Solcher Rückzug kann sehr weit gehen; einige meiner Patienten gingen nur widerwillig zur Schule und sträubten sich noch als Erwachsene dagegen, mit anderen in Konkurrenz zu treten.

Einen Aspekt der vielfältigen Bedeutung der Geschlechtsrollen für Konstellationseffekte und für die Interaktion zwischen den Geschwistern zeigt uns das Beispiel eines achtundzwanzigjährigen Akademikers, der über Unwirklichkeitsgefühle und Depressionen klagte und über seine Unfähigkeit, sich seinen Kollegen gegenüber durchzusetzen. George erzählte, er habe sich schon seit seiner frühen Kindheit unfähig gefühlt, den von seinen Eltern und der Schule gesetzten Normen zu genügen.

Er hatte eine vier Jahre ältere Schwester. Sie war intellektuell früh entwickelt und körperlich kräftig. Arrogant behauptete sie, George sei ‹bloß ein Baby, das überhaupt nichts kann›.

Ein Junge hat in einer solchen Situation einen schweren Stand, zumal wenn die Eltern *und* das andere Kind ihm gegenüber negativ eingestellt sind. Mädchen entwickeln sich geistig und körperlich schneller als Jungen, so daß es für den Jungen geradezu demoralisierend sein kann, daß er nicht nur jünger und schwächer ist, sondern sich auch noch langsamer entwickelt.

Schon früh hatte George den Versuch aufgegeben, intellektuell zu brillieren, weil er mit seiner Schwester ohnehin nicht konkurrieren konnte. Während der Therapie erkannte er, daß er dieses Verhaltensmuster ins spätere Leben mit hinübergenommen hatte. Heute hat sich seine berufliche Position beträchtlich verbessert, sie entspricht jetzt seinen Fähigkeiten.

Die umgekehrte Situation finden wir bei einem zwölfjährigen Jungen, einem Erstgeborenen, der schon mit zehn Monaten eine kleine Schwester bekommen hatte.

Carl war von dem Tage an, da seine Mutter mit dem neuen Baby aus der Klinik zurückkam, äußerst eifersüchtig. Seine Gefühle wurden noch dadurch kompliziert, daß Geschicklichkeit und Klugheit sich bei der kleinen Schwester schneller entwickelten als bei ihm. Solange die Kinder klein waren, mußten die Eltern scharf aufpassen, daß Carl der Kleinen nichts tat.

Eigentlich hätten die beiden Kinder auf Grund ihrer Geburtsdaten zusammen eingeschult werden sollen. Da aber die Eltern emotionale Schwierigkeiten für Carl vorhersahen, ließen sie das Mädchen ein Jahr zurückstellen, um Carl Gelegenheit zu geben, ohne die direkte Konkurrenz seiner Schwester Selbstvertrauen zu entwickeln. Doch die Schwester war klüger und erzielte trotzdem bessere Schulleistungen als er. Inzwischen hatte sie auch verschiedene Möglichkeiten gelernt, ihn auf die Palme zu bringen, zum Beispiel indem sie ihn verspottete und dann zum Vater lief, um sich beschützen zu lassen. Das trieb Carl zum äußersten. Oft machte er seinem Haß auf sie mit körperlichen Angriffen Luft, obwohl er wußte, daß er dafür streng bestraft werden würde.

Die Situation besserte sich nicht, bis Carl Interessen außerhalb der Familie fand, von denen seine Schwester ausgeschlossen war, wie Pfadfinder und Baseball. Sie ihrerseits war klug genug, nicht in seinem eigenen Bereich mit ihm konkurrieren zu wollen. Sie schuf sich ihren eigenen Freundeskreis, und mit elf Jahren lebte sie recht zufrieden und hatte kaum noch Konflikte mit ihrem Bruder.

Auch wenn Carls Schwester sich anscheinend an die ihr aufgedrängte Lebensrolle angepaßt hat, wird er noch viele sie ausschließende Erfolgserlebnisse haben müssen, bevor er die Minderwertigkeitsgefühle loswerden kann, die er im Wettbewerb mit ‹bloß› einem Mädchen aufgebaut hat, und die Schuldgefühle, die sich in der Zeit angesammelt haben, als er dafür bestraft wurde, daß er seiner Wut Luft machte.

Auch dieses Beispiel zeigt wieder, wie wichtig es bei der Beurteilung von Konstellationseffekten ist, neben der Geburtsposition auch das Geschlecht des Betroffenen und das seiner Geschwister zu berücksichtigen.

Kapitel 2
Warum kommt es
zu Konstellationseffekten?

In primitiven Gesellschaften starb ein Großteil der Kinder bei der Geburt oder kurz danach. Den Männern war die Lebensrolle des Jägers und Sammlers zugewiesen, weil Kraft und Beweglichkeit der schwangeren Frau begrenzt sind. Die Mutter stillte das Erstgeborene und trug es auf der Hüfte herum, bis das zweite Kind geboren wurde; danach mußte das erste auf eigenen Füßen stehen, und nur dann und wann wurde es bei der Hand genommen, damit es mithalten konnte. Natürlich verstand das erste Kind nicht, warum es jetzt so zurückgewiesen wurde, aber es erlernte Wettbewerbsfertigkeiten, um sich seinen Anteil am Essen der Familie zu sichern – oder es starb. Das älteste Kind lernte, Nahrung zu sammeln, und es war den anderen an körperlicher Stärke überlegen, so daß es seinen Geschwistern gegenüber immer im Vorteil war, wenn die Jäger mit der Beute zurückkamen. Unter sonst gleichen Voraussetzungen behielt es seine dominante Position in der Familie, egal, wie viele Geschwister noch geboren wurden.

Das ‹Warum› der Konstellationseffekte beginnt hier, aber es kann hier nicht enden, denn wir haben ja kaum mehr getan, als das Phänomen der Dominanz- oder ‹Hackordnung› zu skizzieren, das bei so vielen Lebewesen zu beobachten ist. Während es eine Hackordnung sicherlich gibt, hängt die Entwicklung der Lebensrollen in der modernen Gesellschaft mehr vom *Muster* der menschlichen Familie ab.

Die meisten Kinder verbringen die ersten fünf Lebensjahre im engsten Familienkreise. Während dieser Jahre wird das Kind durch Dominanz- und Geburtsfolgeunterschiede unauslöschlich geprägt, aber wir dürfen nicht davon ausgehen, daß diese Unterschiede erst bei der Geburt beginnen. Ein Forscher schreibt: ‹Die Wechselbeziehung zwischen einem Individuum und seiner physischen Umwelt, die so großen Einfluß auf sein Leben hat, beginnt nicht erst mit der Geburt, sondern im Augenblick der Empfängnis.›[1]

Leben vor der Geburt

Wir wollen gar nicht versuchen, etwas so Komplexes wie die Vererbung zu analysieren, wir wollen nur festhalten, daß die Natur ein System entwickelt hat, das eine fast unbegrenzte Variation körperlicher und geistiger Eigenschaften erlaubt. Für das einzelne Individuum sind die Variationsmöglichkeiten jedoch auf die Kombination der Gene und Chromosomen im elterlichen Keimplasma beschränkt. Die Vererbung hat Einfluß auf Intelligenz, Temperament und Physiologie; mit gewissen Variationen spiegeln die Nachkommen Eltern und Großeltern wider. Die Empfängnis und möglicherweise einige Einflüsse im Uterus und aus der sonstigen Umwelt bestimmen, ob ein Kind männlich oder weiblich wird.

Bleiben die genetischen Anlagen eines Elternpaares von Kind zu Kind gleich? Es gibt Hinweise, daß mit zunehmendem Alter in einzelnen Keimzellen Veränderungen auftreten können. Physikalische und chemische Einwirkungen, zum Beispiel radioaktive Strahlung oder Drogen, können den Mechanismus der Zellentwicklung verändern. Dadurch können sich die Zellen, aus denen ein späteres Kind entsteht, von denen unterscheiden, aus denen ein früheres Kind gezeugt wurde.

Es können auch genetische Defekte eintreten. Eine von vielen Möglichkeiten ist das Down-Syndrom, gemeinhin bekannt als Mongolismus, ein genetischer Defekt, der geistige Zurückgebliebenheit verursacht. Die Gefahr, daß ein Kind mongoloid geboren wird, nimmt zu, wenn die Mutter etwa 35 Jahre alt ist, und sie steigt nach dem vierzigsten Lebensjahr der Mutter deutlich an. Bis zum fünfundzwanzigsten Lebensjahr der Mutter beträgt die Wahrscheinlichkeit, daß ein Kind mongoloid geboren wird, 1 zu 3000. Bei Dreißigjährigen beträgt die Wahrscheinlichkeit 1 zu 1500, bei über Fünfunddreißigjährigen nähert sie sich 1 zu 100 und bei über Vierzigjährigen ist sie sogar 1 zu 50 oder höher.[2]

Diese Information soll künftige Eltern nicht erschrecken, sie soll nur zeigen, daß – weil die Mutter bei jeder weiteren Schwangerschaft älter ist – spätere Kinder in größeren Familien mit größerer Wahrscheinlichkeit unter diesem bestimmten genetischen Defekt leiden. (Daraus folgt, beiläufig angemerkt, daß, wenn die gegenwärtige Tendenz zur kleineren Familie anhält, gute Aussichten bestehen, daß künftig weniger mongoloide Kinder geboren werden.) Das Down-Syndrom und einige andere Defekte können heute schon vor der Geburt diagnostiziert werden.

Einige potentielle Schwierigkeiten für ungeborene Kinder gibt es auch zu Beginn der Schwangerschaft. So ist zum Beispiel das zweite Kind einer Frau bestimmten Alters mit größerer Wahrscheinlichkeit gesund als das erste Kind einer Frau *gleichen Alters*. Das liegt unter anderem daran, daß die Plazenta eines ersten Fötus kleiner ist als die späterer, wodurch weniger Nahrung und Sauerstoff verfügbar sind und so Wachstum und Entwicklung negativ beeinflußt werden.

Ein weiterer Grund ist, daß das erste Kind meist eine schwerere Geburt hat. Es braucht länger für die Zehn-Zentimeter-Reise von der Gebärmutter in die Welt. Eine Erstgeburt dauert im Schnitt vierzehn Stunden, spätere Geburten dagegen durchschnittlich nur acht Stunden. Bei späteren Geburten gibt es auch weniger Komplikationen als bei Erstgeburten. Spätere Geburten beginnen häufiger spontan und verlaufen öfter normal.[3]

Frauen, die ihr erstes Kind erwarten, empfinden oft anders als während späterer Schwangerschaften; ihre Gefühle können das Kind vor wie nach der Geburt beeinflussen. Insgesamt haben wir es also mit einem ganzen Netz zuweilen einander widersprechender Bedingungen zu tun, die auf die körperliche und geistige Gesundheit früherer und späterer Kinder Einfluß nehmen können.

Einstellungen der Eltern

Die Erwartungen, mit denen werdende Eltern der Geburt ihres Kindes entgegensehen, verändern sich im Laufe der Jahre. Sind sie beim ersten Kind noch voller Begeisterung, so sehen sie in späteren vielleicht nur noch ‹ein Kreuz, das getragen werden muß›. Am deutlichsten werden solche Einstellungsveränderungen in den westlichen Gesellschaften, wo man nicht mehr möglichst viele Söhne und Töchter als Arbeitskräfte braucht. Ein gutes Beispiel bietet eine fünfundvierzigjährige Frau, die im Laufe von zwanzig Jahren fünf Kinder geboren hatte.

Mrs. Clay war mit einem einigermaßen erfolgreichen Geschäftsmann verheiratet und lebte in guten Verhältnissen. Sie hatte fünf Kinder, weil sie Geburtenkontrolle aus religiösen Gründen ablehnte. Sie akzeptierte es als ihre Pflicht, Kinder zu bekommen, und sah keine Möglichkeit, ihre Zahl zu begrenzen.

‹Ich erinnere mich sehr gut an das erste›, sagte sie. ‹Mein Mann war noch im College, und wir lebten in einer Etagenwohnung. Gegen Ende der Schwangerschaft machte es mir Schwierigkeiten, die Treppen rauf- oder runterzukommen, aber wir freuten uns trotzdem auf unser erstes Kind.

Mein Mann wünschte sich einen Jungen. Ich wußte das, obwohl er behauptete, es sei ihm egal. Mir war es eigentlich wirklich egal, aber vermutlich hoffte ich auf einen Jungen – um meinen Mann mit einem Stammhalter zu erfreuen. Es war eine schöne Zeit, obwohl wir nicht viel Geld hatten. Die Geburt dauerte lange, aber sie verlief natürlich.

Ja, es war ein Junge. Ich war stolz, weil ich geliefert hatte, was mein

Mann wünschte. Wir machten es, wie wohl alle Eltern: wir zählten die Finger und Zehen und schauten, ob alles da war und am richtigen Platz.

Als ich mit dem Kind nach Hause kam, merkte ich erst, was es bedeutet, ein Baby zu haben. Ich war das älteste von vier Kindern, und ich war es gewohnt, mich um meine Brüder und Schwestern zu kümmern. Aber das war etwas anderes. Diesmal war es meins. Ich sorgte mich, wenn er schrie, und er schrie eine Menge in jenen ersten Wochen. Wir freuten uns über jedes Lächeln oder jedesmal, wenn er etwas Neues machte – beispielsweise als er krabbeln lernte. Lange bevor er wirklich sprechen lernte, meinten wir, Wörter zu hören. Wir haben von ihm wohl immer mehr erwartet als von den anderen Kindern. Wir haben gute Schulleistungen von ihm verlangt und haben ihn streng erzogen.

Unser zweites Kind, fast vier Jahre später, war ein Mädchen. Sie wäre wahrscheinlich früher gekommen, wäre mein Mann nicht im Krieg zur Marine eingezogen worden. Ich hatte an dieser Schwangerschaft keine Freude, weil ich allein in einer großen Stadt war und die Klinik nur mit dem Bus erreichen konnte. Mein Mann wurde rechtzeitig entlassen, so daß er mir bei der Geburt beistehen konnte. Ich war glücklich, daß ich eine Tochter hatte.

Das war eine schwere Zeit, weil mein Sohn mich drei Jahre lang ganz für sich alleine gehabt hatte. Er war auf seinen Vater und auf seine neue Schwester eifersüchtig. Ich war etwas enttäuscht, als meine Tochter dem Babyalter allmählich zu entwachsen begann›, fuhr Mrs. Clay fort, ‹ich hoffte, sie würde mit Puppen und Mädchensachen spielen, aber die meiste Zeit lief sie hinter ihrem großen Bruder her. Allmählich lernten sie, zusammen zu spielen, aber sie war ein richtiger Wildfang.

Danach habe ich mich nie mehr richtig gefreut, wenn ich feststellte, daß ich schwanger war. Nach drei Jahren kam wieder ein Junge, und nach weiteren zwei Jahren noch einer. Ich hatte sie alle lieb, aber vermutlich habe ich mich um die beiden späteren Jungen weniger gekümmert als um die beiden ersten Kinder. Wir hatten damals eine große Wohnung, und die beiden Jüngeren spielten viel miteinander. Sie hielten zusammen, aber sie waren auch in allem Konkurrenten. Der jüngere wollte alles können, was sein Bruder machte. Diese Rivalität blieb bestehen, bis sie alt genug waren, das Haus zu verlassen.

Sich um alle vier angemessen zu kümmern, war ein richtiger Kampf. Mein Mann arbeitete nachts, so daß die Erziehung und die Fahrerei zur Schule größtenteils meine Aufgabe waren. Ich war kindermüde. Ich hatte das Gefühl, mein ganzes Leben würde absorbiert, ich hätte nie auch nur das kleinste bißchen Zeit für mich›, stöhnte Mrs. Clay.

‹Im Haus herrschte meist ein Chaos, obwohl ich es so gerne sauber und ordentlich gehalten hätte. Ich schrie die Kinder oft an, um sie dazu zu bringen, sich selber um ihre Sachen zu kümmern. Meine Tochter und ich waren von Männern umgeben. Ich wollte gar keine Kinder mehr, aber immer wenn ich schwanger war, wünschte ich mir noch ein Mädchen – ohne Erfolg.

Wir zogen um, und mein Mann nahm eine andere Stelle an. Jedes Jahr ohne neue Schwangerschaft ließ mich etwas leichter atmen. Schließlich hingen keine Windeln mehr auf der Leine, und dann waren alle vier in der Schule.

Dann, acht Jahre nach der Geburt unseres letzten Kindes, wurde ich wieder schwanger, ich muß gestehen, daß ich es von Anbeginn haßte – nicht das Kind selbst, sondern alles, was die Schwangerschaft bedeutete: wieder in die Klinik, wieder Windeln, wieder Geschrei und Gekotze, und jetzt wußte ich, daß ich eine alte Frau sein würde, bevor das letzte meiner Kinder aus dem Haus wäre. Ich war zutiefst deprimiert, aber schließlich fand ich mich damit ab. Ich war einundvierzig, aber der Junge war gesund.

Manchmal war ich einfach zu müde und krank, um mich so um diesen letzten Jungen zu kümmern, wie er es gebraucht hätte, aber die anderen Kinder glichen das wieder aus. In mancher Hinsicht ist es mit diesem letzten Jungen – jetzt, nachdem die anderen größtenteils aus dem Hause sind – wie mit einem Einzelkind, so als finge man mit einer neuen Familie noch mal von vorne an. Glücklicherweise ist mein Mann jetzt häufiger zu Hause und kümmert sich mehr um diesen Jungen als um die anderen.

Die Sache ist einfach die, daß wir es müde sind, uns mit Kindern und ihren Problemen herumzuschlagen. Es ist eine angespannte Müdigkeit, so als ob wir ständig Probleme und Ärger erwarteten. Wir lieben diesen letzten Jungen sehr, aber wir wollten, wir müßten nicht noch mal das Teenager-Alter und alles andere durchmachen.›

Mrs. Clay ist nicht die einzige, die so reagiert. Was sie über ihre Kinder erzählt, scheint dem zu entsprechen, was wir bei vielen Familien beobachtet haben. Ihre Müdigkeit ist nicht nur körperlicher Natur. Seit einer Gebärmutteroperation ist Mrs. Clay körperlich ziemlich gesund. Aber ihre Darstellung zeigt, wie sich jüngere und ältere Mütter in ihrer psychologisch-emotionalen Beziehung zu ihren Kindern unterscheiden.

Die Mütter reagieren wahrscheinlich auf später geborene Kinder anders, weil sie inzwischen Erfahrungen gesammelt haben, und auch in ihrem eigenen Verhalten ändern sich die Eltern von Kind zu Kind. Unabhängig vom körperlichen Altern läuft ein psychischer Alterungsprozeß ab, der sich erheblich auf das Bild auswirkt, das spätere Kinder von ihren Eltern bekommen. Unter Umständen achten die Eltern auch weniger auf die Bedürfnisse und Leistungen späterer Kinder, wenn erst einmal der Reiz des Neuen vorbei ist, den das erste Kind hat. Viele Mütter haben beschrieben, wie begeistert sie über die ersten Wörter des ersten Kindes waren, während sie weit weniger Vergnügen daran hatten, wenn die späteren Kinder sprechen lernten. Spätere Kinder werden manchmal als Last betrachtet, und man schenkt ihnen weniger Aufmerksamkeit (weil die Eltern stärker mit Arbeit belastet sind), so daß ihre Persönlichkeitsentwicklung mehr von der Interaktion mit den Geschwistern als von der mit den Eltern abhängt. Andererseits kann es auch sein, daß die erfahrene Mutter sich dem zweiten und späteren Kindern gegenüber entspannter und warmherziger verhält, weil sie weniger ängstlich ist als beim ersten Kind. Vieles hängt auch von der Persönlichkeit und vom Gesundheitszustand der Eltern und von der Qualität der Geschwisterbeziehung ab.

Bedürfnisstrukturen

Man muß sich vorstellen, daß eine Familie aus Individuen besteht, die *miteinander* interagieren, *aufeinander* einwirken und jeweils auf die *Anwesenheit* der anderen reagieren. Es handelt sich um Menschen, von denen jeder auf Selbstbehauptung und Selbstverwirklichung bedacht ist. Die Bedürfnisse des Vaters können sich von denen der Mutter oder der Kinder unterscheiden. Er braucht vielleicht Einsamkeit und Ruhe – in einem Haus voller heranwachsender Kinder. Die Mutter hat wieder besondere Bedürfnisse. Vielleicht hat sie eine Karriere als Innenarchitektin aufgegeben, um sich voll ihren kleinen Kindern widmen zu können. Sie zu erziehen, mag eines ihrer Bedürfnisse sein, ein anderes aber vielleicht eine schöne Wohnung. Daß diese Bedürfnisse einander widersprechen, belastet die Beziehung zu ihren Kindern. Jedes Kind hat seine eigenen Bedürfnisse, und es wird alles daransetzen, daß diese Bedürfnisse erfüllt werden.

Die Eltern stehen in einer Beziehung, in der jeder bemüht ist, die Bedürfnisse des anderen nach Liebe, Akzeptiertwerden und Sicherheit zu befriedigen. Auch die Kinder brauchen etwas voneinander, zum Beispiel Kameradschaft, aber auch wieder Liebe, Akzeptiertwerden und Sicherheit.

Kinder lernen schnell, alle verfügbaren Mittel zu ihrer Selbstbehauptung und Selbstverwirklichung einzusetzen. In dieser neuen Umgebung außerhalb des Mutterleibes gibt es noch andere Menschen, um die die Mutter sich kümmern muß, aber das Baby nimmt keine Rücksicht auf ihren Zeitplan und ihre Pflichten. Es schreit, wenn es hungrig oder naß ist, und bald lernt es, die Verbindung zwischen seinem Schreien und dem Kommen der Mutter, die sein Bedürfnis erfüllt, herzustellen. Der Säugling fängt an, seine Sinne, seine Muskeln und die höheren Intelligenzfunktionen einzusetzen, um Unbehagen zu vermeiden und sich Vergnügen zu bereiten. Allmählich erkennt der menschliche Organismus, daß ‹ich das für *mich* erreiche›. So integrieren sich *ich* und *mich* zum gesamten Selbst, das zugleich Objekt der Handlung ist und sie initiiert.

Wenn die Bedürfnisse komplexer werden, lernt das Kind, auch diese zu erfüllen: das Bedürfnis, geschätzt zu werden und nicht nur Sorge *für* sich, sondern auch Sorge *um* sich zu erfahren. Persönlichkeit und Verhalten drücken ein Streben nach Überlegenheit aus, alle verfügbare Energie wird benutzt, um Erleichterungen und Annehmlichkeiten zu erreichen und die eigene Position in einer sich von Tag zu Tag verändernden Umwelt zu verwirklichen, zu behaupten und zu verbessern.

Die miteinander verwobenen Bedürfnisse und die Wege zu ihrer Erfüllung verändern sich mit der Familie. Die Art und Weise, wie Eltern und Kind miteinander interagieren, muß sich ändern, wenn ein zweites Kind geboren wird. Tatsächlich ändern sich die Bedingungen des Familienlebens durch hinzukommende Kinder so stark, daß die kindliche Entwicklung bei gleicher Position in der Geschwisterreihe in größeren Familien verblüffend anders verlaufen kann als in kleineren. In großen Familien kommt es beispielsweise vor, daß die Leistungen des jüngsten Kindes weit besser sind als die des ersten – eine Umkehrung der Regel, die für kleine Familien gilt. Manche Menschen wundern sich darüber, daß ihre Geschwister so anders sind als sie selbst, obwohl sie doch ‹alle in derselben Welt groß geworden sind›. Von genetischen Unterschieden einmal ganz abgesehen: die Umwelten sind eben für verschiedene Kinder derselben Familie *nicht* gleich.

Wenn sich die Kinder aus der totalen familiären Vereinnahmung während der Vorschulzeit lösen, beginnen sie, ihre Kräfte und Fähigkeiten einzusetzen, um sich eine Position unter den Jungen und Mädchen in der Schule und in der Nachbarschaft zu schaffen und sich innerhalb dieser neuen Beziehungen zu entwickeln. Welche Methoden sie dabei einsetzen und welche Erfolge sie haben, hängt großenteils davon ab, was sie zu Hause gelernt haben. Das individuelle Verhalten mag sich verändern, aber es zeigen sich Konstellationseffekte für Erstgeborene und Nachgeborene. Beispielsweise sind erstgeborene Kinder in den Vorschuljahren meist körperlich weniger aggressiv als spätere Kinder, aber nach der ersten Klasse nimmt ihre Aggressivität zu, während die der Nachgeborenen abnimmt.

Der Machtkampf

Eine der Hauptursachen für Konstellationseffekte ist der Machtkampf, der sich zwischen den Eltern und unter den Kindern einer Familie abspielt. Dieser Kampf hat grundlegende Bedeutung für das Bedürfnis jedes einzelnen, sich selbst zu behaupten, zu verwirklichen und zu steigern, für Mutter und Vater nicht weniger als für die Kinder.

Das Hin und Her zwischen den Eltern beschränkt sich jedoch nicht, wie sie glauben mögen, auf ihre Interaktion untereinander, sondern muß sich auf die Kinder auswirken, denn es betrifft auch Fragen der Disziplinierung, der Werte in der Erziehung und der Familienaktivitäten. Jedes Kind fühlt diesen Kampf der Eltern auf unterschiedliche Weise, und das erste bekommt ihn am deutlichsten mit.

Ebenso wichtig ist der Machtkampf zwischen Eltern und Kind. Disziplinierung: das sind die elterlichen Versuche, dem Kind Werte, Ansichten und Wünsche aufzuzwingen. Im allgemeinen aus anerkennenswerten Gründen: um das Kind zu dem zu machen, was die Eltern für ein nützliches Mitglied der Gesellschaft halten. Das Kind hat keine Vorstellung, was die Gesellschaft fordert, aber es weiß, was es im jeweiligen Augenblick will, sei es Nahrung oder Liebe, und es versucht, auf allen möglichen Wegen (z. B. Schreien oder Weinen), seinen Willen den Eltern aufzuzwingen.

Bei jedem Kind ist diese Erziehungsbeziehung anders. Erste Kinder werden im allgemeinen am strengsten erzogen, am meisten ermahnt und bestraft. Darum werden aus ersten Kindern oft ernste Erwachsene mit starker Selbstdisziplin. Erste Jungen sind meist folgsam, aber feindselige Dominierung durch ein Elternteil kann sie, insbesondere während der Adoleszenz, zur Rebellion treiben.

Spätere Kinder versuchen oft mit anderen Mitteln als durch direkte Konfrontation durchzusetzen, was sie wollen. Das jüngere Kind, das Zeuge der Auseinandersetzungen zwischen dem älteren und den Eltern geworden ist, ist möglicherweise im Vergleich zu dem verbal betonten und fordernden älteren Kind sanft und liebenswürdig. Manchmal lernt es, mit sehr wenig zufrieden zu sein, oder es lernt, sich auf krummen Wegen zu verschaffen, was es braucht. Das ist wahrscheinlich die Ursache für die beobachtbare manipulative Tendenz Nachgeborener (auf die wir in späteren Kapiteln noch eingehen werden) im Gegensatz zu Erstgeborenen.

Die dritte Phase des Machtkampfes findet unter den Kindern statt, sie enthält aber auch Elemente und Weiterungen der anderen Konflikte. Das erste Kind ist der Prinz (oder die Prinzessin) der Familie. Ist es ein Einzelkind, dann wird es diese Rolle sein Leben lang spielen. Wenn ein zweites Kind geboren wird, verliert das erste plötzlich an Macht über die Eltern, die ihre Aufmerksamkeit dem hilflosen Baby zuwenden. Diese Erfahrung ist für das Erstgeborene traumatisch; es kämpft darum, seine frühere Macht wiederzugewinnen, ohne daß ihm das je völlig gelingen könnte, weil es jetzt alles, was die Eltern geben können, teilen muß.

Einer einfachen Logik folgend, wendet das erste Kind nun seine Macht gegen den jüngeren Bruder oder die jüngere Schwester, der oder die seine Position usurpiert hat. Es kann nicht begreifen, daß die Liebe für beide reicht, und würde, wenn es könnte, wie es wollte, das neue Baby aus dem Wege schaffen. Auch mit zunehmendem Alter bleibt das erste Kind (besonders wenn es ein Junge ist) körperlich stärker, und manchmal benutzt es diese Stärke dazu, den Bruder oder die Schwester zu unterdrücken. Das Nachgeborene, dem ersten an Kraft nicht ebenbürtig, verlegt sich daher meist auf Umwege, um von den Eltern und dem Älteren zu bekommen, was es will.

Hauptziel dieses Machtkampfes ist es, Vergünstigungen von den Eltern zu erlangen. In den ersten Lebensjahren versuchen die Kinder das hauptsächlich bei der Mutter, und erst wenn sie bei ihr keinen Erfolg haben, wenden sie sich an den Vater. Dem Kind erscheint die Mutter als die Quelle alles Guten, vor allem von Liebe und Bestätigung.

Wenn das zweite Kind kommt, wird das erste im allgemeinen eifersüchtig, und künftig wird es alle Herrschaftsmethoden anwenden, die ihm die Möglichkeit zu erfolgreicher Konkurrenz mit dem neuen Rivalen zu bieten scheinen. Die Geschwisterhierarchie ist ein kleines soziales System, in dem der Kräftigere dominiert. Ältere Kinder sind im allgemeinen stärker und spielen die Rolle eines Elternersatzes. Als Erwachsene sind sie oft, wie schon in der Kindheit, herrisch und rechthaberisch, besonders wenn sie das älteste von mehreren Kindern sind. Solange sie klein sind, schreien und weinen die Nachgeborenen oft, um gegen das verbale Chefgehabe des älteren Bruders oder der älteren Schwester anzukommen. Dadurch können sie körperlich aggressiver wirken, aber bis sie erwachsen werden, haben sie oft schlaue, indirekte Wege gefunden, Macht auszuüben. Alle Kinder einer Familie rivalisieren untereinander und benutzen alle verfügbaren Mittel, um ihren Status zu erhalten oder zu verbessern.

Ein zweites Kind, dem ein oder mehrere Geschwister folgen, kann sehr konkurrenzbetont und ehrgeizig sein, weil es versucht, das Erstgeborene *und* die jüngeren Geschwister zu übertrumpfen. Zweite Kinder entwickeln sich oft durch den Machtkampf an zwei Fronten zu sehr wettbewerbsbezogenen Erwachsenen. Diese Wettbewerbsbezogenheit kann sich in hoher beruflicher Leistung oder – wenn die Person ständig in ihrer Selbstrealisierung gehemmt wurde – in gewalttätigem Verhalten äußern. So bei einem jungen Mann, der sich von mir beraten ließ.

Rance war das mittlere von drei Kindern, er hatte eine ältere Schwester, die von den Eltern vorgezogen wurde, und einen jüngeren Bruder, den alle als ‹Baby› der Familie verwöhnten. ‹Von Kindheit an›, sagte Rance, ‹fürchtete ich, jemand könnte herausbekommen, daß ich nicht gut genug sei, daß ich nicht so groß war, wie sie denken sollten.›

Als Teenager fiel er in seiner Unterklassen-Wohngegend wegen Vandalismus und anderer kleiner Konflikte mit dem Gesetz auf.

‹Ich denke, meine Destruktivität soll zeigen, wieviel Courage ich habe›, sagte er. ‹Es ist wichtig für mich, etwas Riskantes zu tun, ohne geschnappt zu werden. Ich mag es, daß ich als der gemeinste Junge im ganzen Block bekannt bin.›

Seine beiden Geschwister waren in der Schule gut, und so schienen ihm seine gefährlichen Heldentaten die einzige Möglichkeit zu sein, mit den Geschwistern zu konkurrieren.

Rance kam nicht aus eigenem Entschluß, um sich psychologisch beraten zu lassen. Seine Frau hatte ihn gebeten, sich zusammen mit ihr beraten zu lassen, weil sie fürchtete, seine fortgesetzte Gewalttätigkeit könnte sie in ernste Schwierigkeiten mit dem Gesetz bringen. Unglücklicherweise war Rance nicht bereit, tief in sich hineinzuschauen und nach Änderungsmöglichkeiten zu suchen, so daß seine Frau schließlich gezwungen war, sich von ihm scheiden zu lassen.

Bei späteren oder jüngeren Kindern kann es auch vorkommen, daß sie eine abhängige Rolle als lohnend empfinden. Wenn das jüngste Kind abwartet, bis etwas getan wird, dann werden die Eltern oder ältere Geschwister es an seiner Stelle tun, weil es das ‹Baby› ist. Aber das Jüngste kann auch herausfinden, daß es gelobt wird, wenn es etwas Kluges tut, und auf diese Weise lernen, sich um Leistung zu bemühen.

Vorbild und Strafe

Nachgeborenen Kindern dienen die älteren Geschwister oft als Vorbilder. Sind sie gleichen Geschlechts, so tragen sie zur Geschlechtsrollenidentifizierung bei. Gehören sie dem anderen Geschlecht an, so besteht beim jüngeren Kind möglicherweise die Tendenz, geschlechtsfremde Merkmale anzunehmen. Schwestern werden durch Brüder stärker in dieser Richtung beeinflußt als umgekehrt. Besteht nur ein geringer Altersunterschied zwischen Bruder und Schwester, dann werden beim Bruder unter Umständen die männlichen Merkmale verstärkt, während die Schwestern oft männliche Interessen und Einstellungen annehmen. Der Grund dafür mag darin liegen, daß männliche Merkmale in unserer Gesellschaft immer noch mehr Prestige haben.

Nicht nur die Eltern bestimmen durch Belohnung und Bestrafung, wie ein Kind sich an seinem jeweiligen Platz in der Familie fühlt und verhält, sondern die Kinder belohnen und bestrafen sich auch untereinander für Verhaltensweisen, die ihren eigenen Bedürfnissen entgegenkommen oder widersprechen. So kann das älteste Kind die jüngeren belohnen, wenn sie sich so verhalten, daß es sich der Rechte und Privilegien seines Älterseins freuen kann. Wenn die jüngere Schwester der älteren zu zeigen erlaubt, wie verantwortungsbewußt sie ist und was sie alles kann, dann wird die ältere Schwester sich der jüngeren gegenüber freundlich verhalten. Versucht die Jüngere sich durchzusetzen, dann wird die Ältere sie wahrscheinlich bestrafen, sei es mit verbalen Vorwürfen, sei es durch Schläge. Die jüngere Schwester mag scheinbar einer stärkeren Autoritätsfigur untergeordnet sein, doch sie lernt auch, ihrerseits die ältere Schwester zu bestrafen, indem sie sich an eine noch höhere Autoritätsfigur wendet: an den Vater oder die Mutter.

Es ist also die Interaktion zwischen den Familienmitgliedern, die sie veranlaßt, bestimmte Verhaltensmuster und Lebensrollen anzunehmen. Jedes Kind verfügt über bestimmte Potentiale, sich selbst zu steigern und zu behaupten. Im Laufe der Entwicklung verbindet es diese Möglichkeiten – in Gefühlen, im Verhalten und in Einstellungen – mit seiner Rolle oder seinem Platz in der Familie. Diese Rollen bilden die Grundlage der Persönlichkeitsentwicklung und der Verhaltensmuster des Erwachsenen – das ist das ‹Warum› der Konstellationseffekte.

Kapitel 3
Besondere Umstände

Es scheint ziemlich leicht, zu zählen ‹eins, zwei, drei usw.› und festzustellen, ob jemand in seiner Familie den Platz des einzigen, ältesten, mittleren oder jüngsten Kindes einnimmt. Es ist jedoch nicht immer so einfach. Besondere Umstände, etwa der zeitliche Abstand zwischen den Kindern, Behinderungen oder Krankheiten, adoptierte oder Stiefkinder oder auch die Geburt von Mehrlingen können Einfluß darauf haben, wie die Geburtsreihenfolge erlebt wird. Es kann jemand beispielsweise, soweit es Konstellationseffekte betrifft, ein Einzelkind sein, obwohl er Brüder und Schwestern hat.

Der Altersunterschied

Der Grund dafür, daß jemand, obwohl er Brüder oder Schwestern hat, ein ‹Einzelkind› ist, kann der große Altersunterschied sein, der zwischen ihm und den anderen Geschwistern besteht, so daß er praktisch isoliert ist und seine Stellung in der Familie wie die eines Einzelkindes erlebt. Der Altersunterschied zwischen einem Kind und seinen Geschwistern kann auch noch in anderer Weise Einfluß darauf haben, wie es seinen Platz in der Familie erlebt.

Gertrude Stein schreibt, ihre Freundin Alice B. Toklas ‹neigte dazu zu glauben, alle Leute seien Einzelkinder, weil sie eines war; das heißt, sie hatte einen Bruder, aber der war soviel jünger, daß sie eigentlich ein Einzelkind war›.[1]

Ein zeitlicher Abstand von nur vier oder fünf Jahren kann bereits die subjektive Stellung in der Familie verändern.

Hinweise darauf, daß der Altersunterschied zwischen den Kindern die Konstellationseffekte modifiziert, gibt uns ein Experiment, in dem die Reaktion von Säuglingen im Alter von nur 38 bis 56 Wochen auf einen Fremden oder auf ein neues Spielzeug beobachtet wurden. In beiden Situationen hatten diejenigen Kinder die größte Angst, die entweder Erstgeborene waren oder die drei oder mehr Jahre nach dem vorhergehenden Kind geboren waren.[2] Diese Nachgeborenen zeigten weniger positive soziale Reaktionen als solche, die dem vorher geborenen Kind in kürzerem Abstand folgten.

Die Erklärung für diesen Effekt scheint darin zu liegen, daß sowohl Erstgeborene als auch in großem Abstand Nachgeborene durch die Älteren in der Familie von Altersgenossen ferngehalten werden und daher nicht so schnell wie Nachgeborene mit jüngeren Geschwistern lernen, sich in neuen Situationen einzurichten. Dieser Unterschied in der Reaktion auf furchtauslösende Reize bleibt bis ins Erwachsenenalter erhalten. Das konnte in einer Untersuchung an Marinerekruten belegt werden, in der Letztgeborene, die wenigstens fünf Jahre jünger waren als das nächstältere Kind, mehr wie Einzelkinder reagierten als solche, die auf das vorige Kind in geringerem Abstand folgten.[3]

Ein Beispiel für ein erstgeborenes Kind, das durch den weiten Abstand zur jüngeren Schwester zu einem richtigen Einzelkind wurde, ist Jasmine. Sie war sieben, als ihre nächstjüngere Schwester geboren wurde; eine weitere Schwester folgte zwei Jahre später. Als junge Frau kam Jasmine zu mir, weil sie sich einsam und von Eltern, Schwestern und Freunden ungeliebt fühlte.

‹Ich hatte nie das Gefühl, Teil der Familie zu sein›, sagte sie, ‹ich fühlte mich wie ein Außenseiter.›

Während ihrer ersten sieben Lebensjahre hatten die Eltern beide im Familiengeschäft gearbeitet und ständig in der Furcht gelebt, sie könnten bankrott machen und verarmen. Als die beiden jüngeren Schwestern geboren wurden, hatten die Eltern bereits eine gewisse wirtschaftliche Sicherheit erreicht, und die Mutter blieb zu Hause, um sich den kleinen Kindern zu widmen. Jasmine ging bereits zur Schule, und die Mutter, die sie für unabhängiger als die beiden Kleinen hielt, überließ sie weitgehend sich selbst.

Jasmine hatte in der Schule zu kämpfen, sie haßte sie und kam nur ‹auf dem Zahnfleisch› durch. Als junges Mädchen hatte sie dann Freunde, aber auch da zeigte sich, daß sie eine Beziehung nie für längere Zeit aufrechterhalten konnte. Mit 22 Jahren haßte sie sich selbst und hatte das Gefühl, von niemandem geliebt zu werden. Wie sie sagte, fühlte sie sich ‹wie jemand, der immer bloß zuschaut, während die anderen ihren Spaß haben›.

Als wir uns mit ihrer Beziehung zu den Eltern und Schwestern beschäftigten, wurde deutlich, daß Jasmine ein ‹Außenseiter› gewesen *war*. Die beiden jüngeren Mädchen hielten eng zusammen, und sie hatten andere Interessen als Jasmine. Sie übertrug ihre Gefühle des Abgelehntwerdens auf ihre Beziehungen zu Männern und hängte sich darum so stark an sie an, daß diese sich bald erdrückt fühlten und das Interesse an ihr verloren.

Eine andere Frau mit dem gleichen Altersabstand zu ihren jüngeren Schwestern hätte vielleicht versucht, die Freunde zu bemuttern, aber Jasmine war, schon bevor ihre Schwestern geboren wurden, nicht bemuttert worden. Sie verstand nicht – auf welcher Ebene auch immer –, eine enge Beziehung zu entwickeln.

Als Jasmine sich bewußt wurde, wie sehr sie sich als Einzelkind und nicht als Mitglied einer Familie verhalten hatte, begann sie, eine Beziehung zu ihren Schwestern aufzubauen. Die ihrerseits schienen froh darüber zu sein, Rat und Hilfe der reiferen Schwester in Anspruch nehmen zu können, besonders als sie allmählich der Kindheit entwuchsen und begannen, sich mit Freunden zu verabreden.

Jasmine heiratete später ein Einzelkind, das – wie sie selbst – Einsamkeit und Ablehnung durch Eltern erlebt hatte, die mit anderen Dingen voll beschäftigt waren. Diese beiden ‹Einzelkinder› geben einander die Beständigkeit und Sicherheit, die sie während der Kindheit gebraucht hätten.

Ein bekannter Fall von großem Abstand zu den übrigen Geschwistern ist der des ‹Nesthäkchens›, das viele Jahre nach seinen Geschwistern geboren wird. Dieses Kind scheint es oft recht gut zu haben; es ist von vielen Erwachsenen umgeben, die oft nachsichtig und bereit sind, jede mögliche Anleitung und Hilfe zu geben – auch materieller Art. Ein solches Kind vereint viele Merkmale des Einzelkindes mit denen des jüngsten.

Bossard stellte in seiner Untersuchung über große Familien fest, daß ‹jüngere Geschwister … manchmal wie eigene Kinder betrachtet werden, besonders wenn ein großer Altersunterschied besteht›.[4] Das jüngste Kind, das dem nächstjüngeren in großem Abstand folgt, wird also wahrscheinlich von den anderen als ihr Kind betrachtet. In vieler Hinsicht wird es seine Situation auch so erleben, als wäre es ein Einzelkind mit vielen Eltern.

Bei der Bestimmung der Geschwisterkonstellation ist also auch der Altersunterschied zu den vorhergehenden oder folgenden Geschwistern zu berücksichtigen. Bei einem Kind, das fünf oder mehr Jahre älter ist als das nachfolgende, muß dieser Altersunterschied berücksichtigt werden. Handelt es sich um ein Erstgeborenes, dann wird es in vieler Hinsicht wie ein Einzelkind sein. Ist es nicht das erste Kind, dann entspricht es weitgehend dem zweiten Kind einer Familie mit zwei Kindern (besonders wenn der Altersunterschied noch größer ist als fünf Jahre) oder dem jüngsten einer Familie mit mehreren Kindern. Auch wenn ein Kind fünf oder mehr Jahre jünger ist als das vorhergehende, ist das zu berücksichtigen. Folgen keine weiteren Kinder, kann man es als Einzelkind betrachten. Folgen ein oder mehrere Geschwister, so wird es viele Merkmale eines ältesten Kindes haben.

Krankheit und Behinderung

Ein weiterer Umstand, der Einfluß darauf haben kann, wie die Geschwisterkonstellation erlebt wird, ist die chronische Krankheit oder eine geistige oder körperliche Behinderung eines Familienmitglieds. Auch wenn eines der Kinder in den ersten Jahren nicht in der Familie lebt, hat das einen Einfluß. Ist ein Kind schwerbehindert oder aus anderen Gründen nicht in der Lage, aktiv am Familienleben teilzunehmen, dann wird höchstwahrscheinlich das in der Geschwisterreihe nächste Kind seine Rolle übernehmen.

So suchte eines Tages eine Frau in mittleren Jahren meinen Rat, weil sie Probleme in der Beziehung zu ihrem verheirateten Sohn und seiner Frau hatte. Sie sagte, das sei das einzige Problem in ihrem Leben, mache sie aber sehr unglücklich.

Elizabeths Sohn hatte vor zehn Jahren geheiratet, und obwohl sie eine gute Beziehung herzustellen suchte, hatte ihre Schwiegertochter die Beziehungen völlig abgebrochen. Nun wurde ein Enkelkind erwartet, und Elizabeth fürchtete, sie würde das Baby nicht sehen dürfen.

Die Schwiegertochter war das jüngere von zwei Kindern, ihr Bruder war zwei Jahre älter als sie. Der Sohn war das ältere von zwei Kindern, seine Schwester war zwei Jahre jünger. Er war ein erfolgreicher Rechtsanwalt, liebte seinen Beruf und war offenbar glücklich mit seiner Frau. Außenstehende waren allerdings der Meinung, er werde von seiner Frau dominiert. Die Schwiegertochter hatte die meisten eigenen Verwandten und die ihres Mannes durch ihre dominierende Art verärgert.

‹Sie scheint zu glauben, außer ihr hätte keiner von irgend etwas eine Ahnung›, beklagte sich Elizabeth, die selbst still, passiv und nachgiebig war.

Als ich mich näher mit der Schwiegertochter beschäftigte, erfuhr ich, daß sie zwar die jüngere von zwei Kindern war, daß aber ihr Bruder sein Leben lang schwer krank gewesen und mit achtzehn Jahren gestorben war. Auch ihre Mutter war die meiste Zeit krank gewesen, was die Situation für Elizabeths Schwiegertochter noch kompliziert hatte. Schon in jungen Jahren war sie dadurch gezwungen, die Position eines Haushaltsvorstandes einzunehmen, ähnlich wie eine Erstgeborene. Alles hing von ihr ab, und durch die ihr aufgeladene schwere Bürde wurde sie autoritär und verbittert. Als Erwachsene hatte sie diese Verbitterung in Wiederholung ihrer kindlichen Verhaltensmuster auf die angeheirateten Verwandten übertragen.

Ich erklärte Elizabeth diese Situation und wies sie an, den Wünschen ihrer Schwiegertochter soweit wie möglich entgegenzukommen, nur zu helfen, wenn sie darum gebeten würde, und ihrer Freude Ausdruck zu geben, wenn sie eingeladen würde. Noch bevor ihr Enkelkind sechs

Monate alt war, war Elizabeth wieder eine glückliche Frau. Die Beziehung zu ihrer Schwiegertochter hatte sich gebessert, und schließlich wurde sie sogar gebeten, den Haushalt zu übernehmen und auf ihr Enkelkind aufzupassen, während die Schwiegertochter außer Hause arbeitete.

Eine geistige Behinderung beeinflußt meist die Position eines Kindes noch stärker als eine körperliche. Kinder, die unter einer körperlichen Krankheit leiden, können trotzdem ihre Rolle ausüben, die jüngeren Geschwister zu führen und anzuleiten. Eine ernsthafte geistige Behinderung macht das Kind dagegen unfähig, die Rolle des Ältesten auszufüllen, und praktisch wird es meist die Rolle des Jüngsten übernehmen.

Die Abwesenheit eines Kindes oder sein Tod können ebenfalls die Konstellation verschieben. Margaret Mead berichtet, wie der Tod einer Schwester die Struktur ihrer Familie veränderte:

‹Katherines Tod hinterließ eine Lücke in der Familie. Wir waren nicht mehr fünf Orgelpfeifen wie bisher, sondern zwei Paare. Die beiden zwei und vier Jahre jüngeren Mädchen wurden fast wie eine zweite Familie behandelt und jahrelang «die Babies genannt.›[5]

Stiefgeschwister

Wenn sich die Frage nach ‹deinen›, ‹meinen› und ‹unseren› Kindern erhebt – wenn also Kinder aus früheren Ehen in eine neue Verbindung eingebracht werden –, dann bringen die Kinder die Rollen mit, die sie mit ihren eigentlichen Eltern und Geschwistern gelernt haben.

Ein Stiefkind, das älter als drei Jahre ist, kann in das neue Elternhaus Arten des Umgangs mit anderen Kindern mitbringen, die es zuvor gelernt hat. War es in der früheren Familie ein Einzelkind und muß sich jetzt an die Rolle des älteren oder jüngeren Bruders gewöhnen, dann kann das einige Zeit dauern. Auch wird es einige Zeit dauern, bis das Kind sich daran gewöhnt hat, daß es die eigene Mutter oder den eigenen Vater mit einem oder mehreren Stiefgeschwistern teilen muß. Die von der Mutter in die Ehe gebrachten Kinder scheinen es oft leichter zu haben als die Kinder des Vaters. Dessen muß sich die neue Stiefmutter bewußt sein, und sie muß sich bemühen, ihre neuen Kinder an ihre Position als Mutter zu gewöhnen. Das ist oft leichter, wenn die Stiefmutter keine eigenen Kinder hat, weil die Kinder des Vaters dann nicht den Eindruck haben, neue Rivalen würden in ihr Elternhaus eindringen.

Wenn in der zweiten Ehe Kinder geboren werden, wie das oft geschieht, wenn eine kinderlose Frau einen Mann mit mehreren Kindern heiratet, werden diese Kinder aus zweiter Ehe eine ähnliche Reihe bilden wie Kinder in jeder anderen Familie. Das gilt besonders dann, wenn zwischen den Kindern aus erster Ehe und denen aus der zweiten ein großer Altersunterschied besteht. Das erste dieser Kinder kann dann die Merkmale eines ältesten Kindes zeigen.

Adoptivkinder

Die Tatsache, daß ein Kind adoptiert ist, dürfte für sich genommen die Konstellation für diese Kinder nicht verändern. Konstellationseffekte ergeben sich nur daraus, wie sich die Eltern gegenüber den Kindern in bezug auf ihre Wünsche, Einstellungen und Bedürfnisse verhalten und wie sich die Kinder in dieser Hinsicht gegenüber den Eltern und untereinander stellen. Wenn wir die hypothetische Situation annehmen, daß weder Eltern noch Kinder sich der Adoptionsbeziehung bewußt wären, dann könnten wir Abweichungen in den Konstellationseffekten nicht erwarten. Alle genetisch bedingten Unterschiede etwa der äußeren Erscheinung oder des Intelligenzniveaus würden in gleicher Weise behandelt, wie Eltern und Kinder sonst Unterschiede untereinander behandeln. Es gibt keinerlei Grund anzunehmen, daß irgendein mysteriöser Unterschied bestehen müßte.

In den meisten Adoptivfamilien bilden die Kinder eine Reihe wie in jeder anderen Familie, das heißt, es gibt ein ältestes Kind und vielleicht noch jüngere Kinder. Obwohl Adoptiveltern einige Sorgen haben mögen, die natürliche Eltern nicht kennen (und dafür einige nicht haben, die sich natürliche Eltern machen, zum Beispiel: ‹Ob er wohl die Ohren meines Schwiegervaters bekommen wird?›), brauchen sie, um ihre Erziehungsaufgabe zu erfüllen, die gleichen Träume, Hoffnungen und Einstellungen wie andere Eltern.

Adoptivmütter verhalten sich ihrem ersten und späteren Kindern gegenüber in gleicher Weise wie biologische Mütter. Sie sind im allgemeinen beim ersten Kind besorgter und fordernder, beim zweiten und weiteren Kind entspannter und ruhiger. Dadurch nimmt ein Säugling, der als erstes Kind adoptiert wird, die gleichen Einstellungen und Verhaltensweisen an wie jedes erste Kind. Werden weitere Kinder als Säuglinge adoptiert, dann nehmen sie ebenfalls den Platz ein, den auch natürliche Kinder einnehmen würden.

Es gibt jedoch bei Adoptivfamilien einige Bedingungen, die von denen in normalen Familien abweichen können. Da ist zum Beispiel der sozioökonomische Status der Adoptivfamilien, die intellektuell, bildungsgemäß und ökonomisch meist über dem Durchschnitt liegen.

Zuweilen haben Adoptiveltern das Gefühl, besonders beobachtet zu werden – von der Agentur, die ihnen das Kind vermittelt hat, aber auch von Nachbarn und Verwandten –, und fühlen sich ständig herausgefordert, ihre Befähigung als Eltern unter Beweis zu stellen. Dadurch sind sie möglicherweise angespannter und ängstlicher, als sie es sonst wären, und vermitteln dem Kind, insbesondere dem ersten, etwas von dieser Ängstlichkeit. Wenn sie noch weitere Kinder adoptieren, sind sie wahrscheinlich bei der Erziehung schon selbstsicherer. Das erste jedoch wird oft noch mehr als natürliche erste Kinder zu Leistung und Wohlverhalten angetrieben.

Die Tatsache, daß Adoptiveltern meist über überdurchschnittliche Bildung, geistige Fähigkeiten und finanzielle Mittel verfügen, kann dazu führen, daß sie sich Sorgen machen, ob ihr Adoptivkind genügend Fähigkeiten mitbringt. Wohl kennen sie meist den spezifischen Hintergrund des Kindes nicht, doch sie vermuten, daß er sich von ihrem eigenen unterscheidet, und zweifeln, ob das Kind ihren Erwartungen entsprechen kann. Das scheint der Grund dafür zu sein, daß es manchmal zwischen erfolgreichen, berühmten oder wohlhabenden Adoptiveltern und ihren Adoptivkindern zu schweren Konflikten kommt. Diese Eltern machen sich nicht klar, daß auch eigene Kinder nicht oft das Niveau ihrer außergewöhnlichen Eltern erreichen, und sie sind enttäuscht, daß die Adoptivkinder ihren Leistungsnormen nicht gerecht werden. Dieser Druck kann sich besonders stark auf das erste Adoptivkind auswirken. Wie alle anderen Eltern müssen auch Adoptiveltern akzeptieren, daß ihre Kinder allmählich aus ihren eigenen Anlagen und aus der Persönlichkeit, die sie in ihrem Elternhaus entwickeln, eigene Identität erlangen.

Es gibt noch andere Unterschiede zwischen biologischen und Adoptivfamilien. Manche Unterschiede ähneln denen, die wir bei Familien mit Stiefkindern erwähnt haben. Es gibt Fälle, in denen ein Kind nicht als Säugling adoptiert wird. Dann wird die frühere Umwelt des Adoptivkindes – ähnlich wie bei einem Stiefkind – seine Reaktionen auf das neue Elternhaus bestimmen. Ist es ein Einzelkind und schon älter als fünf oder sechs Jahre, dann wird es meist für immer einige Merkmale eines Einzelkindes behalten – genauso wie ein natürliches Kind, das schon so alt ist, wenn es einen Bruder oder eine Schwester bekommt.

Ein weiterer Unterschied besteht, wenn in einer Familie eigene und adoptierte Kinder leben. Was geschehen kann, verstehen wir am ehesten, wenn wir an die Prämisse denken, daß jeder Mensch seine eigenen Möglichkeiten und die der Umwelt benutzt, um sich zu behaupten, zu verwirklichen und zu steigern. Eltern können nicht ignorieren, daß das eine Kind ihr eigenes, das andere aber adoptiert ist, doch können sie sich entsprechend verhalten, ohne eines der Kinder abzuwerten. Tatsächlich sind solche Familien oft am besten geplant: einem Mädchen als einzigem natürlichen Kind kann ein adoptierter Junge folgen, während in der natürlichen Familie das Geschlecht des zweiten Kindes nicht in dieser Weise bestimmt werden kann. Zu vier natürlichen Kindern kann ein so sehr gewünschtes jüngstes anderer Rasse oder Farbe hinzukommen, das die anderen Kinder der Familie bewundern und lieben, weil sie es mit ausgesucht haben. Ist das adoptierte Kind das einzige seines Geschlechts in der Familie, dann kann es eine besonders bevorzugte Position einnehmen.

Wie nimmt das adoptierte Kind seinen Platz unter den natürlichen Kindern der Familie ein? Die Kenntnis von Konstellationseffekten ist in solchen Situationen von besonderer Bedeutung. Man kann den Eltern Angst und Sorgen ersparen, wenn sie rechtzeitig erfahren, was sie von einem ersten und was von späteren Kindern zu erwarten haben – seien sie adoptiert oder natürlich.

Ist das adoptierte Kind das erste in der Familie, dann wird es emotionale und intellektuelle Reaktionen auf den Druck erkennen lassen, den Eltern üblicherweise auf ein erstes Kind ausüben. Folgt als zweites ein natürliches Kind, dann brauchen die Eltern nicht beunruhigt zu sein, wenn es die übliche Tendenz zweiter Kinder zeigt, weniger leistungsorientiert zu sein als das erste. Ist das erste Kind natürlich und das zweite adoptiert, dann brauchen die Eltern nicht das Gefühl zu haben, das andere Verhalten des zweiten Kindes beruhe auf einer von seinen natürlichen Eltern ererbten Veranlagung. Diese Verhaltenstendenzen sind die üblichen Konstellationseffekte, und sie können gemindert werden, wenn die Eltern sich bemühen, das Potential aller ihrer Kinder – adoptierter, natürlicher, erstgeborener und nachgeborener – voll zu entwickeln.

Eltern müssen sich auf die besondere Situation einstellen, wenn sie ein oder mehrere natürliche und ein oder mehrere adoptierte Kinder haben. Meist übt eine Mutter auf ihr erstes natürliches Kind besonderen Druck aus. Ein Adoptivkind, dem ein natürliches Kind folgt, kann daher den Eindruck haben, seine Mutter schenke dem zweiten Kind besondere Aufmerksamkeit. Jedes Kind wünscht sich von seinen Eltern Liebe, Aufmerksamkeit und Zustimmung. Bekommt es sie nicht, dann wird es sein Verhalten in einer Richtung ändern, die – wie es hofft – die Reaktion der Eltern ändert. Kümmern sich Mutter oder Vater besonders um das zweite Kind, dann wird das adoptierte mit dem natürlichen stärker zu konkurrieren suchen. Bleiben diese Anstrengungen ohne Erfolg, sind Gefühle der Hoffnungslosigkeit und des Abgelehntwerdens die Folge. Sind sich die Eltern dieser Konstellationseffekte bewußt, dann können sie entsprechende Symptome rechtzeitig erkennen und den Schwierigkeiten entgegenwirken, lange bevor größere Probleme entstehen.

Leben natürliche und adoptierte Kinder in einer Familie, dann führen die Unterschiede im Alter und in den körperlichen und intellektuellen Fähigkeiten stets zu den üblichen Geschwisterrivalitäten. Der (natürliche) ältere Bruder bevormundet zum Beispiel den (adoptierten) jüngeren. Ihre Interaktion wird oft einen Anflug von Rivalität haben, wobei beide ihren Status als adoptiertes bzw. natürliches Kind als Waffe benutzen können. Der Ältere verspottet den Jüngeren beispielsweise, er gehöre ja gar nicht richtig zur Familie oder er habe gar keine richtigen Eltern.

Das Beste, was Eltern zur Vorbeugung solcher feindseliger Interaktion zwischen natürlichen, adoptierten oder Stiefkindern tun können, ist, gegen alle Kinder freundlich und ausgeglichen zu sein und alle mit gleicher Liebe, Sorge und gleichem Respekt zu behandeln.

Mir ist der Fall eines Ehepaares mit einer achtjährigen Tochter bekannt, das sich entschloß, ein zwölfjähriges Mädchen zu adoptieren, weil sie fanden, ihr Kind dürfe nicht allein aufwachsen. (Die Eltern waren schon zu alt, um ein jüngeres Kind als ihre Tochter zu adoptieren. Beide waren Ende vierzig, und vor der Geburt ihres einzigen Kindes hatte die Frau mehrere Fehlgeburten gehabt.)

Zuerst war die natürliche Tochter, die bisher das einzige Kind gewesen war, über die Ankunft einer älteren Schwester nicht sehr begeistert. Sie beklagte sich, sie lasse sich nicht gerne von dem älteren Mädchen herumkommandieren.

Der Vater, der als jüngeres Kind einer großen Familie aufgewachsen war, zeigte dafür Verständnis und erzählte ihr, auch er habe sich nicht gerne von seinen älteren Brüdern und Schwestern herumschubsen lassen. Das Verständnis des Vaters verminderte offensichtlich die Spannung, unter der seine Tochter stand.

Wie ist es mit Zwillingen?

Auch Zwillinge und andere Mehrlinge haben eine Geburtsreihenfolge, selbst wenn sie nur wenige Minuten oder Stunden nacheinander geboren werden. Welch große Bedeutung dieser Tatsache von den Eltern und von ihnen selbst beigemessen wird, zeigt sich darin, wie eilig jedermann darüber informiert wird, wer zuerst geboren wurde.

Die biblischen Zwillinge Jakob und Esau sind ein uraltes Beispiel dafür, daß dem Erstgeborenen das Erbe zusteht und mit welch machiavellistischen Mitteln der Nachgeborene versucht, es für sich zu bekommen. Vor Zeiten bestimmte man in östlichen Gesellschaften auf andere Weise, wem das Familienerbe zustehe: Man unterstellte dem zweitgeborenen Säugling, er habe sich durch die Höflichkeit, den anderen zuerst gehen zu lassen, des Erbes würdig erwiesen.

In der westlichen Gesellschaft bezeugen die Nachgeborenen von Zwillingen oder Mehrlingen oft dem Erstgeborenen Respekt. Ein Beispiel dafür sind Dan und Milt. Beide Männer waren 37 Jahre alt und hatten einige Jahre mit Erfolg als Lehrer gearbeitet. Nachdem Milt zum Leiter seiner Schule ernannt worden war, meinte Dan, der an einer anderen Schule zugunsten eines älteren Kollegen übergangen worden war, er brauche Hilfe, um selbstsicherer zu werden.

Milt war drei Minuten vor Dan geboren. Während ihrer ganzen Kindheit ließ Milt Dan diesen Unterschied deutlich spüren, indem er sich als älter und weiser hinstellte.

Das alleine hätte bei Dan vielleicht noch keine Minderwertigkeitsgefühle hervorgerufen, aber Milt war die meiste Zeit der Kindheit hindurch auch gut zwei Zentimeter größer und einige Pfund schwerer.

‹Glücklicherweise›, sagte Dan, ‹schien Milt am Sport weniger interessiert zu sein als ich, so daß ich hier besser sein konnte. Aber als wir nach der Schule zusammen aufs College gingen, zeigte sich schnell, daß er bessere Noten erzielte als ich. Ich fühlte mich im Wettbewerb mit ihm immer unwohler.

Aber nach dem College bekamen wir beide Anstellungen als Lehrer. Dann begann ich zu erkennen, wieviel selbstsicherer er war, als ich es sein konnte. Er war mit sich zufriedener. Er hatte mich immer herumkommandiert, und jetzt begann er mir zu erzählen, wie ich meine Klassen unterrichten solle, obwohl wir an verschiedenen Schulen waren.

Es schien, als hätte ich endgültig verloren, als er Direktor wurde und ich nicht. Ich hörte was von Selbstsicherheitstraining, und das schien mir genau das zu sein, was ich brauchte.›

Das war jedoch nicht alles, was er brauchte. Dan brauchte auch sehr viel Unterstützung, um innere Zufriedenheit und ein besseres Selbstwertgefühl zu entwickeln. Ganz unerwartet erkannte er schließlich, daß ihm an einer administrativen Rolle in seiner Schule gar nicht lag. Obwohl er und Milt Zwillinge waren, hatte Dan als Zweitgeborener auf Milts schulische Leistungsbezogenheit reagiert, indem er besonders seine sportlichen Fähigkeiten entwickelte. Er entschloß sich, diesen Weg weiter zu verfolgen, und entwickelte sich später eher zu einem College-Mannschaftstrainer als zu einem *high-school*-Direktor.

Bei zweieiigen Zwillingen können die Konstellationseffekte besonders ausgeprägt sein. Jane und Priscilla waren zweieiige Zwillinge, die schon bei der Geburt so verschieden aussahen, daß die Mutter sich entschloß, so weit wie möglich zu ignorieren, daß es sich um Zwillinge handelte.

Jane, die Erstgeborene, war groß, dünn und dunkelhäutig; Priscilla war kleiner, rundlich, mit heller, rosiger Haut.

‹Jane war immer die Ruhige, der Denker›, sagte ihre Mutter. ‹Priscilla war niedlich und süß, und wir haben sie alle geknuddelt. Sie hatte nie so viel Interesse an der Schule wie Jane.›

Heute, als Erwachsene, ist Jane College-Dozentin, Priscilla Bankangestellte – ein beruflicher Unterschied, der, wie wir später sehen werden, dem entspricht, was auf Grund der Geburtsreihenfolge zu erwarten ist.

Teil II
Die Entwicklung
der Persönlichkeit

Kapitel 4
Persönlichkeitsmuster I

Madeleine, eine jungverheiratete Frau, Einzelkind, ließ sich beraten, weil sie Schwierigkeiten hatte, mit ihrem Mann auszukommen und mit ihren beiden kleinen Kindern fertig zu werden.

Madeleine war unreif. Ihre Eltern hatten ihr nie eine Chance gegeben, erwachsen zu werden, und ihre Mutter hatte ihr alles abgenommen. Während unseres Gesprächs bemerkte ich Anzeichen von Einsamkeit und schützender Selbstisolierung bei ihr, die so oft charakteristisch für Einzelkinder sind. Ihre Mutter, so sagte sie, sei dominierend gewesen, ihr Vater dagegen ‹weich wie Butter›.

‹Mutter und Vater schienen immer in ihren eigenen Welten zusammen zu sein, und mit mir schien das überhaupt nichts zu tun zu haben›, sagte Madeleine. ‹Meine Mutter hat mir überhaupt nichts vom Leben und seinen Problemen erzählt. Das mußte ich alles selbst herausfinden, seit ich erwachsen bin.›

Diese junge Frau hatte keine eigenständige Identität entwickelt, sie war immer noch das Kind ihrer Eltern. Sie sagte nur, was andere ihrer Ansicht nach hören wollten, und hatte nichts Eigenes zu geben. Als sie zur Beratung kam, hatte sie auch eine unreife Beziehung zu ihren beiden Kindern. Sie schrie ihr Baby an, und wenn die Probleme ihr über den Kopf wuchsen, dann ging sie einfach aus dem Haus und überließ die Kinder ihrem Mann oder einem Babysitter.

‹Sie ist wie ein kleines Mädchen, das ‚Familie' spielt›, meinte ihr Mann. ‹Sie mag keinen Sex, und sie mag es nicht, wenn Freunde uns besuchen, weil sie mich ganz für sich alleine haben möchte.›

‹Ich fühle mich unsicher›, sagte Madeleine. ‹Ich weiß einfach nicht, wie ich mich als Erwachsener verhalten soll.›

Nachdem ich ihr erklärt hatte, daß viele ihrer Eigenschaften und Probleme auch bei anderen Einzelkindern zu finden seien, konnte ich sie allmählich dazu bringen, die notwendigen Persönlichkeitsveränderungen vorzunehmen. Nach einigen Wochen psychologischer Beratung erklärte sie: ‹Ich fühle mich jetzt wie ein erwachsener Mensch und glaube, daß ich mit meinem Leben fertig werden kann.›

Das Einzelkind, wie Madeleine, ist ein Sonderfall der Familienhierarchie, weil es nicht die persönlichen Beziehungen zu Geschwistern erlebt.

Der Kontrast zu Menschen, die zusammen mit Geschwistern aufgewachsen sind, wird im weiteren Verlauf noch deutlicher werden.

Jemand, der für das, was er tut, ermutigt und gelobt wird, wird sich wahrscheinlich noch mehr anstrengen und ein hohes Maß an Selbstvertrauen entwickeln. Manche Einzelkinder haben ihr ganzes Leben lang die Einstellung ‹Ich bin die Nummer eins, weil ich mich mehr anstrenge› und schauen mit Verachtung auf Leute herab, die sich für ihr Ziele weniger einzusetzen scheinen.

Andererseits kommt es vor, daß das Einzelkind – isoliert mit zwei Erwachsenen, die für alles sorgen – verwöhnt und verzogen wird (wie Madeleine), so daß es nicht darauf vorbereitet ist, selbständig Entscheidungen zu treffen oder zu handeln, wie es notwendig ist, um im Wettbewerb zu bestehen und Lebensziele zu erreichen.

Während der ersten Lebensjahre haben die Eltern eine wichtige Aufgabe als Vorbilder für die Geschlechtsrollenidentifikation – besonders bei Einzelkindern. Männliche Einzelkinder sind in Interessen und Einstellungen tendenziell femininer als andere Männer, umgekehrt sind weibliche Einzelkinder maskuliner. Die enge Verbindung zwischen einem Einzel-Jungen und seiner Mutter, die vor allem entsteht, weil sie ihn als einen kostbaren Besitz betrachtet, bewirkt oft, daß er ihr in Alltagseinstellungen und -interessen ähnlich wird. Das kann, wenn der Vater tatsächlich oder emotional nicht vorhanden ist, beim Erwachsenen zu sexuellen Störungen wie Impotenz oder Homosexualität führen.

Ein Einzel-Mädchen kann sich mit dem Vater identifizieren, weil sie ihn bewundert, aber sie kann auch den Wunsch nach der konventionellen Rolle der Frau und Mutter haben. Mit größerer Wahrscheinlichkeit als andere Mädchen entwickelt sie sich zur Lesbierin, doch scheint diese Entwicklung vor allem bei extrem gestörten Eltern-Kind-Beziehungen einzutreten. Eine feindselige Mutter kann sie zu einer engen Beziehung und Identifikation mit dem Vater zwingen oder aber, wenn der Vater nicht anwesend ist, zu einer überprotektiven Rolle ihr gegenüber.

Das Einzelkind hat in der Regel ein hohes Selbstwertgefühl und großes Selbstvertrauen – insbesondere Jungen; Einzel-Mädchen brauchen in höherem Maße Zustimmung zu ihren Handlungen als Jungen. Das Einzelkind ist meist auch optimistisch, weil es alleiniger Nutznießer all dessen ist, was die Familie zu bieten hat; es erhält die ungeteilte Liebe und Zuneigung, und alle Zustimmung und Anleitung gelten ihm allein. Einzelkinder beiden Geschlechts entwickeln einen starken Sinn für ihr Recht auf Aufmerksamkeit. Sie wirken in der Regel reif und unabhängig, doch kann es auch zu einem Konflikt innerer Abhängigkeit von den Eltern kommen.

Deutliche Geburtsreihenfolge-Effekte zeigen sich auch, wenn wir das erstgeborene Kind betrachten, dem andere folgen.

Das Erstgeborene

Erste Kinder sind für eine Weile Einzelkinder und entwickeln während dieser Zeit die Persönlichkeitseigenschaften von Einzelkindern.

Bis zur Geburt des zweiten Kindes erfreut sich das erste oft einer warmen und engen Beziehung zur Mutter. Untersuchungen haben gezeigt, daß die Mutter der Elternteil ist, der die meiste Zeit mit dem erstgeborenen Kind zubringt, während der Vater den Großteil der Disziplinierungsmaßnahmen übernimmt. Bei der Disziplinierung späterer Kinder spielt der Vater meist eine geringere Rolle, weil er inzwischen gelernt hat, dem kindlichen Verhalten gegenüber mehr Toleranz zu üben. Im allgemeinen ist er auch stärker von der Aufgabe absorbiert, materiell für die wachsende Familie zu sorgen.

Dadurch wirkt er auf das älteste Kind unter Umständen streng, auf die jüngeren dagegen wohlwollender.

Der große Schock für das Erstgeborene kommt, wenn die Mutter in die Klinik geht und ihr Kind alleine läßt, und wenn sie dann mit einem neuen Baby zurückkommt. Ganz plötzlich verliert das ältere Kind die alleinige Aufmerksamkeit der Mutter, die sich jetzt zum Teil dem neuen Säugling widmen muß. Das erste Kind bemüht sich, den scheinbar verlorenen Boden wiederzugewinnen, weil es nicht verstehen kann, daß die Liebe für beide Kinder reicht – es ist eifersüchtig. Wird es für sein Verhalten bestraft, dann ist es vollends überzeugt, daß die Mutter es nicht mehr liebt. Es wird dann noch stärker und oft mit unschönen Mitteln versuchen, die Aufmerksamkeit wieder auf sich zu ziehen. Kann das Erstgeborene sich auf der Suche nach Annahme und Zustimmung dem Vater zuwenden, während die kostbare Liebe der Mutter anderswo konzentriert ist, dann wird es wahrscheinlich auch weiterhin eine gesunde Persönlichkeit entwickeln. Trotzdem bleibt der Vater für das Erstgeborene die wichtigste Disziplinarinstanz – und Aktivitäten, die stärkere Aufmerksamkeit fordern, verlangen nach Disziplinierung, so daß das Kind sich unter Umständen auch vom Vater abgelehnt fühlt.

So war es bei Harold, einem Mann in mittleren Jahren, älterer von zwei Brüdern, der zu mir kam, um sich therapieren zu lassen. Harolds Mutter war passiv und fügte sich ganz den Wünschen ihres Mannes; der Vater dagegen war streng und immer zum Strafen bereit. Nach der Geburt des zweiten Kindes zeigte sich Harold zum Befremden der Mutter aggressiv und frech, wie bei Zweijährigen üblich. Die Mutter überließ Erziehung und Bestrafung dem Vater. Der jüngere Sohn war ruhig und still, zu ihm hatte die Mutter eine warme und beschützende Beziehung, während Harold weitgehend sich selbst und der strengen Disziplin seines Vaters überlassen war.

Die Folge war, daß Harold zu rebellieren begann, sobald er eine Möglichkeit fand, Aufmerksamkeit zu erregen – hauptsächlich in der Schule. Er widersetzte sich aller Führung und Anpassung und hatte oft Ärger. Er bekam nicht nur schlechte Noten, sondern er war auch körperlich aggressiv und störte den Unterricht.

Sein Bruder, der keine Probleme mit Rebellion oder Anpassung hatte, war in der Schule gut und erzielte bessere Noten als der Ältere. Nach Abschluß der High School ergriff er einen sicheren und gutbezahlten Beruf. Er lebte angenehm und angepaßt.

Inzwischen hatte Harold für seinen Vater und seinen Bruder statt Rebellion nur noch Verachtung übrig. Er ging sogar aufs College und bestand die Abschlußprüfung. Danach jedoch gewann seine rebellische Grundstimmung wieder die Oberhand, und er verlor eine Stelle nach der anderen, weil er sich der Autorität widersetzte.

Jetzt, in mittleren Jahren, versucht Harold, sich durch eine Therapie über die Vater-Bruder-Beziehungen klarzuwerden, die ihn so stark beeinträchtigt haben, und seinen Autoritätskonflikt zu lösen, der für seine wiederholten Mißerfolge verantwortlich ist. In absehbarer Zeit wird er vielleicht doch noch erreichen, was er braucht: erfolgreiche Arbeit, die seiner Ausbildung entspricht.

Was die Persönlichkeitsentwicklung betrifft, so ist das älteste Kind meist konservativ, es spiegelt die Sitten und Einstellungen der Eltern wider und verfügt über eine starke Selbstkontrolle. Unabhängig vom Geschlecht ist das älteste Kind meist dasjenige, das die Gewohnheiten der älteren Generation in die jüngere hinüberträgt. Oft ist es eifersüchtig oder ängstlich, weil es in der Familie entmachtet wurde, und oft ist es mit sich selbst unzufrieden, weil als Kind so viel von ihm erwartet wurde.

Älteste Kinder brauchen Zustimmung. Sie sind für sozialen Druck empfänglich, und sie neigen dazu, ihre Meinung zu ändern, um mit anderen übereinzustimmen. In ihrem Verhältnis zu Autoritäten sind Erstgeborene meist konformer und halten sich mehr an allgemein akzeptierte Normen als andere Kinder. Wenn sie von den Eltern gerecht behandelt wurden, sind sie respektvoller als Kinder in anderen Rangpositionen.

Die Grundstimmung reicht bei Erstgeborenen von empfindsamer Ernsthaftigkeit bis hin zur Depressivität. In der Regel sind sie der Religion gegenüber positiv eingestellt, sind sozial aufgeschlossen und haben ein starkes Verantwortungsgefühl. Oft haben sie keine Sympathien für sozial benachteiligte Gruppen. Sie sagen zwar: ‹Wir müssen uns um die kümmern, die sich nicht selbst helfen können›, aber in Wirklichkeit denken sie: ‹Es ginge ihnen besser, wenn sie sich mehr anstrengen würden.›

Älteste Kinder gehen Konflikten meist lieber aus dem Wege, aber sie halten sich auch für fähig, Situationen zu ändern. Wenn sie jedoch in eine Situation geraten, die sie nicht beherrschen können (oder nicht beherrschen zu können glauben), nimmt ihre Angst zu, und sie versuchen, sich bei anderen abzusichern. In Katastrophensituationen sind Erstgeborene meist ängstlicher als andere und suchen bei anderen Rückhalt.

Oft hält man die Erstgeborenen für die glücklichsten Menschen, weil sie von den Eltern bevorzugt wurden und beruflich meist erfolgreicher sind. Tatsächlich erreichen sie oft viel, aber auch dann sind sie nicht notwendigerweise glücklicher. In einer Untersuchung äußerten sich erstgeborene Mädchen aus Familien mit sechs oder mehr Kindern offen darüber, wie unzufrieden sie als Erwachsene seien; sie waren auch diejenigen, die von den anderen Kindern ihrer Familien am wenigsten beneidet wurden. Der oder die Älteste zu sein, bringt zwar viele Vorteile mit sich, garantiert jedoch nicht bessere soziale oder emotionale Anpassung. Ein Beispiel hierfür ist Lorna, die älteste von drei Schwestern.

Lorna war fünfunddreißig und eine äußerst jähzornige Frau. Ihr Zorn war von Depressionen begleitet, entweder schrie sie ihren Mann an, oder sie war in Tränen aufgelöst.

Als wir gemeinsam das Problem erörterten, zeigte sich, daß im Mittelpunkt offenbar die Rivalität mit der älteren von Lornas beiden Schwestern stand, die nur wenig jünger war als sie selbst. Lorna berichtete, wieviel niedlicher ihre Schwester gewesen war, wie sie sich schneller entwickelt hatte und größer geworden war als sie, die kleine Dünne. Das machte ihre Probleme noch schlimmer, denn ‹ich hatte Angst, mich gegen sie zu wehren, weil sie sehr aggressiv war›.

Wie es dem typischen Verhaltensmuster der ältesten oder älteren Schwester entspricht, wurde Lorna das ‹brave Mädchen›, weil sie hoffte, dadurch die Gunst der Mutter wiederzugewinnen. Die jüngere Schwester war rebellisch, sie wehrte sich gegen ihre Eltern, immer konnte sie ihren Gefühlen Luft machen und sich ausdrücken. Trotzdem ergriff die Mutter bei jedem Konflikt zwischen den beiden Mädchen für sie Partei. Auch die Einstellung des Vaters verwirrte Lorna, doch sie war nachgiebig: ‹Für meinen Vater hätte ich alles getan, wenn er mich ‚mein Mädchen' nannte, und das tat er immer, wenn ich etwas für ihn tun sollte.›

Die Schwester entwickelte eine Taktik, die Lorna für unfair hielt. Wenn ihr etwas verweigert wurde, schrie sie so lange, bis ihr übel wurde, so daß der Vater entweder nachgab oder seine niedliche Lieblingstochter knuddelte, um sie zu trösten.

‹Ich gab zu schnell auf›, sagte Lorna, ‹aber nur deswegen, weil ich dachte, ich würde sowieso nicht bekommen, was ich wollte, oder ich würde bloß meine Eltern verärgern. Ich hab mich nie getraut, mich gegen meine Schwester zu wehren, auch nicht, als sie noch klein war, weil ich fürchtete, ich könnte sie verletzen, und dann bekäme ich Ärger.›

Wie viele Ältere von zwei Brüdern oder Schwestern begann Lorna, ihre intellektuellen Fähigkeiten zu entwickeln, um auf diesem Wege mit ihrer

Schwester zu konkurrieren. Beide Eltern hatten das College besucht und erwarteten von ihrer Tochter das gleiche.

‹Ich dachte, ich hätte es geschafft›, sagte Lorna. ‹Ich beneidete keine meiner Schwestern, bis sie Kinder bekamen. Sie heirateten früh und hatten schnell mehrere Kinder, aber auch dann glaubte ich noch, meine höhere Bildung stellte mich den Eltern gleich.›

Trotz aller Hinweise auf Konkurrenzdenken, Neid und Zorn erkannte Lorna die Tiefe und Bitterkeit ihrer Gefühle nicht voll, bis sie eines Tages von ihrer Schwester träumte, mit der sie in der Kindheit konkurriert hatte. In diesem Traum befand sich Lorna sicher in ihrer eigenen Wohnung und sah, wie unten auf der Straße ihre Schwester von Rockern überfallen wurde. Sie wurde grausam und gemein zusammengeschlagen. Lorna sah ihre Schwester hilflos, entsetzt und blutend. Sie versuchte, die Polizei zu rufen, kam aber nicht durch. Dann wachte sie auf.

Lorna war mit Traumanalyse etwas vertraut, und ich konnte ihr klarmachen, daß *sie* das geträumt hatte, daß *sie* im Traum gesehen hatte, wie ihre Schwester überfallen wurde, und daß *sie* die Polizei nicht zu Hilfe geholt hatte.

Lorna konnte nun die Gewalt im Traum als Ausdruck ihrer eigenen wahren Gefühle anerkennen. Sie erkannte auch, wie frustriert und ärgerlich sie war, weil sie mit ihrer Schwester in bezug auf Kinder nicht konkurrieren konnte. Wie so oft verlor die erreichte intellektuelle Leistung der älteren Schwester in dem Moment an Bedeutung, wo im Wettbewerb mit der jüngeren Schwester die Grundfunktionen der Ehe und des Kinderkriegens eine Rolle zu spielen begannen.

Dann wurde Lorna schwanger. Dieser ersehnte Zustand, verbunden mit einem besseren Verständnis ihres Ärgers, ihrer Frustration und ihres Wunsches, ihr Mann möge ihr die Wünsche von den Augen ablesen, führte dazu, daß Lorna sich jetzt sehr wohl fühlte. Sie zog sich für etwa anderthalb Jahre aus der Therapie zurück, bis für sie ein anderes Problem entstand – diesmal mit ihrem eigenen Baby.

Lornas Sohn war ein großes, kräftiges Kind, und er war so anspruchsvoll, wie achtzehn Monate alte Kinder es eben sind. Lorna machte sich über alles, was das Kind tat, und über alles, was sie für das Kind tat, Gedanken. Es war klar, daß die fordernde Aggressivität des Säuglings ihre Gefühle gegenüber den Schwestern wiedererweckt hatte. Sie hatte Angst, sich dem Baby gegenüber durchzusetzen, wie sie vorher ihren Schwestern gegenüber Angst gehabt hatte. Wenn das Kind brüllte und sie nicht wußte, was sie tun sollte, wurde sie wütend. Weil sie ihre Wut nicht an dem Baby auslassen wollte, war sie schließlich frustriert und brach in Tränen aus.

Lorna hatte zutiefst das Bedürfnis, eine bessere Mutter zu sein als ihre Schwestern. Ich konnte ihr helfen, indem ich ihr bestätigte, wie richtig ihre Ansichten über Kindererziehung seien. Sie war eine intelligente, warmherzige und liebevolle Frau, und ihre Impulse gingen in die richtige Richtung. Sie hatte nur Angst, sich durchzusetzen oder ihre eigenen Vorstellungen zu akzeptieren und sie ihrem Kind, ihrem Ehemann oder irgend jemandem sonst aufzunötigen. Die Abwehr gegen ihre Wut auf die Schwestern machte sie unfähig, natürliche Gefühle auszudrücken.

Unsere gemeinsame Arbeit half Lorna, sicherer zu werden und zu sagen, was sie wollte, ohne von inneren Reaktionen wie Wut und Tränen überwältigt zu werden. Solche Reaktionen hatten es ihr vorher unmöglich gemacht, unangenehme Situationen ruhig zu beurteilen. Sie hatte sich beklagt, daß sie nie mitbekam, was eigentlich los sei – und das konnte sie ja nicht, wenn sie blind war vor Wut und Tränen.

Als Lorna gelernt hatte, diese Reaktionen so zu beherrschen, daß sie nicht mehr auftraten, konnte sie Situationen mit ihrem Mann, ihrem Kind oder sonst jemandem richtig einschätzen und ihr Verhalten nach den tatsächlichen Umständen einrichten.*

---

* Genauere Angaben darüber, welchen Einfluß das Geschlecht des zweiten Kindes auf die Persönlichkeitsentwicklung des ersten hat, findet der Leser in Lucille K. Forer: *Birth Order and Life Roles* (Springfield, Ill.: Charles C. Thomas, 1969), S. 55–65.

Kapitel 5
Persönlichkeitsmuster II

Bei zweiten Kindern ist die Entwicklung entscheidend davon abhängig, ob sie das zweite von zweien sind oder ob ihnen weitere Geschwister folgen.

Das zweite von zwei Kindern

Zwei Bedingungen zeigen sich ziemlich durchgängig in der Zwei-Kinder-Familie:

1. Das jüngere Kind ist im Wettbewerb mit dem älteren, stärkeren benachteiligt.

2. Der jüngere Junge oder das jüngere Mädchen wird zum Liebling der Eltern, weil er oder sie andere Taktiken anwendet als das eher fordernde ältere Kind.

Das Zweitgeborene erlernt schnell verschiedene Anpassungstechniken. Es nützt zum Beispiel die Möglichkeit, sich – als das Baby – von den Eltern vor Aggressionen des Älteren schützen zu lassen. Es lernt auch die Kunst des Kompromisses. Drittens entwickelt es kompliziertere Wege, um seine Bedürfnisse zu erfüllen. Wenn der ältere Bruder oder die ältere Schwester versucht, ein Ziel durch direkte Gewalt zu erreichen, wird das jüngere Kind probieren, außen herum zu gehen, statt die Verteidigungslinie direkt anzugreifen. Dabei wird es sich oft der elterlichen Autorität bedienen, um die Aggression des Älteren abzuwenden. Der Lebensstil eines zweiten Kindes ist abhängig davon, ob es sich um einen Jungen oder um ein Mädchen handelt und ob es einen Bruder oder eine Schwester hat.

Junge mit älterer Schwester

Wenn der jüngere Bruder Gelegenheit bekommt, sich durchzusetzen und Ansprüche geltend zu machen, dann entwickelt er sich wahrscheinlich zu einem selbstsicheren und unabhängigen Erwachsenen, der sich wenig darum schert, was andere von ihm denken. Meist hat er ein hohes Selbstwertgefühl, behält jedoch gewisse feminine Charakteristika wie Zärtlichkeit und Kommunikationsfähigkeit, weil er zwei ‹Mütter› hatte. Möglicherweise legt er auch Frauen gegenüber ein dominierendes Verhalten an den Tag.

Als Erwachsener bleibt der jüngere Bruder manchmal weiterhin von seiner älteren Schwester abhängig. Eine Ehefrau beklagte sich bei mir einmal, bei Streitigkeiten gehe nicht sie zu ihrer Mutter zurück, sondern ihr Mann packe seine Sachen und ziehe zu seiner älteren Schwester.

Ziemlich typisch für einen jüngeren Bruder, dem anspruchsvolles und sich durchsetzendes Verhalten nicht gestattet worden war, war ein junger Mann, der mit Eheproblemen zu mir kam. Bill ärgerte sich über die dominierende Art seiner Frau, der älteren von zwei Schwestern. (Es kommt recht häufig vor, daß Männer, die eine ältere Schwester hatten, eine Erstgeborene zur Frau nehmen.) Bill war in einer unsicheren Beziehung zu seinem Vater groß geworden.

‹Ich wollte immer gerne mit ihm zusammen sein›, sagte Bill, ‹aber er benutzte mich nur, wenn er mich brauchte. Ich fühlte, daß er mich nicht mochte.›

Seine Mutter andererseits versuchte, ihn zu unterdrücken, ebenso seine ältere Schwester, so daß sein Persönlichkeitskonflikt verschärft wurde. In seiner gegenwärtigen Beziehung wiederholte Bill die Geschichte seiner Kindheit. Er war sich nicht darüber im klaren, daß er sich eine Frau gewählt hatte, die in dieses Muster paßte, und er sie darin angelernt hatte, es mit ihm wiederzubeleben.

Während wir das Problem untersuchten, erkannte Bill, wie er als Kind gegen die Dominierung durch seine Mutter und seine Schwester gekämpft hatte. Er hatte mit seiner Schwester gestritten, aber sie hatte ihn physisch wie verbal überwältigt. Die Distanz zu seinem Vater erlaubte ihm nicht, eine starke männliche Geschlechtsrolle zu entwickeln, und er fühlte sich von Frauen erstickt. Daher machte ihn der starke Wille seiner Frau unzufrieden und rebellisch. Sobald er die Beziehung zu seiner Schwester deutlicher erkannte, entwickelte Bill ein gewisses Maß an maskuliner Durchsetzungsfähigkeit, und seine Ehe wurde besser. Um eine lohnende, wachsende Beziehung zu seiner Frau herzustellen, mußte er sie aus der Rolle der älteren Schwester entlassen.

Mädchen mit älterer Schwester

Manchmal wird ein zweitgeborenes Mädchen von seiner älteren Schwester dominiert, die dieses Dominieren als ‹Fürsorge› rationalisiert. Unter Umständen wird die Rolle der Dominierten von der jüngeren Schwester bereitwillig angenommen – so bei einer achtzigjährigen Frau, die stolz sagte:

‹Ich bin immer umsorgt worden, erst von meinem Vater, dann von meiner Schwester und dann von meinem Mann.› Beide Mädchen heirateten, blieben aber kinderlos. Nach dem Tode ihrer Ehemänner lebten sie lange Jahre in einer Mutter-Kind-Beziehung zusammen.

In anderen Fällen wird die Fürsorge der älteren Schwester von der jüngeren auch abgelehnt.

‹Meine ältere Schwester möchte mit mir zusammenziehen›, sagte eine Frau. ‹Ich hab etwas dagegen, daß sie – obwohl ich 45 bin und zweimal verheiratet war – mir immer noch erzählen will, was ich zu tun und zu lassen habe.› Die jüngere Schwester löste ihr Problem, wenigstens vorübergehend, indem sie nach Hawaii zog – weit weg von ihrer Heimatstadt und ihrer Schwester.

Die jüngere Schwester richtet sich in ihren persönlichen Beziehungen meist besser ein, sie heiratet früher, bekommt früher Kinder und versteht mehr von Kindererziehung als die ältere. Zum Teil mag das an der entspannteren Beziehung zu den Eltern liegen, die die Zweitgeborene hat. Eltern drängen beim zweiten Kind nicht so stark auf Leistung, und vielleicht bevorzugen sie es unbewußt, weil *sie* sich jetzt in ihrer Rolle als Eltern sicherer fühlen.

Junge mit älterem Bruder

Der jüngere von zwei Söhnen wird meist seine körperlichen Fähigkeiten entwickeln und Sportarten mit Körperkontakt bevorzugen, weil er intellektuell nur schwer mit seinem Bruder konkurrieren kann. Meist ist der jüngere gesellig und gerne mit Leuten seines Alters zusammen. Er ist geistig flexibel, toleriert Neuigkeit und Abwechslung, doch sobald er sich eine Meinung gebildet hat, neigt er dazu, sie dogmatisch zu vertreten. Die Umwelt scheint ihm außerhalb seiner Kontrolle zu sein, doch er benötigt in Furcht- und Angstsituationen weniger Trost und Beruhigung als Erstgeborene.

Eine Untersuchung über hervorragende Zweitgeborene aus Familien mit zwei Kindern zeigte, daß sie sich offenbar eher an den Werten der Altersgenossen orientieren als an einem inneren Gewissen (den internalisierten Eltern), wie das für Erstgeborene typisch ist. So neigen zweitgeborene Männer dazu, ihre Meinungen entsprechend den aktuellen Normen zu bilden und sich weniger leicht durch etablierte Autoritäten beeinflussen zu lassen. Daher initiieren oder akzeptieren sie soziale Veränderungen eher.

Die Persönlichkeitsentwicklung eines Jungen mit einem älteren Bruder hängt stark von der Qualität der Identifikation mit dem Vater ab. Einer meiner Klienten, der jüngere von zwei Söhnen, hatte Probleme mit Frauen, hauptsächlich deswegen, weil er Beziehungen zu älteren Frauen suchte.

Garys Vater hatte sich eingebildet, ein Intellektueller zu sein; in Wirklichkeit war er bloß oft nicht zu Hause, trank und spielte und trug wenig zum Unterhalt der Familie bei.

Trotz ihrer Jugend war die Mutter die dominante Kraft in der Familie. Um sie zu ernähren, führte sie einen Tante-Emma-Laden, und Gary half ihr dabei, wodurch das Band zwischen beiden noch gestärkt wurde. Sein älterer Bruder war ein ‹Streber, der dauernd hinter seinen Büchern saß›. Ihr Vater, der selbsternannte Intellektuelle, überschüttete den Älteren mit Lob.

Während der Kindheit war Garys Verhalten widersprüchlich. Seine Mutter hielt ihn für nett und freundlich, aber anderen Jungen gegenüber war er aggressiv. Er erklärte sein Verhalten damit, daß er habe zeigen wollen, daß er Courage hatte. Das entgegengesetzte Verhalten seines Bruders war offenbar auf des Vaters übertriebenes Lob für den gebildeten älteren Sohn zurückzuführen. Gary erhielt dagegen, was er für wichtiger hielt: die Aufmerksamkeit, Liebe und Billigung seiner Mutter.

Schließlich ließen sich die Eltern scheiden, und die Mutter heiratete wieder. Diese Veränderung der Familienstruktur gab Gary die Möglichkeit, das Haus zu verlassen und unabhängig von allen übrigen Familienmitgliedern ein neues Leben zu beginnen. Er heiratete eine sechs Jahre ältere Frau und lebte mit ihr ganz ähnlich wie zuvor mit seiner Mutter. Zunächst akzeptierte seine Frau die dominante Rolle, indem sie für ihn sorgte, doch nachdem sie dieser Rolle müde geworden war, endete die Ehe mit einer Scheidung.

Noch immer brauchte Gary die Sicherheit einer engen Verbindung mit einer akzeptierenden und tüchtigen Mutterfigur. So heiratete er wieder, diesmal eine vier Jahre ältere Frau. Sie erkannte schnell, daß er sie mehr als Mutter denn als Frau brauchte und daß sein aggressives Konkurrenzverhalten gegenüber anderen Männern ihm weiterhin Ärger einbringen würde. Sie überredete ihn zu einer Therapie.

Während der Behandlung konnte Gary seine Kindheitstendenzen erörtern, bei Frauen emotionale und finanzielle Sicherheit zu suchen und Männern gegenüber offen aggressiv zu sein, und diese Tendenzen aufarbeiten. Die Einsicht, daß er die Vergangenheit in die Gegenwart übertrug, verhalf ihm schließlich zu einem objektiveren Verhältnis zu seiner Frau und führte dazu, daß er die Stellung behielt, die er seiner ständigen physischen Aggressivität wegen fast verloren hätte.

Das zweite von mehreren Kindern

Vielfach hält man den zweiten Platz in einer Familie mit drei Kindern für den schwierigsten. Das jüngere von zwei Kindern ist in der Regel nicht offen konkurrenzbetont, dagegen ist das zweite von dreien in einer Position, die das Konkurrenzpotential maximal herausfordert. Dieser erzwungene Kampf kann zu höchstem Erfolg im Beruf und im Geschäftsleben führen.

Das mittlere Kind hat besondere Schwierigkeiten zu überwinden. Es kommt nach einem stärkeren, älteren Kind, aber vor dem dritten, das je nach den Umständen länger als das mittlere mehr elterliche Aufmerksamkeit genießt.

Mittlere Kinder beklagen sich häufig, wie schwer es sei, zwischen zwei anderen aufzuwachsen, und mehrere Untersuchungen belegen die Berechtigung dieser Klage. In einer Umfrage über Familien mit drei Kindern stimmen Kinder und ihre Lehrer darin überein, daß die Gefahr von Anpassungsschwierigkeiten beim mittleren Kind am größten sei, auch dann, wenn die Eltern keines der Kinder den anderen vorziehen. Unter Kindergartenkindern aus Familien mit drei Kindern wurden die mittleren hinsichtlich ihrer Aggressivität gegenüber den Altersgenossen und hinsichtlich der Häufigkeit, mit der sie die Hilfe Erwachsener suchten, am höchsten eingestuft.[1] Vermutlich waren sie bei den Altersgenossen unbeliebt. Ganz allgemein haben die Zweitgeborenen von drei Kindern mit Lehrern und mit anderen Jungen und Mädchen mehr soziale Schwierigkeiten.

Das mittlere Kind ist oft leichter erregbar, fordernder, Aufmerksamkeit heischender und unzuverlässiger als die älteren und die jüngeren. In den meisten Situationen ist es auch aktiver und energischer.

Die mittlere Position in der Geburtsreihenfolge scheint Mädchen stärker zu beeinträchtigen als Jungen. So ist der mittlere von drei Jungen in der Regel weniger ängstlich als seine Brüder, während das mittlere von drei Mädchen oft ernster, depressiver, mehr von Selbstvorwürfen erfüllt und ängstlicher ist als seine Schwestern. Ist ein mittleres Kind – gleich ob Junge oder Mädchen – das einzige seines Geschlechts unter den Geschwistern, so erhöht dieser Umstand sein Selbstwertgefühl. Das mittlere Mädchen zwischen zwei Brüdern ist meist entspannter als seine Geschwister, emotional reifer als der ältere, freundlicher als der jüngere Bruder.

Dem mittleren von drei Mädchen wird man meist auch als erwachsener Frau noch die lebenslange Anstrengung anmerken, Aufmerksamkeit auf sich zu ziehen, ebenso wie die Unzufriedenheit, die die Eltern zeigten, weil es kein Junge war. (Die *geringste* Aussicht, das Lieblingskind zu werden, hat eine Tochter, die eine ältere und eine jüngere Schwester hat.)

Joan Baez und Kate Millett waren die mittleren von drei Mädchen. Millett, die zornige Philosophin der *women's liberation* und Autorin von *Sexual Politics*, schreibt: ‹Wir wurden ständig daran erinnert, daß wir keine Söhne waren, daß wir Fehler waren.›[2] Auch Bonnie Parker (von Bonnie und Clyde) war das mittlere von drei Mädchen.

Als Erwachsene haben die mittleren Kinder manchmal Schwierigkeiten, ihre Konkurrenztendenzen unter Kontrolle zu halten, um zu guten sozialen Beziehungen zu kommen.

Wenn jedoch ein viertes Kind geboren wird, verbessert sich die Position des zweiten. Es besteht kein so klarer Unterschied mehr zwischen dem zweiten und dem ersten oder dritten Kind. Tatsächlich erbt das zweite Kind nach der Geburt eines vierten einige der Vorteile des ersten. Die Eltern betrachten es jetzt als reifer und sind geneigt, ihm mehr Verantwortung zu übertragen.

Wenn in der Familie alles in Ordnung ist, kann sich das mittlere Kind *sehr* gut entwickeln, weil es in dieser Position gezwungen ist, sein Potential maximal auszuschöpfen. Es lernt wahrscheinlich besser als jeder andere, Menschen geschickt zu behandeln. Die Schriftstellerin Kathleen Norris – zweites von sechs Kindern – schreibt in ihren Memoiren über die Bedeutung der Konkurrenz in der Familie:

‹Ich möchte meine eigene Theorie über die Gründe menschlichen Verhaltens neben die von Freud und Freuds ganzer Schule stellen. Der beständigste Ursprung unseres Handelns ist die Eifersucht. Oft vermischen sich Eifersucht und Sexualität, doch die Eifersucht ist wichtiger, sie beginnt früher und endet später. Ich habe sie bei Säuglingen von drei Monaten und bei hundertjährigen Greisen gesehen.›[3]

Fallstudien sollen uns Persönlichkeitsentwicklungen zeigen, wie sie bei den zweiten von drei oder mehr Kindern häufig zu finden sind.

Eine Frau, zweites von vier Mädchen, war sehr klug, sie nutzte aber auch die Schwächen anderer aus. Wenn ein Freund eine Schwäche zu erkennen gab, ließ sie sich die Gelegenheit selten entgehen, ihn zu demütigen. Als einer ihr anvertraute, er habe sich nicht klargemacht, wie schwer eine bestimmte Arbeit sein würde, antwortete sie bissig: ‹Du erinnerst mich an das Sprichwort, Wo Weise zögern, handeln Narren'.›

Ein Mann, Bruder einer älteren und einer jüngeren Schwester, beklagte sich, er habe Schwierigkeiten in der Beziehung zu Frauen. Er hatte das Gefühl, sie vor sich selbst schützen zu müssen.

‹Entweder lasse ich mich von ihnen beherrschen, oder ich versuche, sie zu beherrschen›, sagte er. ‹Ich habe mich nie von diesem Kampf um die Herrschaft freimachen können.›

Larry berichtete mir, er könne Frauen nie einfach als Frauen betrachten, er sehe sie immer als Mütter oder als Schwestern. Er hatte entweder das Gefühl, sie müßten vor seiner Männlichkeit und davor, ihre eigenen sexuellen Bedürfnisse zu erkennen, geschützt werden, oder aber er müsse sie zwingen, sich ihm zu unterwerfen.

Ich ermutigte ihn, seine Kindheitsbeziehungen zur Mutter und zu den Schwestern ausführlich zu erörtern. Er gestand, daß er und seine kleine Schwester oft sexuelle Spiele gespielt hatten. Die Mutter und die ältere Schwester waren durch ihr Alter und durch ihre Stärke geschützt, aber die kleine Schwester konnte er verführen. Die Schuldgefühle wegen dieser sexuellen Aktivitäten blieben bis ins Erwachsenenalter lebendig.

Während unserer gemeinsamen Arbeit erklärte ich Larry, daß dergleichen bei Männern in seiner Geschwisterkonstellation häufiger vorkomme, und er erkannte, daß es keinen Grund gab, die Schuldgefühle seiner Kindheit auf die Beziehungen zu anderen Frauen zu übertragen. Daraufhin verbesserten sich seine Beziehungen.

Dagegen lernte ein anderer Mann, Zweitgeborener mit drei Schwestern, in der Kindheit konstruktive Techniken für den Umgang mit Frauen. Er hatte freundliche, liebevolle Eltern und Schwestern, und als er erwachsen war, waren seine Beziehungen zu Frauen ebenfalls durch Freundlichkeit und Aufmerksamkeit gekennzeichnet. Er wurde Personalchef einer Firma, die Hunderte von Frauen beschäftigte.

Die Spätergeborenen*

Schon früh im Leben benutzen die Mitglieder einer Familie kleine Unterschiede in Persönlichkeitszügen, Fähigkeiten und Interessen, um ein Kind vom anderen zu unterscheiden. Oft geben diese Züge zu familiären Neckereien und Konkurrenzen Anlaß. Dadurch daß die Aufmerksamkeit auf solche Unterschiede gelenkt wird, werden sie in der Vorstellung des einzelnen früh fixiert und zeichnen ihn in Gruppensituationen aus. Eine solche Differenzierung zeigt sich am deutlichsten in großen Familien, wo die Individuen leicht im Bedürfnis aller nach elterlicher Aufmerksamkeit untergehen.

Ein Mädchen war so gedemütigt, weil ihre Schwester als die hübsche oder als ‹die mit den wunderhübschen großen Augen› hervorgehoben wurde, daß sie weglief, wenn Besucher kamen. Sie kompensierte ihre Minderwertigkeitsgefühle, indem sie ihre geistigen Fähigkeiten entwickelte, und wurde eine hervorragende Rechtsanwältin. Da gibt es Jungen, die ausge-

---

* Eigentlich die ‹späteren mittleren (Kinder)›, d. h. das dritte bis zweitjüngste Kind einer größeren Familie. Zur Vereinfachung der Formulierung wurde *later middles* als ‹Spätergeborene› übersetzt; im Gegensatz dazu sind die ‹Nachgeborenen› (*laterborn* oder *later children*) alle Kinder, die nach dem Erstgeborenen zur Welt kommen. (Anmerkung des Übersetzers)

zeichnete Mathematiker sind und bei jedem Familienfest aufgefordert werden, eine Probe ihres Könnens zu geben, oder Mädchen, die einen Schwimmwettbewerb gewinnen und hernach nur noch ‹der Champion› genannt werden.

Solche Kinder verfügen über eine etablierte Identität und wissen, wer sie sind. Andere Kinder in einer großen Familie sind weniger glücklich. Ein Forscher hat die Kindertypen, die man gemeinhin in großen Familien findet, folgendermaßen eingeteilt:

1. Der/die Verantwortungsbewußte
2. Der/die Beliebte
3. Der/die sozial Ehrgeizige
4. Der/die Fleißige
5. Der/die selbstzentrierte Einzelgänger(in)
6. Der/die Leichtsinnige
7. Der/die Schwache oder Kranke
8. Der/die Verwöhnte[4]

Zur Vorsicht sei gesagt, daß eine solche Einteilung natürlich nicht starr und allgemeingültig ist. Zahlreiche Abweichungen können sich durch das Alter der Kinder (und durch den Altersunterschied zwischen ihnen), durch ihr Geschlecht, die Geburtsreihenfolge und angeborene Eigenschaften ergeben. Es ist also nicht gesagt, daß jede Familie mit acht Kindern dem obigen Modell entsprechen müßte.

Wir haben von der Frau berichtet, die mit der Schönheit ihrer Schwester konkurrierte, indem sie besonders fleißig war. Eine andere Frau erinnert sich, daß sie mit ihrer älteren Schwester konkurrierte, indem sie sich bei Gewitter tapfer zeigte und in Familienkrisen Ruhe bewahrte. Sie meint, ihre jetzige Position als leitende Oberschwester eines Krankenhauses entspreche in erweiterter Form ihrer Kindheitsrolle als derjenigen, die Problemsituationen stark und mutig angehen konnte.

Obwohl es bei spätergeborenen Kindern vielfältige Eigenschaftskombinationen gibt, lassen sich doch einige bestimmte Persönlichkeitsmuster unterscheiden. So haben zum Beispiel Jungen, die zur jüngeren Hälfte der Kinder einer Familie gehören, in der die Jungen gegenüber den Mädchen in der Minderzahl sind, meist ein hohes Selbstwertgefühl – ein besonders hohes, wenn sie der einzige Junge unter lauter Mädchen sind. Das Selbstwertgefühl spätergeborener Mädchen scheint nicht so stark vom Geschlecht der Geschwister abhängig zu sein, doch entwickelt es sich vorteilhaft bei Mädchen, die als erste nach mehreren Jungen geboren werden.

Die Lebensmuster Spätergeborener sind vielfältiger als die anderer Kinder, vielleicht deswegen, weil ihre Lebensrolle wenig präzis definiert ist. Als Erwachsene sind sie geneigt, sich selbst nicht als Teil einer allgemeinen Gruppe zu sehen. Da sie in einer großen Familie um einen individuellen Status kämpfen mußten, schätzen sie die gewonnene Identität an und für sich. Ein Spätergeborener wird in der Regel nicht von sich sagen, ‹Ich bin Geschäftsmann›, sondern sich spezifischer ausdrücken, er wird vielleicht sagen: ‹Ich handele mit Auto-Ersatzteilen›. Er oder sie wird oft eine Abneigung gegen Massen haben und nur wenigen sozialen Gruppen angehören. Diese Spätergeborenen verlassen sich weniger als andere auf äußere Beurteilungen ihrer Leistung. Oft können sie gute persönliche Beziehungen herstellen, benötigen nicht so viel Unterstützung durch andere Personen und sind selbstsicher und verantwortungsbewußt. Da die Spätergeborenen in einer großen Familie viele soziale Situationen mit Gleichaltrigen ohne Unterstützung oder Intervention der Eltern bewältigen müssen, zeigen sie auch unter der Drohung körperlicher Belastung oder körperlichen Schadens gute Leistungen. Sie sind weniger moralistisch als andere Kinder, offen in ihren sozialen Beziehungen, widerstandsfähig gegen soziale Einflüsse, und sie zeigen in alltäglichen Situationen weniger Ärger.

Spätergeborene Frauen sind meist weniger aggressiv, weniger moralistisch und bedürfen weniger der Zustimmung anderer als erstgeborene. Ebenso wie die spätergeborenen Männer können sie gut zwischenmenschliche Schwierigkeiten überwinden.

Das Jüngste

Das jüngste Kind ist das Baby, und das bleibt es in den Augen der Familienangehörigen sein ganzes Leben lang. Diese Position kann ihm besondere Privilegien von seiten der Eltern, die in das Jüngste vernarrt sind, einbringen, sie kann ihm aber auch – besonders in großen Familien, wo die Eltern ohnehin überlastet sind – relativ wenig Beachtung bringen. Das jüngste Kind kann zum Liebling der Familie werden, es kann aber auch von den älteren Geschwistern gequält und geduckt werden.

Wird das Jüngste viel geärgert, dann wird es empfindlich, scheu und reizbar. Insgesamt aber bekommt das Letztgeborene ebensoviel Aufmerksamkeit wie alte Kleidung und altes Spielzeug der Geschwister, daß es je nach der Familiensituation entweder verwöhnt wird (in dem Sinne, daß es immer höhere Ansprüche stellt), oder aber depriviert, weil alles, was es bekommt, schon einmal von anderen benutzt worden ist.

Der letztgeborene Junge ist oft beliebter als ältere Geschwister, und er kann heiter, unbeschwert und verspielt sein. Wird das Letztgeborene von Eltern und Geschwistern unterdrückt, dann wird es unter einem geringen Selbstwertgefühl zu leiden haben; wächst es aber in einer wohlwollenden Umwelt auf, dann wird es sich selbst hoch einschätzen. Später ist es unter Umständen ungewöhnlich stark von anderen abhängig, weil ihm Eltern und Geschwister stets bei der Lösung seiner Probleme geholfen haben.

Frank zum Beispiel, jüngstes von drei Kindern, wurde mir von seiner Frau folgendermaßen beschrieben:

‹Er ist lieb, er ist ehrlich und gut, aber er will nicht erwachsen werden. Er verhält sich wie ein kleiner Junge. Er meint, wenn er sich niedlich verhält, dann muß ich ihn lieben, weil er ein kleiner Junge ist. Vieles, was er tut, dient dazu, Aufmerksamkeit zu wecken, so als würde er sagen: Hab mich lieb, weil ich ein kleines Kind bin.›

Frank ging zur Armee. Das war für sein Problem keine endgültige Lösung, aber er meinte: ‹Da kann ich mich hinsetzen und denken und muß keine Entscheidungen treffen. Entscheidungen fallen mir schwer.›

Eine geringe Neigung, Verantwortung zu übernehmen, ist unter den Letztgeborenen verbreitet. Ein jüngstes Mädchen wurde mir von ihrem Mann wie folgt beschrieben:

‹Sie macht im Haushalt nur das Nötigste. Ich muß ihr bei allem helfen. Sie ist wie ein Baby. Sie weint und klagt, und sie zeigt ihrem Hund mehr Liebe als mir.›

Eine andere Frau, 23 Jahre alt, kam in die Therapie, weil sie mit niemandem außer ihrer Mutter eng zusammen leben konnte, ihre Mutter aber etwas dagegen hatte, daß ihre jüngste Tochter nach mehreren Jahren der Unabhängigkeit wieder nach Hause zurückkehrte. Gladys kam nur zu mir, um ihre Mutter, die auch die Therapiesitzungen bezahlte, zu beruhigen. Die junge Frau erzählte, sie habe ihr ganzes Leben lang immer wieder kindische Wutanfälle bekommen.

Im Laufe der Therapie erkannte sie, daß sie diese Taktik entwickelt hatte, um alles zu bekommen, was sie wollte. Solange sie klein war, fanden ihre Eltern und Geschwister diese Anfälle niedlich. Jetzt fand sie niemand mehr niedlich, weder die Familie noch die Freunde. Ich bemühte mich, sie dazu zu bringen, ‹erwachsenere› Methoden zur Durchsetzung von Zielen anzuwenden.

Ein weiteres Beispiel war Jonathan, das letzte von vier Kindern. Auf seine beiden älteren Brüder war eine Schwester gefolgt, Jonathan selbst wurde erst zehn Jahre später geboren. Als Jonathan fünf war, begann seine Mutter wieder zu arbeiten und seine Schwester wurde zu seiner Ersatzmutter – sie kochte, sorgte für ihn und erzog ihn. Jonathans Vater war Geschäftsmann und mußte viel reisen, so daß der älteste Bruder zum Rollenvorbild wurde.

Als Erwachsener fühlte sich Jonathan seinen Aufgaben in dem Geschäft, das er gemeinsam mit seinem Bruder besaß, nicht gewachsen. Er wehrte sich gegen Veränderungen, als hinge seine Sicherheit davon ab, daß nichts sich an den ihm aus der Kindheit vertrauten Verhältnissen änderte. Er konnte sich nicht durchsetzen. Er willigte in alles ein, was andere wollten, wie er es in der Kindheit seinen älteren Geschwistern gegenüber getan hatte. In problematischen Situationen hielt er mit seinen wahren Gefühlen hinter dem Berg, um niemanden zu beleidigen, aber gerade dadurch schien er jedermann zu verletzen.

Im Laufe unserer gemeinsamen Arbeit erkannte Jonathan seine ständigen Schwierigkeiten mit Menschen als bloße Wiederholung seines Kindheitsbedürfnisses, die größeren und stärkeren Familienmitglieder unter Kontrolle zu halten. Er versuchte sicherzugehen, daß sie keinen Grund haben würden, über ihn wütend zu sein. Mit dem Fortschreiten der Therapie war er zunehmend besser in der Lage, unter den Geschwistern seinen Platz als gleichberechtigter, unabhängiger Erwachsener einzunehmen – nicht mehr den des ‹kleinen Bruders›. Dieser Fall zeigt wieder einmal, wie ein Mensch in der Kindheit auf eine Lebensweise festgelegt wird, die seine sozialen Beziehungen als Erwachsener durchdringen und stören. Dadurch ergeben sich manche beruflichen und ehelichen Schwierigkeiten.

Im Fall Jonathan verbinden sich eigentlich zwei Konstellationseffekte: (1) die Folge der Tatsache, daß er das jüngste Kind der Familie ist, und (2) die Folge eines Altersunterschiedes von fünf oder mehr Jahren zwischen Geschwistern. Wie wir gesehen haben, kann der Altersunterschied die Persönlichkeitsentwicklung beeinflussen und ist im Zusammenhang mit der Geburtsreihenfolge zu berücksichtigen.

Eine solche Kombination von Umständen erklärte teilweise das Problem von Charlotte, einer charmanten achtundsechzigjährigen Frau mit strahlenden Augen, die mich aufsuchte. Sie war klein und gut zurechtgemacht, aber hinter ihrem raschen Lächeln entdeckte ich die Neigung zu Depression und Tränen. Charlotte war mit sich selbst unzufrieden. Sie hatte aufgehört zu unterrichten, während ihr fünf Jahre jüngerer Mann noch arbeitete. Sie langweilte sich den ganzen Tag und litt unter Depressionen.

Charlotte war das jüngste von vier Mädchen; ihre zweitjüngste Schwester war fünf Jahre älter. Während der Kindheit erfreute sie sich der liebevollen Aufmerksamkeit der Eltern und Schwestern. Weil sie so klein war und der Altersunterschied zur nächstälteren Schwester so groß war, wurde sie ‹wie ein kleines Schoßhündchen› behandelt.

‹Eine meiner Schwestern nach der anderen heiratete und verließ das Haus›, sagte Charlotte. ‹Aber ich war an Heirat nicht interessiert. Ich wollte niemals irgendwo anders leben als da, wo ich aufgewachsen war. Ich konnte mir kein schöneres Leben vorstellen als das mit meinen Eltern in unserem großen, komfortablen Haus. Ich unterrichtete gerne und war viele Jahre lang für mich alleine glücklich.›

Charlotte lernte ihren Mann kennen, als er in die Schule kam, um sie wegen seines Sohnes aus einer früheren Ehe zu sprechen. Sie war 34, er 29, ‹aber ich mochte ihn vom Fleck weg›. Sie ‹gingen› fünf Jahre lang miteinander, doch erst nach dem Tode ihres Vaters willigte Charlotte in eine Heirat ein.

‹Ich hatte nie das leiseste Interesse an Sex›, sagte sie, ‹aber er überzeugte mich nach unserer Hochzeit. Er war so nett und liebevoll und schien mich so zu brauchen, daß ich seinen Wünschen nachgab.›

Das Paar hatte in Charlottes Elternhaus zusammen mit deren Mutter gelebt, die aber den Vater nur wenige Jahre überlebte. Charlotte blieb kinderlos.

‹Als ich dann verheiratet war, ließen sich meine Schwestern teils scheiden, teils starben ihre Männer. So waren sie frei und konnten manches mit mir und meinem Mann unternehmen. Es war fast wie in alten Tagen, als ich noch klein war. Wir hatten eine wundervolle Zeit zusammen, mein Mann begleitete uns vier überall hin. Aber dann starben meine Schwestern eine nach der anderen. Und vor drei Wochen habe ich sogar meine geliebte kleine Siamesen-Katze verloren.›

Vor Charlottes Problem stehen viele Menschen mit zunehmendem Alter. Weil sie so viel jünger war als ihre Schwestern, sah sie eine nach der anderen sterben, und nun war sie alleine, so allein, wie ein Einzelkind allein gelassen ist. Niemand war mehr übrig, um sie als das kleine Schoßkind zu behandeln. Glücklicherweise hatte sie einen liebevollen Ehemann, der Eltern und Schwestern teilweise ersetzen und ihr helfen konnte, mit den Problemen des Alterns fertig zu werden.

Dieses und die vorangegangenen Kapitel haben gezeigt, welche allgemeine Persönlichkeitsentwicklung von Menschen auf Grund ihrer Stellung in der Geschwisterreihe zu erwarten ist. Als nächstes wollen wir uns damit beschäftigen, wie die individuelle Leistung durch die Geburtsreihenfolge beeinflußt wird.

Kapitel 6
Erfolg

Forschung und klinische Erfahrung zeigen übereinstimmend, daß Erstgeborene mit größerer Wahrscheinlichkeit als andere Kinder Universitätsabschlüsse erreichen und sich in akademischen Berufen, als Naturwissenschaftler, Psychologen, Ärzte oder Universitätslehrer hervortun. Dieser Umstand, der den Erstgeborenen einen unberechtigten Vorteil einzuräumen scheint, irritiert manchen. Wenn das so ist – was mag der Grund dafür sein?

Zunächst suchten die Forscher den Grund in möglicherweise verschiedenen Intelligenzniveaus der Kinder, doch gibt es für solche Unterschiede nicht die geringsten Belege. Die meisten genetischen Untersuchungen zeigen hinsichtlich der Intelligenz eine hohe Ähnlichkeit zwischen den Kindern ein und derselben Familie. Ich meine, daß die Unterschiede in bezug auf den Erfolg darauf zurückzuführen sind, daß Kinder, die in der Geschwisterreihe verschiedene Positionen einnehmen, in unterschiedlichem Maße *Gelegenheit* haben, ihr intellektuelles Potential zu entwickeln, und daß die – je nach der Stellung in der Geschwisterreihe unterschiedlichen – Umwelten ein Kind dahingehend beeinflussen oder trainieren können, daß es bestimmte Leistungsbereiche anderen vorzieht.

Galtons Pionierarbeit, in der er feststellte, daß unter den hervorragenden englischen Wissenschaftlern erste und Einzel-Söhne überrepräsentiert waren, weist auch noch auf eine andere Tatsache hin: Es sind nicht einfach die Erstgeborenen, die den höchsten Erfolg erzielen, sondern die erstgeborenen *Männer*. Soziale Einstellungen haben viele Frauen, darunter auch erstgeborene, daran gehindert, bedeutende Positionen zu erreichen, wenngleich sich diese Tendenz heute, unter dem Druck der Emanzipationsbewegung, wandeln mag. Auch die Größe der Familie und deren sozioökonomischer Status können Einfluß darauf haben, was das einzelne Kind erreicht. Wenn beispielsweise das Geld fehlt, alle Kinder aufs College zu schicken, dann wird meist das erste Kind diesen Vorzug genießen und oft genug der erste Sohn, auch wenn er ältere Schwestern hat.

Welchen Nachteil es bedeutet, wenn Nachgeborene keine College-Ausbildung erhalten, zeigte eine Untersuchung an Angehörigen des mittleren und Top-Managements.[1] Danach sind Nachgeborene mit College-Ausbildung in bestimmten Fällen besser als Erstgeborene in der Lage, nach

70

‹ganz oben› zu gelangen. In diesen ganz hohen Management-Positionen zeigte sich, daß sich Nachgeborene, die sich der intellektuellen Konkurrenz stellen, manchmal zum Nachteil des Erstgeborenen in der gleichen Situation ihrer sozialen Fertigkeiten bedienen können.

Über statistische Befunde hinaus, die den Menschen meist in einer amorphen Gruppe verschwinden lassen, müssen wir wissen, ob ein bestimmter Mensch auf Grund seiner Position innerhalb der Geschwisterreihe auf seinen eigenen Leistungsdruck oder den anderer reagiert. Wir müssen versuchen, das ganze Entwicklungsmuster zu verstehen. Verfügt er über eine Kapazität, die er entwickeln kann und – wichtiger – die seinem eigenen Anspruchsniveau entspricht? War die Beziehung zu Eltern und Geschwistern für die Entwicklung des Potentials förderlich oder hinderlich? Was für Ziele hat er? Wie verhält sich das, was er erreichen möchte, zu dem, was er erreicht hat oder noch erreichen kann?

Motivation

Wir gehen dieses Problem an, indem wir die *Motivation* oder das Bedürfnis nach Erfolg mit dem tatsächlichen Niveau des Erreichten vergleichen, das sich in Schulnoten, im Besuch des College oder in der Art des Berufs ausdrückt. Das *subjektive* Erfolgsbedürfnis eines Menschen ist abhängig von:

1. seiner Stellung in der Geschwisterreihe,
2. seinem Geschlecht,
3. dem Geschlecht der Geschwister und
4. dem von wichtigen Personen (etwa den Eltern) ausgeübten Leistungsdruck.

Die Motivation ist eher als der tatsächliche Erfolg der Angriffspunkt für relevante Fragen, denn beide treffen nicht notwendig bei einem Menschen zusammen. Ein hochmotivierter Mensch kann durch verschiedene Umstände daran gehindert werden, sein Ziel zu erreichen. Umgekehrt muß jemand, der offenbar viel erreicht, in der von ihm gewählten beruflichen Richtung durchaus nicht unbedingt hochmotiviert sein. Diese Unterscheidung ist von großer Bedeutung: sehr oft liegt hier die Wurzel der Probleme, mit denen ein Klient zum Psychologen kommt.

Im allgemeinen sind Männer stärker leistungsmotiviert als Frauen. Bei erstgeborenen Männern ist das Erfolgsbedürfnis stärker als bei nachgeborenen, das gleiche gilt für erstgeborene bzw. nachgeborene Frauen. Die folgende Tabelle zeigt die Rangfolge hinsichtlich der Höhe des Motivationsniveaus, wie sie bei Einzelkindern und Kindern aus Zwei-Kinder-Familien im allgemeinen anzutreffen ist. Nummer 1 bezeichnet den höchsten Grad an Motivation, Nummer 10 den geringsten.

1. Älterer Bruder eines Mädchens
2. Männliches Einzelkind
3. Jüngerer von zwei Brüdern
4. Älterer von zwei Brüdern
5. Weibliches Einzelkind
6. Ältere von zwei Schwestern
7. Jüngerer Bruder eines Mädchens
8. Jüngere Schwester eines Jungen
9. Ältere Schwester eines Jungen
10. Jüngere von zwei Schwestern[2]

Das mittlere von drei Kindern scheint ein geringeres Bedürfnis nach intellektueller Leistung zu haben als älteste, jüngste oder Einzelkinder, wenngleich die Motivation in Oberklassenfamilien bei allen Kindern ungefähr gleich zu sein scheint. In den meist größeren Unterklassenfamilien ist die Leistungsmotivation oft beim jüngsten Kind am stärksten.

Angst vor Klassenarbeiten in der Schule oder vor beruflichem Mißerfolg mindern die Leistung. Die stärkste Angst vor Mißerfolg finden wir bei der jüngeren von zwei Schwestern; es folgt in dieser Rangreihe die jüngere Schwester eines Jungen, dann die ältere Schwester eines Jungen. Das männliche Einzelkind hat die geringste Angst vor Mißerfolg. Es folgt hier der jüngere von zwei Brüdern, dann der ältere Bruder eines Mädchens.[3]

Es kommt auch vor, daß jemand hochmotiviert ist, aber seine Ambitionen nicht realisieren kann – mangels Gelegenheit, weil die Geldmittel für die Ausbildung fehlen, wegen gesundheitlicher Schwierigkeiten oder weil die Mittel der Familie nicht für alle Kinder reichen. Derartige Fälle komplizieren die psychologische Forschung, und nicht selten liegt hier der Grund, warum jemand sich in psychologische Therapie begibt.

Der tatsächliche Erfolg

Erstgeborene Jungen und männliche Einzelkinder sind anderen in der Schule meist überlegen und an Colleges und Universitäten überproportional vertreten. Hier besteht ein Zusammenhang mit dem von den Eltern ausgeübten Leistungsdruck, es kommt in dieser Tatsache aber auch zum Ausdruck, daß meist das älteste Kind die beste Ausbildung erhält, wenn die Familienmittel begrenzt sind. Bei mittleren Kindern ist die Wahrscheinlichkeit am geringsten, daß sie das College besuchen oder einen akademischen Grad erwerben.

Der *Anschein* von Erfolg kann irreführend sein und für den Betroffenen Probleme mit sich bringen. Ein geläufiges Beispiel für scheinbar erfolgreiche Menschen mit geringer Motivation sind Leute, die ein gutgehendes Geschäft geerbt haben. Hier können verschiedene Probleme auftreten. Der Nachfolger kann versuchen, den von anderen gesetzten hohen Normen gerecht zu werden, weil er sich für die Position, in die er geworfen ist, verantwortlich fühlt. In diesem Fall zwingt er sich zu tun, was er tun *sollte*, statt sich die Freiheit zu nehmen, seine eigenen Wünsche zu erkennen. Ist seine Motivation geringer als die des verstorbenen Firmengründers, dann können sich an der Arbeit emotionale Konflikte entzünden, und es können sich Mißstimmungen einstellen, weil er den Erfordernissen des Geschäfts nicht gewachsen ist.

Geschwisterpositionen

Die bei Erstgeborenen übliche hohe Motivation und ihr hohes Leistungsniveau ergeben sich aus verschiedenen Ursachen. Einzige und erste Kinder entwickeln durch ihre enge Beziehung zu den Eltern meist gute verbale Fähigkeiten. Da der Wortschatz und verbale Denkfähigkeit in Intelligenztests eine große Rolle spielen, kann sprachliche Gewandtheit zu guten Testergebnissen, guten Schulnoten und guten Leistungen in akademischen Bereichen führen.

Meist üben Mütter auf ihre Erstgeborenen einen stärkeren Leistungsdruck aus als auf spätere Kinder. Sie verfolgen ihre Leistungen aufmerksam und geben ihrer Enttäuschung Ausdruck, wenn das Kind versagt. Obwohl Erstgeborene im allgemeinen tüchtig sind, haben sie auch im späteren Leben oft noch das Bedürfnis, sich wieder bei ihrer Mutter oder bei einer anderen Autorität zu vergewissern, daß das, was sie tun, richtig ist. In besonderem Maße gilt das für Einzelkinder.

Ein Beispiel hierfür ist ein junger Mann, der mit Hilfe seiner Mutter und eines Freundes ein Geschäft gegründet hatte. Später starb die Mutter, der Freund zog sich zurück, und der junge Geschäftsmann arbeitete zeitweise mit Verlust. Er bat mich um Hilfe, weil er Entscheidungen für sich und das Geschäft nur zögernd und manchmal überhaupt nicht fällen konnte. Für mich als seine Therapeutin (und zeitweilige Mutterfigur) war das Problem recht einfach. Wenn er verschiedene Entscheidungsmöglichkeiten erwog, brauchte ich bloß zu sagen ‹Das klingt gut›, und schon war die Trägheit überwunden. Der einzige Sohn war befreit und konnte weitermachen. Dieses männliche Einzelkind hatte das Gefühl, es könne jedes Problem lösen, wenn ihm nur seine Mutter sagte, er könne es, und es half ihm weiter, wenn sie die Richtigkeit des geplanten Schritts bestätigte. Ein anderes Beispiel dieser Art ist der Luftfahrt-Pionier Glenn L. Martin, der sein Leben lang stets den Rat seiner Mutter suchte, wie er seine Multi-Millionen-Dollar-Flugzeugfirma führen solle. Das Band zwischen Mutter und Sohn war hier so stark, daß Glenn nie heiratete und sogar seine Mutter nur um wenige Jahre überlebte.

In ein solches Muster passen auch die erstgeborenen Astronauten, Musterbeispiele für Selbstvertrauen, Motivation und Leistungsfähigkeit, die dennoch dann die besten Leistungen zeigen, wenn sie sich bei ‹Mutter Erde› rückversichern können. Während des Flugs im Orbit oder zum Mond arbeiten die Astronauten mit höchster Präzision, voller Selbstvertrauen und Mut, aber immer stehen sie über die Funk-Nabelschnur mit der höheren Autorität *Mission Control* im Houston in Verbindung. Eine Theorie besagt, Draufgänger, Astronauten und Bergsteiger probierten immer wieder aus, wie weit sie sich auf ‹Mutter Erde› verlassen könnten. Mütter von einzigen Söhnen schreiben ihrem Kind oft Wunderkräfte zu, schützen es aber vor schädigenden oder verwirrenden Situationen. Auf diese Weise wächst der Einzel-Sohn voller Vertrauen darauf auf, daß er mit seiner Umwelt fertig werden kann, braucht aber oft die Unterstützung eines Eltern-Ersatzes.

Bei Einzel-Mädchen ist die Situation weniger klar. Für den Mann stimmen elterlicher Druck und der Einfluß der Gesellschaft mit seiner eigenen Neigung überein, die Rolle des Ernährers zu übernehmen. Eine Frau dagegen kann zwischen der konventionellen weiblichen Rolle und ihrem Bedürfnis nach Erfolg außer Hause, als emanzipierte Frau, hin- und hergerissen sein.

Dieses Dilemma zeigte sich schon bei einem vierzehnjährigen Mädchen, das zur Beratung zu mir geschickt wurde, weil es deprimiert und unglücklich war und seine Schulleistungen seinen Fähigkeiten nicht entsprachen. Sheryl, Tochter eines wohlhabenden Geschäftsmannes, mangelte es nicht an Einsichtsfähigkeit, aber sie hatte Schwierigkeiten, praktische Lösungen für Alltagsprobleme zu finden, und war sich ihres Urteils nicht sicher.

Das Problem folgt aus der Neigung der Eltern von einzigen Töchtern, alle Probleme für sie zu lösen und dadurch ihre Fähigkeit zur selbständigen Problemlösung einzuschränken. Sheryl hatte nicht gelernt, Frustrationen zu ertragen und mit ihnen fertig zu werden. Die Leistungen ihres Vaters hatten sie aber motiviert, nach Höherem zu streben.

‹Was ich mir am meisten wünsche, ist, meine Ziele zu erreichen›, sagte sie, ‹was immer die sein mögen.› Mit anderen Worten, sie wünschte sich Erfolg, aber sie wußte nicht, was sie wollte. Ein hohes Erfolgsbedürfnis ohne berufliche Ziele, die Ausdruck der Persönlichkeit wären – das ist eine Kombination, die für die psychische Gesundheit gefährlich werden kann.

Wie viele junge Frauen bewunderte und beneidete Sheryl die männliche Rolle in der Gesellschaft und mißbilligte die ‹Schwäche der Frauen›. Sie war deprimiert, kein Junge zu sein, doch gleichzeitig erlebte sie den normalen pubertären Drang, Frau zu werden. Diese Ambivalenz gegenüber der weiblichen Rolle wurde noch dadurch verstärkt, daß ihre Mutter eine Liebesaffäre hatte. Als sie eines Tages von der Schule nach Hause kam, überraschte sie ihre Mutter und den Hausarzt im Wohnzimmer in enger Umarmung. Dieses Erlebnis verstärkte den Wunsch des Mädchens, nicht als Frau Erfolg zu haben, sondern als jemand, der etwas Besseres kann als nur, wie ihre Mutter, für den Ehemann zu sorgen. (Neben anderen Zielen hatte sie die Vorstellung, Ärztin zu werden.) Beide Eltern wünschten, Sheryl solle sich zu einer charmanten und beliebten jungen Frau entwickeln und gleichzeitig nach intellektuellem Erfolg streben. Es überrascht nicht, daß die diesen widersprüchlichen Einflüssen ausgesetzte Sheryl ängstlich, innerlich gespannt und deprimiert war. Erst nach vielen Therapiesitzungen begriffen und akzeptierten sie und ihre Eltern, daß sie ihre emotionalen Konflikte rationalisiert hatten, indem sie die Schuld für die schlechten Schulleistungen des Mädchens bei den Lehrern und in mangelhafter Aufmerksamkeit suchten. Ich konnte Sheryl helfen, sich als werdende Frau *und* potentiell erfolgreichen Menschen zu akzeptieren. Ohne diese Hilfe wäre sie wahrscheinlich gerade eben durch die *high school* gekommen und hätte sich als Erwachsene in einer Nische eingerichtet, die ihren Fähigkeiten nicht entsprochen hätte.

Das erste Kind, dem weitere Brüder und Schwestern folgen, unterliegt ziemlich dem gleichen Leistungsdruck wie das Einzelkind. Die Ankunft eines zweiten Kindes scheint die Angst des ersten, ob es auch genügend leiste, zu verstärken, und danach kämpft das Erstgeborene darum, Liebe und Zustimmung der Eltern wiederzugewinnen. Da die Eltern Leistung mit Liebe und Zustimmung belohnen und Versagen durch Liebesentzug bestrafen, entwickeln Erstgeborene ein starkes Bedürfnis nach der Beruhigung, die es für sie bedeutet, wenn die Eltern ihr Tun billigen. Die meisten Patienten sagen in der Psychotherapie irgendwann: ‹Meine Eltern bestätigten mich immer nur, wenn ich tat, was sie von mir erwarteten; sie haben nie eigentlich *mich* geliebt.› Die Motivation vieler Akademiker wird durch diesen Kampf allmählich zerstört.

Minderwertigkeitsgefühle oder das Gefühl der Unfähigkeit, bestehenden Normen gerecht zu werden, übertragen sich bei Erstgeborenen oft ins Erwachsenenleben, wenn die Eltern starken Leistungsdruck ausüben und das Kind sich nicht sicher ist, ob es den elterlichen Ansprüchen genügt. Mütter, die bei ihren Erstgeborenen ungewöhnliche Talente zu entdecken glauben, sind bemüht, sie zu entwickeln. Ein erstklassiges Beispiel ist die Mutter, deren Kind unbedingt ‹zur Bühne› soll. Manchmal ist der Leistungsdruck so stark, daß das Erstgeborene noch als Erwachsener im Mittelpunkt stehen möchte, aber wegen des in der Kindheit erlebten Mißerfolgs angstvoll und furchtsam bleibt. Ein Mädchen, das als Vierjährige zu stundenlangem Üben gezwungen wird, weil es Tänzerin, Pianistin oder

Sängerin werden soll, behält möglicherweise noch als Erwachsene seinen Groll gegen die Eltern, die es zu etwas Verhaßtem gezwungen haben, aber auch das Gefühl, jemand Wichtigem gegenüber versagt zu haben. Schüchterne Erstgeborene (gleich, ob sie als Einzelkinder aufwachsen oder ob ihnen weitere Kinder folgen) behalten oft eine so starke Furcht vor Mißerfolg, daß sie Schwierigkeiten haben, etwas Neues zu beginnen.

Das älteste Kind scheint sich mit den Einstellungen der Eltern zu identifizieren, auch was Ausdauer und Zielstrebigkeit beim Verfolgen von Zielen betrifft. Oft ergeben sich Konflikte zwischen den Eltern und ihrem ersten Kind, gerade *weil* es diese Werte gelernt hat, denn es verfolgt selbstgesetzte Ziele auch gegen den Willen der Eltern. So weiß man, daß es meist Erstgeborene sind, die Banden von Jugendlichen anführen. Die Motivation dürfte in diesen Fällen in dem Bedürfnis liegen, sich gegen die Eltern oder gegen die Gesellschaft – die oft als Ersatz für die gefürchteten oder ungeliebten Eltern dient – aufzulehnen. Aber auch hier verwenden die Erstgeborenen die *Methoden*, die sie an ihrem Platz in der Familie gelernt haben, auch wenn sie sich nicht im üblichen Sinne konform verhalten. Gemeinhin kommt es schließlich doch noch zu einer Übereinstimmung mit den elterlichen Einstellungen und Werten. Erstgeborene, die im Teenageralter heftige Auseinandersetzungen mit ihren Eltern haben, sind mit ihnen Ende zwanzig und später manchmal verblüffend einig. Im allgemeinen hat das erstgeborene Kind die beste Position im Hinblick auf Motivation und Erfolg, es können aber auch Probleme auftreten, die die Entwicklung komplizieren. Das zu wissen, sollte den zweiten und mittleren Kindern, deren Position als die ungünstigste gilt, als ein gewisser Trost dienen. Ich betone hier noch einmal, daß jede Position nicht nur eigene, besondere Möglichkeiten, sondern auch besondere Gefahren für Persönlichkeitsentwicklung und Erfolg mit sich bringt.

Zweite und mittlere Kinder

Joe, der jüngere Bruder eines Mädchens, war dreißig Jahre alt, als er zur Beratung zu mir kam. Einige seiner Schwierigkeiten legte er offen dar, andere wurden erst im Laufe unserer gemeinsamen Arbeit deutlich.

Er sagte, trotz guter Ausbildung und obwohl er seine Arbeit liebe, falle es ihm schwer zu arbeiten. Er zögerte, überzog Termine und hielt Fristen nicht ein. Obwohl er sich bereits als fähig und kompetent erwiesen hatte, konnte er oft nicht die richtige Entscheidung treffen.

Später tauchten noch andere negative Tendenzen auf. Joe achtete sehr darauf, welchen Eindruck er auf andere machte, selten konnte er er selbst sein; immer war er in der Defensive, und nur selten konnte er sich durchsetzen. Er ließ es zu, daß andere an seiner Stelle entschieden, machte sich Sorgen um die Belastung seiner Mitarbeiter und glaubte seine Fähigkeiten stets denen anderer unterlegen. Infolgedessen fühlte er sich weder der Gegenwart noch der Zukunft gewachsen und ließ den Ereignissen ihren Lauf.

Ich konnte ihm schließlich zu der Einsicht verhelfen, daß seine drei Jahre ältere Schwester ihn von Anfang an dominiert und als Spielzeug benutzt hatte. Sie pflegte ihn in Mädchenkleider zu stecken und zwang ihn, an Tee-Parties für ihre Puppen teilzunehmen. Später war sie in Baseball und Radfahren besser als er.

Joe hatte es auch noch mit einer anderen aggressiven Frau zu tun – mit seiner Mutter. Sie war der Hauptfeldwebel der Familie und wies ihre Kinder an, wie sie sich in ihr wunderbar gepflegtes Heim einzuordnen hätten. Joes Schwester rebellierte dagegen und stritt mit der Mutter, Joe schlug den entgegengesetzten Kurs ein, er war unterwürfig und anspruchslos. Er kam gut mit seiner Mutter aus und war stolz darauf, daß sie ihn anscheinend bevorzugte.

Für Joes unbefriedigende Leistung war es ferner von Bedeutung, daß seine Eltern nie von ihm verlangt hatten, sich anzustrengen. Weder war er für Faulheit getadelt noch zum Lernen gezwungen worden.

Bald wurden Joe die Probleme seines Lebens als Erwachsener deutlich. Als junger Erwachsener hatte er wiederholt versucht, eine eigene Richtung zu finden, aber die Beherrschung durch seine Mutter und seine Schwester während der Kindheit hatte ihn immer wieder zurückgeworfen und seine Fortschritte zunichte gemacht. (Das zeigen uns die Konstellationseffekte immer wieder: Familiäre Einflüsse während der Kindheit führen zu inneren Einstellungen, die Fortschritte verhindern und sogar einen ehrgeizigen und potentiell erfolgreichen jungen Mann wie Joe einengen.)

In der Therapie gingen wir tiefer auf Joes Motivation in persönlichen Beziehungen ein. Mit zunehmender Einsicht in die Ursachen seines Verhaltens wurde Joe sicherer. Er begann, sich von dem dominierenden Einfluß seiner Mutter und seiner Schwester zu lösen, sie objektiv zu sehen und sich seiner eigenen Möglichkeiten bewußt zu werden.

Das Geschlecht des zweiten und des darauffolgenden (dritten) Kindes in einer Familie mit drei oder mehr Kindern ist für die Vorhersage des Erfolgs wichtig. Ein hohes Selbstwertgefühl entwickelt sich meist, wenn das zweite Kind das einzige seines Geschlechts in der Familie ist.

Es ist behauptet worden, mittlere Kinder würden vernachlässigt. Sie erfahren meist weder die ausschließliche Aufmerksamkeit, die dem ersten Kind zugewandt wird, noch die vernarrte Liebe, deren sich das Jüngste oft erfreut. Die mittleren Kinder sind auf dem College und unter denen, die einen höheren Bildungsabschluß erwerben, gleichermaßen unterrepräsentiert. Dieser relativ geringe Bildungsstand mag jedoch auf ökonomische Gründe zurückzuführen sein, denn Untersuchungen an Familien aus höheren Schichten zeigen bei allen Kindern ein Bedürfnis nach akademischer Leistung – und nach Leistung überhaupt.

Welchen Erfolg das mittlere Kind im Erwachsenenleben hat, hängt eng damit zusammen, inwiefern ihm in der frühen Kindheit Konkurrenzverhalten gestattet wurde.

Bernard Baruch, *Wall Street*-Genie und Präsidentenberater, war der zweite von vier Jungen.

‹Niemand von uns›, so schreibt er, ‹entwächst jemals völlig seiner Kindheit. Als Erwachsene begegnen wir Problemen meist nicht viel anders als früher, als wir klein waren. Was immer ich andere erreichen sah, das wollte ich selbst zu erreichen suchen.›[4]

Ein besonders befähigter älterer Bruder oder eine solche Schwester stellt für das mittlere Kind ein besonderes Konkurrenzproblem dar. Manchmal versuchen sie, mehr zu sein als die anderen, um die elterliche Aufmerksamkeit auf sich zu ziehen, manchmal tun sie gerade das Gegenteil und schwimmen mit dem Strom der anderen Kinder.

Das jüngste Kind

Das jüngste Kind hat – insbesondere in großen Familien –, was Leistung und Erfolg betrifft, oft ähnliche Vorteile wie das erstgeborene in kleinen Familien. Andererseits stellen sich manche Probleme (etwa Leistungsängste), die den ältesten Kindern zu schaffen machen, für die jüngsten nicht, weil von dem ‹Baby› weniger erwartet wird. In ärmeren Familien ist das Leistungs*bedürfnis* beim jüngsten Kind oft stärker als bei allen anderen Kindern, den erstgeborenen Jungen ausgenommen. Das jüngste Kind wird eher eine höhere Ausbildung abschließen, wenn es aus einer Familie mit vier bis fünf Kindern statt aus einer kleineren Familie stammt. Obwohl das Letztgeborene oft von Eltern und Geschwistern bevorzugt und verwöhnt wird, kann sein Selbstwertgefühl gering sein, wenn es nicht von der Familie gefördert wird. Beschützt die Familie das jüngste Kind allzu sehr, dann werden ihm Mut und Unabhängigkeit fehlen.

Drei Fälle sollen uns demonstrieren, vor was für Problemen letztgeborene Kinder – gleich aus was für einer Familie sie kommen – stehen.

In allen drei Fällen handelt es sich um junge Männer Anfang zwanzig, die zum Zeitpunkt der Therapie eine schwere Persönlichkeitskrise durchmachten. Alle drei wurden als das letzte von vier Kindern geboren und hatten eine Schwester, die sieben bis zehn Jahre älter und eine starke Mutterfigur gewesen war. In allen Fällen war der Vater – aus geschäftlichen Gründen oder aus mangelndem Interesse an der Familie – viel abwesend gewesen. Die sozioökonomischen und kulturellen Bedingungen waren jedoch für die drei Familien recht unterschiedlich.

Martin war Amerikaner in der dritten Generation und stammte aus einer Familie der unteren Mittelklasse. Er war 21 und besuchte, unterstützt von seinen Eltern und der *Veteran's Administration*, das College.

Jiminez, Mexicano-Amerikaner der ersten Generation, wuchs gleichfalls in den Staaten auf. Die Familie lebte überwiegend von Wohlfahrtsunterstützung. Jiminez war zwanzig und arbeitete als Aushilfe in einem Supermarkt.

Halel stammte aus einer wohlhabenden Kaufmannsfamilie aus dem Nahen Osten. Mit 24 war er in die Staaten ausgewandert und lebte von regelmäßigen kleinen Zuwendungen seiner Familie.

Diese drei Männer hatten ganz verschiedene Karriereziele. Martin suchte einen interessanten Beruf, Jiminez brauchte einen Job, um unmittelbare praktische Bedürfnisse zu befriedigen, und Halel hoffte, in Amerika ein Geschäft zu finden, wo er schnell sein Glück machen konnte. Allen dreien jedoch erschien es gleichermaßen aussichtslos, die von ihnen gewünschte Arbeit zu finden. Alle drei waren frustriert und wütend, daß ihre Bedürfnisse nicht erfüllt wurden, und sie waren leicht reizbar – selbst Menschen gegenüber, die ihnen vielleicht hätten helfen können.

Keiner der drei jungen Männer war verheiratet, und alle klagten über Einsamkeit, obwohl sie die Mädchen, die sie kannten, als zu fordernd empfanden. Alle hatten Angst davor zu bekommen, was sie wollten.

Auch ihren älteren Schwestern gegenüber waren die drei jungen Männer in unterschiedlichem Maße ambivalent eingestellt. Martin war von seiner Schwester stark beeinflußt, zum Teil weil sein Vater jeden Tag lange arbeitete und seine Mutter sich passiv verhielt. Jiminez' Mutter hatte die Familie verlassen, als er ein Jahr alt war, und praktisch hatte seine älteste Schwester ihre Stelle eingenommen. Der Vater verbrachte seine Abende meist außer Haus, er war anscheinend nicht gerne mit seinen Kindern zusammen. Halels Mutter war chronisch krank; er war von seiner Schwester versorgt worden, weil sein Vater geschäftlich stark beansprucht war und ansonsten Männerbeschäftigungen nachging.

Auf der Suche nach einer Partnerin hielten diese Männer nach Mädchen Ausschau, die bereit waren, sie zu bemuttern, zugleich aber fürchteten sie, von einer Frau beherrscht zu werden.

Während der therapeutischen Arbeit mit diesen Männern (in getrennten Sitzungen) erwähnte ich gelegentlich die Konstellationseffekte, denen das jüngste Kind in der Regel unterliegt. Unter Berücksichtigung dieses Faktors begannen die Männer, ihre Ressentiments gegenüber ihren Vätern in einem anderen Licht zu sehen. Bei allen drei Männern spielten die Verhaltensmuster, die sich aus ihrer Rolle als jüngste Kinder ergaben, eine wichtige Rolle. Ich unterstützte ihre Entwicklung auf bestimmte Ziele hin, indem ich ihnen half, die zu ihrer Erreichung notwendigen Kräfte zu entwickeln. Ferner mußte ihnen die Behandlung helfen, ihre unrealistischen Erwartungen und Forderungen an andere aufzugeben.

Diese drei Fälle sind besonders interessant, weil sich trotz unterschiedlicher sozialer, ökonomischer und kultureller Hintergründe gleiche Konstellationseffekte zeigen. Bei allen drei jüngsten Kindern hatten sich in Abhängigkeit von ihrer Stellung in der Familie ähnliche Verhaltens- und Persönlichkeitsbeschränkungen entwickelt. Weil sie als Kinder als klein und schwach galten, hatten sie auch als Erwachsene ein entsprechendes Selbstbild. Man hatte sie weder ermutigt noch ihnen geholfen, Arbeits- und Planungsfertigkeiten zu entwickeln. Sie verübelten anderen Erwachsenen, daß sie ihnen nicht die starken älteren Geschwister (und besonders die dominante Schwester) ersetzten. Diese jüngsten Kinder waren frustriert, weil andere Erwachsene nicht unaufgefordert für sie sorgten.

Martin schloß schließlich das College ab und bekam eine Stelle als Techniker, die seinen Bedürfnissen entsprach. Er löste sein soziales Problem, indem er ein etwas jüngeres Mädchen heiratete, das sich stark mit der traditionellen weiblichen Rolle identifizierte und ihn ebenso wie die Kinder ‹bemuttern› konnte.

Jiminez besuchte das *junior college*, um ein Handwerk zu lernen. Seine Schüchternheit und Ambivalenz Frauen gegenüber führten dazu, daß er wechselnde flüchtige Kontakte mit Männern wie mit Frauen hatte. Kontakte zu Männern waren ‹leichter herzustellen›, auch wenn sie seine Einsamkeit nicht beseitigten. Mit 28 suchte Jiminez ein Mädchen, ‹das mich liebt und mich so nimmt, wie ich bin›.

Halel beschloß, sich die wirtschaftliche Stellung seiner Familie zunutze zu machen und wurde US-Repräsentant für deren Geschäfte. Er heiratete ein wohlhabendes Mädchen, dessen Familie aus seiner Heimat stammte.

Im nächsten Teil dieses Buches werden wir uns eingehender mit den Beziehungen zwischen der Position in der Geschwisterreihe, der Berufswahl und der Fähigkeit, sich im Geschäfts- und Berufsleben zurechtzufinden, beschäftigen.

Teil III
Die Arbeitswelt

Kapitel 7
Beruf und Kreativität

Die Berufswahl wird durch zahlreiche Faktoren teils erleichtert, teils erschwert, unter anderem durch Kindheitsinteressen, durch mehr oder weniger starke Einflüsse der Familie, durch den Einfluß von Lehrern und durch die Bildungsmöglichkeiten. Auch die Beziehungen zu Eltern und Geschwistern spielen eine wichtige Rolle für diese Entscheidung, die so wichtig dafür ist, daß ein Mensch sich in seiner Lebensrolle wohl fühlt.

Nehmen wir als Beispiel die drei Söhne einer erfolgreichen Künstlerin. Alle drei wurden vorwiegend von der Mutter beeinflußt, die der dominante Elternteil war. Zwar führten die Eltern eine gute Ehe und der Vater war durchaus an der Entwicklung seiner Söhne interessiert, er war jedoch weniger gebildet als seine Frau. Er beugte sich ihrem Wunsch, daß die Söhne eine hervorragende Bildung erhalten und sich als kreative Künstler hervortun sollten.

Der älteste Sohn lernte schnell, die Werte der Mutter zu akzeptieren. Er zwang sich zum Lernen und wurde ein erfolgreicher, hart arbeitender Künstler.

Der zweite versuchte, den Wunsch seiner Mutter zu erfüllen und mit seinem älteren Bruder zu konkurrieren. Auf Drängen der Mutter nahm er jahrelang Musikunterricht, aber er interessierte sich immer mehr für Sport und den Bau von Modellautos. Er wurde Berufsrennfahrer.

Der jüngste Sohn machte keine Anstalten, die künstlerischen Ambitionen seiner Mutter zu erfüllen. Ohne emotionalen Konflikt oder Trauma wählte er ein Gebiet, das ihm ein angenehmes und dennoch sozial wertvolles Leben zu bieten schien. Er wurde ein ‹sehr entspannter› und kompetenter Lehrer.

In dieser Familie sind Konstellation und Konstellationseffekte ganz deutlich. Alle drei Söhne paßten sich erfolgreich an die durch ihre jeweilige Position unter den Geschwistern vorgegebene Lebensrolle an. Der älteste nahm einige feminine Eigenschaften seiner Mutter an und folgte ihrer Führung und ihrem Druck. Der zweite versuchte zunächst, ihren Normen und Interessen gerecht zu werden, dann aber gewann das Bedürfnis, sich von seinem Bruder zu unterscheiden, die Oberhand. Da die beiden älteren Brüder die Aufmerksamkeit der Mutter großenteils banden, entging der jüngste dem direkten Druck ihres Ehrgeizes. Aber auch er erfüllte ihren Wunsch, er möge eine bessere Erziehung erhalten, als sein Vater sie hatte.

Niemand aus dieser Familie bedurfte je einer Therapie, weil alle es verstanden, den Zwängen ihrer Position in der Familie gerecht zu werden. Andere sind bei der Berufswahl weniger glücklich. Die Kenntnis der Konstellationseffekte kann ihnen vielleicht im gewählten Beruf zu besserer Anpassung und größerer Zufriedenheit verhelfen.

Die Konstellationsforschung zeigt sehr deutlich, daß Erstgeborene es vorziehen, mit Ideen zu arbeiten, während Nachgeborene mehr am praktischen Handeln (soziale Interaktion eingeschlossen) interessiert sind. Oberlander, Frauenfelder und Heath vom *Institute of Juvenile Research* in Chicago maßen die Interessen von 299 achtzehnjährigen Männern und Frauen. Sie stellten fest, daß Erstgeborene zu unpersönlichen, intellektuellen Aktivitäten neigten, während Nachgeborene eher Aktivitäten wählten, die soziale Wechselwirkungen beinhalteten.[1]

Berufswahl

Es ist unmöglich, für jede Position in der Geschwisterreihe den geeignetsten Beruf festzulegen. Es ist klar, daß der Einfluß der familiären Mittel, die Wechselfälle des Arbeitsmarktes und das elterliche Vorbild einen direkten Zusammenhang zwischen Berufen und Geschwisterrollen unmöglich machen. Dennoch zeichnen sich einige Zusammenhänge ab, die durch die Forschung hinreichend gesichert zu sein scheinen.[2] Jede Liste *hervorragender* Wissenschaftler wird wahrscheinlich eine unverhältnismäßig große Zahl von Erstgeborenen enthalten. Ganz allgemein finden sich jedoch unter den Wissenschaftlern nicht nur Erstgeborene, sondern auch viele jüngste Kinder aus großen Familien. Zweite, dritte und vierte Kinder widmen sich weniger oft den Wissenschaften.

Nach Alfred Adler (und anderen Autoren) sind kreative Mathematiker fast immer älteste Söhne. Adler bemerkt:

Man ist versucht, das Wesen der mathematischen Kreativität anzugehen, indem man das Wesen kreativer Mathematiker beschreibt, doch dieser Ansatz ist falsch. Er kann zum Beispiel nicht die – zunächst erheiternde, dann verwirrende – Tatsache erklären, daß fast alle Mathematiker älteste Söhne sind. Bei den wenigen Ausnahmen handelt es sich meist um Mathematiker, deren ältere Brüder gleichfalls Mathematiker sind.

Die mathematische Begabung kann nicht auf älteste Söhne beschränkt sein. Es muß vielmehr am Fach selbst liegen – daran, daß es sich hier um ein Gebiet handelt, in dem geistige Kraft und Kreativität in einer Weise genutzt werden können, die den besonderen Fähigkeiten von Männern entspricht, die – zumindest eine Zeitlang – die einzigen Söhne ihrer Familien waren.[3]

Verschiedene Forscher haben bei Erstgeborenen die Neigung festgestellt, (neben Mathematik) Ingenieurwissenschaften, Physik, Architektur und Chemie zu wählen.[4] Diese Berufe erfordern College-Bildung, und schon deswegen können wir erwarten, hier viele Erstgeborene und Einzelkinder zu finden. Diese Berufe erfordern auch in hohem Maße abstrakte Denkfähigkeit und setzen kein großes Interesse an sozialen Kontakten voraus. Daß andere Berufe nicht so gründlich in ihrer Beziehung zur Position in der Geschwisterreihe untersucht sind, mag daran liegen, daß die College-Lehrer, die solche Fragen untersuchen, selbst meist Erstgeborene sind und ihr Interesse vorwiegend Berufen gilt, die College-Bildung erfordern. Außerdem sind die ihnen verfügbaren Studienobjekte eben College-Studenten.

Nachgeborene Männer und Frauen bilden die Mehrheit der kreativen Künstler. William D. Bliss von der Universität von Montana stellte beispielsweise fest, daß Schriftsteller meist nachgeborene Kinder sind. In einer für eine statistische Untersuchung gezogenen Stichprobe von Schriftstellern waren nur 23 Prozent das älteste Kind ihrer jeweiligen Familie. Neun Prozent waren Einzelkinder. Prosa-Autoren gehören eher zur jüngeren Hälfte der Kinder, und unter den Roman-Schriftstellern und den Autoren von Kurzgeschichten waren mehr Nachgeborene als unter den Dichtern.

‹Die Überlegenheit der Nachgeborenen gegenüber den Erstgeborenen im kreativen Bereich›, schreibt Bliss, ‹dürfte darauf zurückzuführen sein, daß sie in der Arbeit unabhängiger sind und Isolierung besser ertragen können – beides sicherlich Eigenschaften, über die ein kreativer Mensch verfügen muß.›[5] Ein unerwartet großer Teil der Nachgeborenen studiert Musik oder Sprachen.[6] Es überrascht, Nachgeborene unter den Sprachen-Studenten zu finden, da doch die Erstgeborenen so oft über bessere sprachliche Fähigkeiten verfügen. Wahrscheinlich liegt die Erklärung darin, daß Nachgeborene sehr daran interessiert sind, mit anderen – besonders mit Gleichaltrigen – zu kommunizieren. Sie sind auch eher als Erstgeborene geneigt, über persönliche Dinge zu sprechen.

Anscheinend ertragen Nachgeborene Isolation in Arbeitssituationen besser, sie können aber auch besser im Team arbeiten als Erstgeborene. So zeigte eine Untersuchung, daß Erstgeborene die Arbeit als Nachtschwester häufiger aufgaben als Nachgeborene. Den Erstgeborenen fehlt in einer solchen Situation offenbar die Unterstützung durch andere, die sie brauchen.

Musiker müssen oft in Team-Situationen spielen – in Orchestern oder Gruppen –, und von ihnen wird in hohem Maße soziale Kooperation gefordert. In anderen Situationen, die Team-Arbeit erfordern, zum Beispiel am Fließband, scheinen Nachgeborene sich wohl zu fühlen und sich erfolgreich in die Gruppe einzuordnen.

Andere Befunde zeigen, daß Erstgeborene unter den Kunststudenten weniger kreativ sind als Nachgeborene. Das könnte daran liegen, daß das erste Kind konservativer und autoritätskonformer zu sein pflegt und ihm daher weniger Freiheit zu Originalität und Innovation bleibt. Offenbar werden zweite oder spätere Töchter auch häufiger als erstgeborene Schauspielerinnen. Wir wissen, daß die Lebensrollen der späteren Kinder von den Eltern weniger klar vorstrukturiert werden und daß sie dadurch größere Freiheit haben, sich ihrer Phantasie zu überlassen, verschiedene Rollen anzunehmen und zu spielen.[7] Zweite Töchter, die eine ältere Schwester haben, nehmen oft an Schul- und College-Aufführungen teil. Sie sind oft auch bessere Schauspielerinnen als erstgeborene Mädchen – aber *nicht* besser als Einzelkinder. Jane Fonda, Barbara Walters, Jennie Churchill und Joan Crawford hatten ältere Schwestern. Da einzige Töchter ebenfalls das Bedürfnis haben, im Mittelpunkt der Aufmerksamkeit zu stehen und sich zu produzieren, überrascht es nicht, daß einige sehr bekannte Schauspielerinnen Einzelkinder waren, beispielsweise Marilyn Monroe und Mary Astor.

Die Mehrzahl der in einer Untersuchung befragten *junior* und *senior college*-Studenten bekundete ihr Interesse, College-Professor zu werden.[8] Erstgeborene Frauen waren am akademischen Bereich stärker interessiert als nachgeborene, die Männer (gleich ob erst- oder nachgeborene) waren ebenso interessiert wie die erstgeborenen Frauen. Älteste Söhne und Töchter scheinen in der Medizin, der Jurisprudenz und der Psychologie zu dominieren. Am stärksten ist die Neigung zu diesen Fächern bei Studenten, deren Väter entweder entsprechende Berufe ausüben oder aber ihre beruflichen Ziele nicht erreicht haben. Vielfach ermutigen die Väter also ihre Kinder, die eigenen unerreichten Ambitionen zu erfüllen. Die Befunde beziehen sich auch auf Fälle, in denen aus sozioökonomischen Gründen das erste Kind einer Familie die beste Ausbildung erhält.

In einer Gruppe von *Peace Corps*-Freiwilligen taten sich Erstgeborene in mathematisch-naturwissenschaftlichen Programmen hervor, während zweit- und drittgeborene Männer und Frauen sich als die besseren Englischlehrer erwiesen. In einer anderen Untersuchung an Lehrern zeigte sich kein Zusammenhang zwischen der Familiengröße und der Qualifikation als Lehrer, doch überwogen unter den Lehrern mit besonders guten *high school*-Ergebnissen die Einzelkinder.[9]

Wir müssen noch einmal betonen, daß es sich bei unseren Einteilungen nicht um feststehende, unveränderliche Kategorien handelt, sondern daß wir nur von allgemeinen *Tendenzen* sprechen. Kinder können die von den

Eltern zugewiesenen Rollen annehmen, sie können sie aber auch zurückweisen.

Auch aus dem militärischen Bereich haben wir Daten über Zusammenhänge zwischen der Stellung in der Geschwisterreihe und der Berufswahl. 1971 wurde festgestellt, daß 56 Prozent der untersuchten Armeeoffiziere Erstgeborene waren.[10] Dieser Prozentsatz ist der gleiche wie bei der College-Bildung. In derselben Untersuchung wurden aber auch unter den Unteroffizieren (die in der Regel keine College-Bildung haben) 46 Prozent erstgeborene Söhne festgestellt. (Die klinische Beobachtung bestätigt, daß Erstgeborene oft eine Vorliebe für geregelte, durchorganisierte Aufgaben haben und bei solchen Aufgaben oft die Führung übernehmen.) Unter besonders hervorragenden Piloten der *Navy* fanden sich 76 Prozent Erstgeborene, in einer zufällig ausgewählten Vergleichsgruppe nur 55 Prozent.[11] Da es sich bei den hervorragenden Jet-Piloten aller Waffengattungen meist um erste Söhne mit einer engen Vater-Sohn-Beziehung handelte, können wir vermuten, daß Erstgeborene mit einer solchen Beziehung besondere Kompetenz und besonderes Selbstvertrauen entwickeln.

Sonderbar ist im Zusammenhang mit dem Überwiegen Erstgeborener unter den militärischen Führern die Tatsache, daß älteste Kinder (Männer wie Frauen) in Stress-Situationen eher furchtsam reagieren als nachgeborene. Sicherlich finden sich beim Militär angst- und stresserzeugende Situationen. Dieser scheinbare Widerspruch löst sich jedoch, wenn wir an die Tendenz der Erstgeborenen denken, unter Stress die Nähe anderer zu suchen. Die feste Struktur und das wiederholte Training scheinen den Anschluß und die Sicherheit zu bieten, die diese Erstgeborenen brauchen. Der große Anteil Erstgeborener unter den militärischen Führern dürfte auch mit der Neigung des ältesten Kindes zusammenhängen, sich autoritätskonform zu verhalten und Anweisungen von oben zu befolgen – was so weit geht, daß eigene Ängste verleugnet oder überwunden werden.

Wir haben erwähnt, daß die meisten der ersten amerikanischen Astronauten Erstgeborene oder Einzelkinder waren. Welche genauen Zusammenhänge gibt es hier mit dem, was wir über älteste Kinder wissen? (Natürlich bleiben hier 50 Prozent der Erstgeborenen außer Betracht, da das Programm keine Frauen zuließ.) In folgenden Punkten entsprechen die Astronauten dem bei Erstgeborenen üblichen Muster: (1) hohes Erfolgsbedürfnis; (2) hohes Verantwortungsbewußtsein; (3) geringe Testangst; (4) starke Selbstdisziplin; (5) Bedürfnis nach Bestätigung durch andere; (6) Empfänglichkeit für sozialen Druck; (7) Autoritäts- und Regelkonformität und (8) Aufgabenorientiertheit.

Nachgeborene Männer sind demgegenüber weniger autoritätskonform und stärker auf soziale Beziehungen als auf Aufgabenerfüllung hin orientiert. Erstgeborene sind eher als Nachgeborene zuversichtlich, daß sie selbst über ihr Leben bestimmen.

Ein weiterer Bereich, in dem die sozialen Fähigkeiten der Nachgeborenen von Bedeutung sein können, ist der Sport. Auch wenn das Interesse des Nachgeborenen für den Sport daraus entstanden sein mag, daß er mit dem akademisch erfolgreichen älteren Bruder (oder der älteren Schwester) nicht konkurrieren konnte – sein Erfolg in den Mannschaftssportarten wird durch seine Fähigkeit gefördert, in Gruppen kooperativ mitzuwirken. Erstgeborene üben seltener Sportarten aus, die körperlichen Kontakt erfordern und bei denen es zu Verletzungen kommen kann.

Wir wollen im folgenden einige Vergleiche zwischen Erst- und Nachgeborenen in bezug auf verschiedene Berufe anstellen. Es handelt sich jedoch nur um Mutmaßungen, und im Einzelfall käme es entscheidend auf die jeweiligen Arbeitsbedingungen an.

Verkäufer: Wahrscheinlich sind Erstgeborene geeigneter, da sie über gute verbale Fertigkeiten verfügen und gerne andere dazu bringen, ‹das Richtige› zu tun. Top-Verkäufer glauben im allgemeinen, das, was sie zu verkaufen haben, sei für andere Menschen wichtig.

Kellner und Kellnerinnen: Wahrscheinlich sind Nachgeborene besser, da sie meist Interesse daran haben, anderen dienlich zu sein.

Sekretärinnen und Stenotypistinnen: Bei Angehörigen dieser Berufe wird es sich eher um Nachgeborene handeln, die oft Freude daran haben, als Ersatzeltern oder als ältere Schwester zu fungieren.

Allgemein können wir in bezug auf die beruflichen Fähigkeiten sagen, daß Erstgeborene aus ihrer Stellung unter den Geschwistern vor allem intellektuell profitieren, Nachgeborene dagegen besonders sozial. Schon dieser Unterschied sagt uns einiges darüber, wie ein Mensch aus der Familie kommt und seinen Platz in der Arbeitswelt einnimmt. Doch wie erfolgreich ist er in der Zusammenarbeit mit anderen Menschen, wie läßt er sich führen und wie führt er andere?

Berufliche Beziehungen

‹Ich dulde bei mir keine Schwäche›, sagte Harris, ein ältester Sohn, ‹und ich mag auch keine bei denen, mit denen ich zusammenarbeite. Ich habe eine Aufgabe und trage viel Verantwortung, und ich will nicht, daß durch irgendwelche Entscheidungen die Aufgabe weniger gut als möglich erfüllt wird.›

Es war eine ganz vertraute Reaktion – die Sprache des Super-Gewissens und des Gefühls der persönlichen Verantwortlichkeit, die Erstgeborene durch die enge Bindung an die elterlichen Werte lernen. Aber Harris hatte Schwierigkeiten in seinen beruflichen Beziehungen. Eines Tages hatte sein Chef zu ihm gesagt:

‹Sie kommen sehr schlecht mit Ihren Leuten aus. Wenn Sie sehen, daß etwas geschehen muß, dann sind Sie nicht sehr taktvoll. Man beklagt sich bei mir über Ihr Verhalten.›

Zu Beginn unserer Konsultation gab Harris zu: ‹Ich sollte im Umgang mit Leuten gelassener sein. Ich weiß, wie wichtig es ist, immer daran zu denken. Neulich sagte ich diesen Leuten im Betrieb, daß sie etwas falsch machten. Sicherlich habe ich dabei nicht an ihre Gefühle gedacht.›

Nach unserer ersten Sitzung begann Harris zu erkennen, wie er sich unter enger und ziemlich strenger Führung durch die Eltern entwickelt hatte und wie er die entsprechenden Einstellungen in sein Leben als Erwachsener übertragen hatte. Er beschrieb das nächste Zusammentreffen mit seinen Untergebenen:

‹Bei unserer nächsten Sitzung schwieg ich und dachte mehr nach. Ich weiß, daß ich recht habe, aber ich muß lernen, ihnen das beizubringen, ohne sie mir zu Feinden zu machen.›

Noch später sagte er: ‹Es ist mir gelungen, die Leute nicht nervös zu machen. Ich habe mit mehreren Leuten bei der Arbeit gesprochen und sie dadurch, wie ich etwas gesagt habe, für die Zusammenarbeit gewonnen.›

Als Folge der positiveren Reaktionen seiner Kollegen begann Harris, mehr Vertrauen in sie und in sich selbst zu setzen.

‹Ich habe jetzt eine andere Einstellung zur Arbeit›, sagte er. ‹Ich mache mir jetzt nicht mehr so viele Sorgen, die Leute könnten mich nicht mögen, und ich habe keine Angst, mich selbst und meine Ideen zu vertreten. Ich denke, ich tue es so, daß die Leute mir mit einer positiven Grundeinstellung zuhören. Ich habe festgestellt, daß es leichter ist, mit Leuten zusammen zu arbeiten, wenn man entspannter mit ihnen umgeht, die Zügel locker läßt und nicht so viel erwartet.›

Diese letzte Bemerkung ist aufschlußreich. Wie es für Erstgeborene typisch ist, war Harris ängstlich bemüht gewesen, genug zu leisten, und hatte nie ganz die selbstgesetzten hohen Normen erfüllen können. Sobald er das begriffen hatte, erkannte er auch, daß er seine Untergebenen zur Leistung angetrieben hatte, um seine eigenen Bedürfnisse zu befriedigen.

Ähnlich verhielt es sich mit Virgil Grissom, einem der ersten sieben amerikanischen Astronauten. Als ältester von drei Söhnen trieb er sich selbst gnadenlos zu einer glänzenden militärischen Fliegerkarriere an, die dazu führte, daß man ihn als Astronauten auswählte.[12] Grissom war beim zweiten Mercury-Flug und beim ersten Gemini-Flug in der Umlaufbahn dabei. Während seiner Jahre als Astronaut nahm er an der Konstruktion seines Raumschiffs teil und verärgerte häufig Ingenieure und Techniker mit seinen hohen Anforderungen. Sein großes Ziel war es, der erste

Mann auf dem Mond zu sein, und fast hätte er es geschafft. Grissom wurde – zusammen mit zwei anderen Astronauten – 1967 bei einem Feuer getötet, das während einer Flugübung auf der Abschußrampe in Cape Kennedy in ihrem Apollo-Raumschiff ausbrach.

Älteste Kinder beiderlei Geschlechts sind meist stark aufgabenorientiert und neigen dazu, die menschlichen Beziehungen zugunsten der anstehenden Arbeit zu vernachlässigen.

Wegen ihres Konformismus und ihrer respektvollen Einstellung gegenüber Autoritäten sind Erstgeborene als Angestellte ehrerbietiger als Nachgeborene. Ihre Leistungen lassen unter Angst nach, und daher stellen sie hohe Ansprüche an die Führungsqualität ihrer Vorgesetzten. Erstgeborene zeigen unter angenehmen Bedingungen bessere Leistungen als unter Druck.

Da Erstgeborene erfolgsmotiviert sind, arbeiten sie meist hart, wenn Aufstiegschancen vorhanden sind. Viele erstgeborene Angestellte haben das Problem, daß sie in ihren Vorgesetzten Eltern-Figuren sehen. Eine erstgeborene junge Frau (die in der Kindheit eine jüngere Schwester als Rivalin gehabt hatte) war einmal in einer Situation, in der sie mit einer anderen Angestellten um die Aufmerksamkeit und Bestätigung des Vorgesetzten konkurrieren mußte. Die Situation wurde häßlich und bitter, ehe die Frau die Ursache ihres Verhaltens in ihrer Kindheitskonkurrenz erkannte.

Es ist durchaus nicht ungewöhnlich, daß jemand in seinen Vorgesetzten gewissermaßen Elternfiguren sieht und in seinen Kollegen die Geschwister von ehedem. Darum ist es wichtig, daß schon dem Kind Kooperation und Anpassung an die Bedürfnisse anderer beigebracht werden. Es mag für einen Vorgesetzten schwierig sein, mit einem nach oben drängenden Erstgeborenen auszukommen, umgekehrt wird er aber einen gewissenhaften Vorgesetzten abgeben, der seine Leute hart antreibt.

Anders ist die Situation bei Einzelkindern. Männliche Einzelkinder neigen zur Rücksichtnahme auf die Bedürfnisse ihrer Mitarbeiter, weil gewöhnlich ihre eigenen Bedürfnisse in der Kindheit von einer besorgten Mutter erfüllt wurden. Sie sind voller Selbstvertrauen und nicht wettbewerbsorientiert. Ähnlich ist es bei weiblichen Einzelkindern, die jedoch Schwierigkeiten in der Konkurrenz mit Frauen haben können, wenn ihre Beziehung zur Mutter eher feindlich war. Weibliche Einzelkinder wählen als Erwachsene oft Berufe, in denen sie alleine oder nur zusammen mit Männern arbeiten, beispielsweise als Sekretärin bei einem Anwalt, wo sie die einzige Frau im Büro sind.

Einzelkinder sind meist in ihren Beziehungen zu Vorgesetzten und Kollegen vertrauensvoll, und solch ein einziger Sohn sagte einmal zu mir: ‹Ich habe eigentlich keine engen Freunde, aber ich habe auch keine Feinde. Ich kann fast mit jedem auskommen.›

Obwohl Einzelkinder ihren Untergebenen gegenüber meist rücksichtsvoller sind als älteste Kinder, neigen sie stärker zum Jähzorn.

‹Ich neige dazu, meinen Freunden und Vorgesetzten gegenüber wütender zu werden als gut ist›, sagte ein Mann zu mir. ‹Das liegt wohl daran, daß ich das Gefühl habe, sie würden mich mögen, ganz egal, was ich tue. Dieses Gefühl hatte ich bei meinen Eltern. Als Einzelkind denkt man eben so.›

Eine Frage ist für Forscher, die sich mit Geschwisterkonstellationen beschäftigen, ob die hohe Motivation der Erstgeborenen sie automatisch in höchste Führungspositionen trägt. Ich glaube, daß die Qualitäten der Erstgeborenen sie in *bestimmten* Arbeitssituationen in Führungspositionen bringen, während in anderen Berufen die Qualitäten der Nachgeborenen ebenso direkt an die Spitze führen. Die Frage ist wohl nicht, ob ein Erstgeborener oder ein Nachgeborener die Position bekommt, sondern ob die Position einen Erstgeborenen oder einen Nachgeborenen *erfordert*.

Firmenchefs sollten diese Frage prüfen, ehe sie jemanden in eine hohe Position befördern. Erstgeborene sind meist aufgabenorientiert (zuweilen auf Kosten der menschlichen Beziehungen), während Nachgeborene mehr auf die menschlichen Beziehungen Wert legen (und darüber manchmal die Aufgabe vergessen). Je höher jemand in einer Hierarchie steigt, desto wichtiger ist es, daß er auf gute zwischenmenschliche Beziehungen zu seinen Untergebenen achtet, und in diesem Punkt sind Nachgeborene überlegen. Gleichzeitig besteht die Gefahr, daß zweite oder nachfolgende Kinder sich so sehr mit den zwischenmenschlichen Beziehungen beschäftigen, daß sie darüber ihre Aufgaben vernachlässigen.

Ein zweitgeborener Mann (mit einer älteren Schwester) merkte, daß er weniger beruflichen Erfolg hatte, als er hätte haben können, weil er das Gefühl hatte, ‹zu jedermann freundlich sein› zu müssen. Dieses Gefühl hinderte ihn daran, sein Karriereziel zu erreichen. Manche nachgeborenen Männer unterdrücken normalen Ärger und normale Ansprüche, weil sie den Kampf zwischen ihren Eltern und den rebellischen älteren Geschwistern miterlebt haben. Übermäßige Hemmung der Emotionen kann aber ebenso schaden wie mangelnde Kontrolle.

‹Eigentlich sollte ich den Leuten etwas beibringen›, sagte dieser junge Mann. ‹Ich konnte mich nicht überwinden, jemanden zu kritisieren. Das wäre mir unhöflich vorgekommen. Ich konnte auch nicht offen meine Meinung sagen; sie hätten mich ja für zu aggressiv halten können. Ich versuchte, kühl, kontrolliert zu bleiben. Ich erlaubte mir keine Erregung. Die Folge war, daß das, was ich zu sagen hatte, niemanden erregte – man lud mich nicht wieder ein.›

Eine Therapie konnte diesen Mann lockern, so daß es ihm nichts mehr ausmachte, seine Meinung zu sagen.

Jüngste Kinder haben meist entspannte Beziehungen zu anderen Menschen, und wenn sie aus einer kleinen Familie stammen, dann sind sie an beruflichem Erfolg oft weniger interessiert als an der Aufrechterhaltung dieser Beziehungen. Stammen sie aus einer großen Familie, dann können sie durchaus leistungsmotiviert sein, weil sie von Eltern und Geschwistern unterstützt und stimuliert wurden. Manchen jüngsten Kindern, besonders Frauen, fehlt es an Selbstvertrauen, da sie nach außen hin beschützt wurden und sich im Wettbewerb mit den älteren Kindern unterlegen fühlten. Ein jüngster Sohn bat mich diesbezüglich um Hilfe.

‹Ich kann überhaupt nichts tun, weil ich immer fürchte, es könnte mir nicht gelingen›, sagte er. ‹Alle anderen scheinen viel mehr zu können als ich. Ich habe immer das Gefühl, andere müßten mit einem Problem besser fertig werden als ich. Ich komme mir immer wie ein Baby vor.›

Eine jüngste Tochter sagte: ‹Ich kann keine Pläne machen. Ich erwarte nie, daß etwas klappt. Ich fürchte mich vor allem, selbst vor neuen Leuten, mit denen ich zusammenarbeiten soll.›

Ein anderer junger Mann, jüngstes von fünf Kindern, suchte Hilfe, weil ihm sein heftiger Jähzorn zu schaffen machte. Jim behielt keine Stelle lange, weil er Vorgesetzte und Kunden beleidigte und Auseinandersetzungen mit Kollegen hatte. Seiner Ansicht nach reagierte er damit auf Beleidigungen anderer und auf die Arroganz seiner Vorgesetzten.

Jim beschrieb seinen Vater als einen selbstgerechten, nüchternen Mann, der nie fluchte, der aber ein so unbeherrschbares Temperament hatte, daß ‹ich eine Höllenangst vor ihm hatte›. Der Vater hatte die drei Jungen mit einem Riemen geprügelt und die Mädchen an den Haaren gezogen, wenn er sie bestrafte. Als Jim schon etwas älter war, hatte sein Vater ihm einmal das Nasenbein gebrochen. Als ich ihn fragte, wie er über seinen Vater dächte, sagte Jim: ‹Er war so viel stärker als ich – es war einfach nicht fair.›

Während unserer gemeinsamen Arbeit half ich Jim zu klären, wie es dazu gekommen war, daß er von seinem Vater und seinen älteren Brüdern nichts als Kritik und Strafe erwartete. Er war innerlich wütend, aber er fürchtete sich, seinen Ärger zu zeigen oder mit seinen Brüdern oder seinem Vater zu kämpfen, weil er so viel kleiner war. Jetzt, als Erwachsener, reagierte er auf Kritik und herrisches Gehabe mit der gleichen Wut. Aber jetzt, als Erwachsener, schlug er zu.

Jim lernte, sich realistischer zu sehen, als Erwachsener, der nicht mehr von anderen Familienmitgliedern beherrscht wird, und er begann, sich Kritik von Vorgesetzten oder Kollegen anzuhören, ohne gleich beleidigt zu sein. Seine Arbeitsleistung verbesserte sich, und als ich Jim das letzte Mal sah, schien er auf dem besten Wege, das Handicap seiner Familienposition zu überwinden.

Unabhängig von der jeweiligen Geschwisterkonstellation scheinen Arbeitssituationen oft die Eltern-Kind-Beziehung widerzuspiegeln; der Konkurrenz mit den Geschwistern entspricht jetzt die Konkurrenz mit den Kollegen. Was für Probleme sich mit Vorgesetzten oder Kollegen ergeben, scheint davon abhängig zu sein, in welcher Position unter den Geschwistern jemand groß geworden ist. Eine erstgeborene Frau war beispielsweise außerordentlich wütend auf ihren Chef.

‹Er behandelt mich wie ein Kind›, schimpfte sie. ‹Er nennt alle in seiner Abteilung ‚Kinder'.›

Was diese Frau eigentlich störte, war, daß sie hier als *eines* der Kinder behandelt wurde, während sie in der Kindheit die Sonderstellung gehabt hatte, für die anderen Kinder *verantwortlich* zu sein. Eine andere Frau, Mabel, die ältere von zwei Schwestern, beklagte sich:

‹Meine Chefin ist grob und arrogant. Sie weiß, wie man jemanden klein macht. Ich glaube, sie macht es absichtlich, um mich verrückt zu machen.›

Während der Therapie wurde deutlich, daß Mabel als Kind gelernt hatte, sich ihrer jüngeren Schwester gegenüber keine Wut oder andere Emotionen anmerken zu lassen, um die Billigung der Mutter nicht zu verlieren. Die Chefin verhielt sich ihr gegenüber – ebenso wie früher die Mutter – kritisch und abschätzig. Während wir gemeinsam mit einer befreundeten Kollegin von Mabel die Situation durchdachten, begann Mabel, ihr eigenes Verhalten gegenüber ihrer Vorgesetzten in Frage zu stellen.

‹Du *läßt* dich einfach von ihr schlecht behandeln›, sagte ihre Freundin. ‹Du sitzt da und nimmst es hin.›

Mabel begann sich zu behaupten, indem sie ruhig ihre Ansicht darlegte. Schon bald berichtete sie, daß sich das Verhältnis gebessert habe.

‹Vermutlich habe ich versucht, mit ihr auf die gleiche Weise zurechtzukommen wie mit meiner Mutter und meiner Schwester›, sagte sie. ‹In beiden Fällen hat mir das keinen Respekt eingebracht.›

Mabel beklagte sich auch über die enge Beziehung zwischen ihrer Chefin und einer ihrer Kolleginnen. Durch diese Beziehung fühlte sie sich in gleicher Weise bedroht, wie sie jede Vertrautheit zwischen ihrer Mutter und ihrer jüngeren Schwester als bedrohlich empfunden hatte. Daß Mabel jetzt die Ursachen ihrer Gefühle durchschauen konnte, war der erste Schritt zur Verbesserung ihrer beruflichen Beziehungen.

Über die Zusammenhänge zwischen der Position unter den Geschwistern und den Fähigkeiten und Leistungen im Geschäfts- und Berufsleben ließe sich noch weit mehr sagen. Aber schon diese kurzen Darstellungen können vielleicht vielen Menschen zu größerer beruflicher Befriedigung verhelfen. Als nächstes wollen wir uns eingehender mit den Geschwisterkonstellationen leistungsorientierter Frauen beschäftigen.

Kapitel 8
Leistungsorientierte Frauen

‹Ich hatte nie eine Chance›, sagte die Frau. Sie saß weinend in einem Sessel, ihre Stimme war vor Wut schrill.

‹Alles war für meinen Bruder. Meine Eltern zogen ihn vor. Sie waren so stolz auf ihren Sohn. Sicher, in mir sahen sie das niedliche kleine Mädchen, aber ihn ermunterten sie, Dinge wie Schwimmen oder Skifahren zu lernen.

Sie sprachen dauernd davon, daß er das College besuchen würde, in welche Schule er gehen würde und so weiter. Ihm gewährten sie alle Freiheiten. Im allgemeinen konnte er hingehen, wohin er wollte, und zusammen sein, mit wem er wollte. Ich war mein ganzes Leben lang einfach die kleine Schwester meines Bruders.›

Wie oft habe ich diesen Aufschrei aus tiefstem Herzen einer unglücklichen Frau gehört, die das dringende Bedürfnis verspürte, in der Kunst oder im Geschäftsleben Erfolg zu haben, sich aber nicht nur von der Gesellschaft, sondern auch von Eltern und Geschwistern eingeengt fühlte.

Es handelt sich nicht, wie viele annehmen, um einen Schlachtruf gegen die Männer, sondern nur um das eindringliche Verlangen nach emotionaler Zufriedenheit und Selbstverwirklichung. Eine Frau versucht genauso wie ein Mann, ihre Talente und Fähigkeiten da anzuwenden, wo sie sich am besten verwirklichen lassen, und wo sie ihr das Gefühl von Wichtigkeit und Zufriedenheit vermitteln. Das Problem ist, daß Frauen öfter als Männer in dienende und andere untergeordnete Lebensrollen gedrängt werden. So ist es seit Jahrhunderten – und das aus Gründen, die in der Geschichte der Menschheit liegen –, aber die Befürworter der Frauenbefreiung greifen diese Geschlechtsrolleneinteilung an, da sie in unserer heutigen Welt keine Notwendigkeit mehr hat. Sie beklagen, daß Frauen gedrängt werden, Eigenschaften, Verhaltensweisen und Einstellungen zu kultivieren, die auf die Pflichten im Haus bezogen sind, während außer Haus nur der Erfolg der Männer sozial gefördert wird.

Wenn eine Frau ein starkes Leistungsbedürfnis hat und als kreative Künstlerin arbeiten möchte, dann sollte die Gesellschaft ihre Bemühungen nicht hemmen. Wenn sie über die Fähigkeiten und die Intelligenz eines Managers verfügt, dann sollte sie die Freiheit haben, es zu werden. Wenn sie als Hausfrau und Mutter glücklich ist und ihre Erfüllung im

Leben mit ihrem Mann findet – sie soll diese Möglichkeit haben. Wenn sie sich selbst dafür entschieden hat, ist ihre Leistung als Hausfrau nicht geringer denn als Chefin einer Firma.

Häufiger ist es aber so – und dieser Umstand deprimiert viele Frauen und macht sie unzufrieden –, daß Frauen die ihnen in der Kindheit aufgedrängten Rollen so sehr akzeptieren und in sich aufnehmen, daß sie ihre wirklichen persönlichen Neigungen erst später im Leben erkennen. Dann aber ist es oft schwierig oder unmöglich, die richtige Ausbildung oder die Gelegenheit zur Selbstverwirklichung zu bekommen.

Als Jane zu mir kam, war sie zwanzig. Als zweites Kind ihrer Familie hatte sie einen vier Jahre älteren Bruder.

Jane kam zu mir, weil sie deprimiert war und keine Arbeit finden konnte, die sie interessierte. Sie haßte die Schule und hatte keine beruflichen Ziele. Sie konnte keine Stelle finden, bei der sie so viel verdient hätte, wie sie wollte, weil sie keine entsprechende Ausbildung hatte, und wütend aber notgedrungen ließ sie sich von ihren Eltern finanziell unterstützen. Ihr größter Wunsch war zu heiraten, doch alle Männer, die sie kannte, kamen ihr kindisch vor.

Janes Vater war dominant, und sie fürchtete ihn. Er aber betete seine Frau an und war eifrig bemüht, ihre Wünsche zu erfüllen. Janes Mutter liebte ihre Rolle als Hausfrau und Mutter und beanspruchte ihren aggressiven Mann kaum.

Vor diesem Hintergrund begannen wir unsere Arbeit. Schon bald klagte Jane über ihren älteren Bruder, der gerade promovierte. Während ihrer Kindheit und Jugend hatte er sie oft beleidigt.

‹Er gab mir das Gefühl, völlig blöd und unattraktiv zu sein›, sagte Jane. ‹Er sagte, ich sei oberflächlich, und mäkelte an meinem Aussehen herum, an meinem Haar und meiner Kleidung. Er behandelte mich nie als gleichberechtigt, sondern war nur groß darin, mir Ratschläge zu erteilen.›

Als Jane die Beziehung zu ihrer Mutter beschrieb, fand ich die Anhaltspunkte, die ich für ihre Behandlung brauchte. Diese Anhaltspunkte passen genau zu ihrer Stellung als zweites und jüngstes Kind – insbesondere wenn dieses Kind ein Mädchen ist. Sie klagte auch darüber, daß ihr Vater und ihre Mutter sich mehr für ihren Bruder als für sie interessiert hätten. Janes Vater (das Vorbild ihres Bruders) hatte sich ihr gegenüber ebenfalls herablassend verhalten. Janes Mutter hatte sie zum Einkaufen mitgenommen, für ihre Ernährung gesorgt und ihre persönliche Entwicklung beobachtet, doch auch sie schien ihren Stolz und ihr Interesse eher auf ihren Sohn zu konzentrieren als auf Jane. Durch die Kritik des Bruders und die Furcht vor dem Vater war Jane Jungen gegenüber schüchtern geworden. Sie zweifelte an ihrer Attraktivität und machte sich Sorgen um ihr Aussehen.

Im weiteren Verlauf unserer Sitzungen konnte ich Jane zeigen, daß ihr

Bruder sich verhalten hatte, wie sich ältere Brüder einer jüngeren Schwester gegenüber üblicherweise verhalten – daß er auf diese Weise mit ihr konkurriert und sein Vorrecht als Erstgeborener verteidigt hatte. Allmählich verringerte sich Janes Feindschaft gegenüber ihrem Bruder, und sie begann, sich ihm gegenüber als gleichberechtigte Erwachsene, nicht mehr als jüngere Schwester zu verhalten. Diese Veränderung wurde durch einige Diskussionen zwischen beiden gefördert. Ich ermunterte sie auch, die Einstellung anderer junger Männer ihr gegenüber objektiv zu prüfen. Sie begann zu erkennen und zu akzeptieren, daß sie sie attraktiv fanden. Weil Janes Bruder und ihr Vater ihr stärker als sie und ihre Mutter vorgekommen waren, hatte sie die beiden Männer idealisiert und sich einen ‹idealen› Mann als Ehemann gewünscht.

Später, als sie lernte, ihren Bruder als normalen Menschen mit menschlichen Schwächen neben seinen Stärken zu sehen, begannen ihre Erwartungen an einen Partner realistischer zu werden. Sie hörte auf, den Männern der Familie nachzueifern – was zu ihren Depressionen beigetragen hatte – und die Eigenschaften ihrer Mutter zu würdigen. Was noch wichtiger ist: sie begann, diese Eigenschaften an sich selbst zu würdigen.

Zwei Jahre später hatte Jane eine Stellung, die ihren Fähigkeiten entsprach, und sparte für ihre bevorstehende Hochzeit. Sie und ihre Mutter hatten eine für beide befriedigende Beziehung entwickelt, was ihr Vater und ihr Bruder mit Staunen beobachteten. Jane akzeptierte sich allmählich als attraktive junge Frau und war bereit, an der weiblichen Lebensrolle, die sie verachtet und ersehnt hatte, Freude zu finden.

Die sich aus der Geschwisterkonstellation ergebende Interaktion in der Familie hat großen Einfluß darauf, welchen Platz eine Frau in der Gesellschaft einnimmt. So können sich beispielsweise Konflikte ergeben, wenn eine erstgeborene Frau sich zunächst um intellektuelle Leistung bemüht, um ihren Familienstatus zu festigen, und dann versucht, ihren beruflichen Erfolg mit familiären Pflichten in Einklang zu bringen.

Eine Frau, ältestes von drei Kindern, beklagte sich über innere Spannungen. Darlene berichtete, sie stehe ständig unter dem Zwang, ‹zu tun, was ich tun muß›. Sie war ihrem Mann und ihren Kindern gegenüber gereizt. ‹Und was noch schlimmer ist›, sagte sie, ‹ich bin den Leuten im Büro gegenüber bissig.›

Sie hatte eine leitende Position mit unregelmäßiger Arbeitszeit und mußte oft abends und an Wochenenden arbeiten. Eine Haushälterin kümmerte sich um die beiden Kinder, aber Darlene konnte nie sicher sein, daß sie rechtzeitig von ihren freien Wochenenden zurückkehrte. Darlenes Mann machte es nichts aus, am Wochenende den Babysitter zu spielen, aber in der Woche konnte er wegen seiner eigenen beruflichen Verpflichtungen nicht einspringen.

Darlenes Problem war, daß sie zu viele Jobs hatte. Sie wollte sie alle ausfüllen – Ehefrau, Mutter, Hausfrau, Geschäftsfrau –, und so konnte sie sich auf keinen voll konzentrieren.

In der Therapie begriff sie allmählich, daß sie sich zu außerhäuslicher Leistung antrieb, weil ihre Mutter mit der konventionellen weiblichen Rolle unzufrieden gewesen war. Ihre Mutter, eine zweite Tochter, hatte sich die Erfüllung ihrer eigenen Ambitionen durch ihr Kind erhofft, aber Darlene teilte die Abneigung ihrer Mutter gegen die Hausfrauenrolle nicht. Sie hielt es für ihr gutes *Recht*, Hausfrau und Mutter zu sein oder sich auch mit anderen Dingen zu beschäftigen, vorausgesetzt, daß sie sich und andere damit zufriedenstellen könnte.

Diese Richtung verfolgten wir während der ganzen Therapie, und Darlene gelang es schließlich, ihren Konflikt zu lösen. Obwohl sie einen vorübergehenden Kompromiß eingehen mußte, beschloß sie, sich auf den gegenwärtig dringendsten Aspekt ihres Lebens zu konzentrieren: ihre Aufgabe als Hausfrau und Mutter. Sie reduzierte ihre beruflichen Verpflichtungen und erweiterte sie später wieder, als die Kinder längere Zeit in der Schule zubrachten.

Frauen, die als Einzelkinder aufgewachsen sind, sind oft mit der Hausfrauenrolle unzufrieden, allerdings ist ihre Einstellung etwas ambivalent. Das wird besonders deutlich mit zunehmender Stärke der Frauenbewegung, die mehr Frauen ermutigt hat, über ihre Gefühle nachzudenken und zu sprechen. Weibliche Einzelkinder haben ein mittelstarkes Erfolgsbedürfnis, aber sie möchten den Erfolg *mit Hilfe anderer*, insbesondere durch ihren Ehemann, erreichen. Oft identifizieren sie sich mit der weiblichen Rolle, und deswegen heiraten sie schnell und bekommen Kinder. Aber nicht immer empfinden sie diesen Zustand lange als befriedigend.

So war es bei der zweiunddreißigjährigen Margaret, die über Langeweile klagte. Sie war ohne Hoffnung, fühlte sich nutzlos und hatte das Gefühl, daß ‹nichts Interessantes passieren wird›.

Als Einzelkind war Margaret von ihren Eltern verwöhnt worden. Sie hatten sich an ihrem Charme, ihrer Schönheit und ihrer Liebenswürdigkeit erfreut. Margaret hatte kaum einen anderen Wunsch gehabt, als sie zufriedenzustellen. Die Eltern hatten von ihr nichts anderes verlangt, als daß sie – für sie – die entzückende Tochter sei.

Margaret hatte mit 22 einen wohlhabenden jungen Mann geheiratet. Sie hatte weiterhin die entzückende Tochter gespielt, indem sie zur Freude zweier Großelternpaare zwei Kinder zur Welt brachte. Sie hatte einen wohlhabenden, ihr ergebenen Mann, ein elegantes Heim und zwei entzückende Kinder. Aber Margaret, jetzt 32, langweilte sich.

Als erstes erkannte sie während unserer Gespräche, daß sie sich – fast ohne eigene Anstrengungen – aus dem Nest ihrer hingebungsvollen Eltern direkt unter den Schutz eines ebenso hingebungsvollen Mannes begeben hatte. In der Kindheit war sie kaum je irgendwelcher Angst oder

Unsicherheit ausgesetzt gewesen, weil ihre Eltern sie so sorgfältig abgeschirmt hatten. Jetzt, da sie verheiratet war, erwartete Margaret von ihrem Mann den gleichen Schutz gegen Unbehagen – auch gegen die Angst vor Langeweile. Wenn sie ein Ziel brauchte, dann erwartete sie von ihm, daß er es bestimmte und sie dazu antrieb, es zu erreichen.

Während unserer gemeinsamen Arbeit erkannte sie, daß sie die Verantwortung für ihr Glück selbst übernehmen mußte, daß sie selbst feststellen mußte, was sie *konnte* und was sie *gerne tun* wollte. Sie sah, daß sie das Leben nur interessant finden würde, wenn sie an etwas arbeitete, das sie für wichtig hielt. Allmählich entschloß sie sich, Modezeichnerin zu werden, und begann eine entsprechende Ausbildung. Die Versorgung ihrer Kinder während ihrer Schulzeiten stellte finanziell kein Problem dar. Nach der Ausbildung wollte Margaret ihr Atelier in der Wohnung unterhalten, um so ihren Beruf optimal mit ihren Aufgaben als Mutter zu verbinden. Es versteht sich von selbst, daß Margarets Langeweile aufhörte.

Häufig findet sich bei Erstgeborenen – besonders wenn sie Geschwister haben – die schleichende Sorge, nicht genug zu leisten. Emotionale Störungen, die hierin ihre Ursache haben, sind oft an Träumen über Testsituationen zu erkennen, die auch noch Jahre nach dem Schulabschluß vorkommen. Solche Träume handeln von mangelhafter Vorbereitung, von unerwarteten Fragen oder vom Nichtbestehen der Prüfung. Ein Beispiel für einen solchen Traum berichtete die ältere von zwei Schwestern:
‹Ich stand vor einem wichtigen Test. Ich war sicher, daß ich mich beeilen mußte, um rechtzeitig zu dem Raum zu kommen, wo der Test stattfinden sollte, aber ich stellte mich unterwegs noch in einem Selbstbedienungsrestaurant an, um etwas zu essen, obwohl ich vor dem Test Angst hatte.›
Der Traum dieser Frau zeigt den Grundantrieb – nach Nahrung, nach Wohlergehen, nach der Mutter –, dem sie Vorrang einräumt und der ihrer Sorge um gute Schulleistungen während ihrer Kindheit und Jugend zugrunde lag. Der Traum zeigt auch, was durch die Therapie zu ändern war: Sie hatte einen Punkt erreicht, wo sie es sich erlauben konnte, ein Grundbedürfnis zu befriedigen, obwohl sie noch Angst hatte, nicht rechtzeitig dazusein, um ‹den Test zu bestehen›. Im weiteren Verlauf der Therapie änderten sich die Träume dahingehend, daß das Grundbedürfnis befriedigt und der Test dennoch bestanden wurde.

Sich wehren

Welche Position unter den Geschwistern führt wohl am ehesten dazu, daß eine Frau sich im Kampf um die Sicherung gleicher Rechte für Frauen gegen die etablierte Ordnung wehrt? Wo finden wir die wahrscheinlichste

Kandidatin für die feministische Bewegung? Da es bei der Frauenbefreiung um die Veränderung der Geschlechtsrollen geht, finden wir sie vielleicht in dem Mädchen, das mit seiner Geschlechtsrolle am wenigsten zufrieden ist.

Erstgeborene Frauen, gleich, ob sie Einzelkinder sind oder ob sie Geschwister haben, sind meist so erfolgreich, wie es ihrer Motivation und ihren Zielen entspricht. Die ältere von zwei Schwestern neigt eher zu akademischen Leistungen als ihre jüngere Schwester, doch ist auf Grund dieses Unterschiedes nicht anzunehmen, daß eine von beiden mit ihrer Geschlechtsrolle zutiefst unzufrieden sein müßte. Die ältere Schwester eines Jungen wird eher das College besuchen als er, Entsprechendes gilt für den älteren Bruder eines Mädchens.

Dr. William Altus, Psychologieprofessor an der Universität von Kalifornien, zielt auf die jüngeren Schwestern von Jungen ab. Er schreibt: ‹Ich habe festgestellt, daß Töchter von Familien mit zwei Kindern in Selbstbeurteilungstests für sich negativere Eigenschaften ankreuzen, wenn sie einen älteren Bruder haben, als wenn das ältere Kind auch ein Mädchen ist.›[1] (Mit anderen Worten: die jüngere Schwester eines Jungen hat ein geringeres Selbstwertgefühl als die jüngere Schwester eines Mädchens.)

‹Dieses gleiche Mädchen mit einem älteren Bruder kreuzt meist auch für seinen Bruder und für seinen Vater ungünstigere Eigenschaften an als das zweite von zwei Mädchen›, fügt Altus hinzu.

Diese Daten zeigen, daß Mädchen mit einem älteren Bruder zwei für ihr Leben wichtigen Männern gegenüber eine negative Einstellung entwikkeln. Andere Untersuchungen lassen vermuten, daß sich diese Einstellung auf Männer ganz allgemein überträgt. Zweitgeborene Frauen, die einen älteren Bruder haben, sind oft mit ihrer Geschlechtsrolle unzufrieden.

Wenn wir uns vergegenwärtigen, daß nachgeborene Frauen, die einen Bruder haben, meist nonkonformistisch sind, und dazu die Unzufriedenheit mit der Geschlechtsrolle berücksichtigen, dann scheint es, als werde die jüngere Schwester eines Jungen am ehesten gegen die etablierten Normen rebellieren und ungewöhnliche Wege einschlagen.

Ein Vater konsultierte mich wegen seiner beiden Kinder. ‹Der ältere Junge sitzt an seiner Doktorarbeit›, sagt er. ‹Seine Schwester kommt bald aufs College, aber ich weiß nicht, was mit ihr los ist. Ihren Bruder kann man wohl als ordentlich oder anständig bezeichnen, aber sie hat richtige Hippie-Allüren.›

Ich versicherte dem Vater, das sei typisch. Der Bruder identifizierte sich als Älterer mit den Werten der Eltern und hatte geistige Ambitionen. Die Schwester, die wahrscheinlich über das gleiche intellektuelle Potential verfügte, entschloß sich zu rebellieren, um es den Männern, die ihr Leben beherrscht hatten, heimzuzahlen. Viele solcher jüngeren Schwestern werden politische oder soziale Radikale.

Fast ebenso stark kann die Unzufriedenheit mit der weiblichen Rolle beim zweiten von mehreren Mädchen sein. Wir haben schon Kate Milletts Äußerung zitiert, daß sie ‹ständig daran erinnert› wurden, daß sie ‹keine Söhne waren›. Millett, eine der herausragenden Theoretikerinnen der Frauenbefreiungsbewegung, schrieb *Sexual Politics* als Doktorarbeit. Sie wurde als Dozentin an der *Columbia University* entlassen, ‹weil ich die Ideale der Mittelklasse verriet. Ich trug bei Fakultätssitzungen eine Sonnenbrille und stellte mich bei Streiks auf die Seite der Studenten›.

Millett war Mitglied von Phi Beta Kappa, hatte an der Universität von Minnesota *magna cum laude* ihren B. A. gemacht und in Oxford den Honours-Grad erhalten. Sie berichtet, wie sie sich in New York nach einer neuen Stelle umsah:

‹Überall die gleiche Frage: ‚Können Sie Maschine schreiben?'› Diese vier Wörter haben Millionen von Frauen am Eintritt in die Geschäfts- und Kunstwelt gehindert. Höhere Neigungen oder Fähigkeiten werden oft übersehen oder ignoriert, weil man annimmt, eine Frau müsse Stenotypistin oder Sekretärin sein.

‹Frauen fühlen sich so unsicher, weil sie so wenig Selbstgefühl haben›, schreibt Millett. ‹Man läuft herum und fühlt sich neurotisch, und dann stellt man fest, daß es einem nicht alleine so geht.›[2]

Viele klinische und statistische Befunde deuten darauf hin, daß Alkoholikerinnen häufiger nachgeborene Mädchen sind. Das bedeutet gewiß nicht, daß alle nachgeborenen Mädchen potentielle Alkoholikerinnen sind, aber es läßt vermuten, daß der konstellationsbedingte Geschlechts-Identifikationskonflikt eine Frau dazu bringen kann, gegen das weibliche Stereotyp zu rebellieren und nach Erfolg in der sogenannten Welt des Mannes zu streben. Exzessives Trinken kann ein Ausweg sein, wenn ein solcher Versuch nicht gelingt.

Den nächsten Platz als Kandidatin für Nonkonformismus und für die Frauenbefreiungsbewegung nimmt die ältere Schwester eines Jungen ein. Ihre Unzufriedenheit mit der Lebensrolle beruht nicht auf geschlechtsbedingten Minderwertigkeitsgefühlen, sondern ergibt sich aus Schwierigkeiten bei dem Versuch, mit Männern in Berufen zu konkurrieren, für die die Frauen ebenso gut oder besser geeignet sein können wie ihre Brüder.

Es gibt hübsche Kinder ...

… unartige Kinder, dicke Kinder, blonde Kinder, große Kinder, fremde Kinder, gesunde, kluge, freche Kinder, schmutzige Kinder, badische Kinder – und alle sind ihren Eltern lieb und teuer. Auch teuer. Kinder kosten einen mitunter nur ein Lächeln, häufiger Nerven, sehr oft Zeit und dauernd Geld. Beruhigend, wenn mit den Kindern auch die Konten wachsen.

Arbeit für Frauen

Nach altem Brauch (der sich allmählich ändert) ist jene Minderheit der Frauen, die der engen Welt von Küche und Kindern entgeht, beschränkt auf das, was ihnen als eine zweite enge Welt von Stenoblock und Schreibmaschine erscheinen mag.

In einer englischen Untersuchung wurde die berufliche Entwicklung von 371 verheirateten Frauen erfaßt, die 1960 ihr Studium an einer britischen Universität abgeschlossen hatten. Acht Jahre nach ihrem Studienabschluß wurden die Frauen gefragt, ob sie einer Ganztagsarbeit, einer Halbtagsarbeit oder überhaupt keiner Arbeit außer Haus nachgingen oder nachzugehen beabsichtigten. Unter den Erstgeborenen fanden sich die relativ meisten Frauen, die eine berufliche Karriere eingeschlagen hatten, doch spielte die Einstellung ihres Mannes zu ihrem Beruf eine wichtige Rolle für die Entscheidung zwischen Halbtags- und Ganztagsarbeit. Nachgeborene Frauen arbeiten meist nicht, wenngleich einige von ihnen mit Zustimmung ihrer Ehemänner eine Teilzeittätigkeit in Erwägung zogen.[3] Diese Tatsachen zeigen, wie die Ehe – nach Auffassung der Gesellschaft der Hauptberuf der Frau – die Arbeitsmotivation und -leistung der Frau zerstört. Die meisten Frauen gehen noch immer ohne Zustimmung ihres Mannes keiner Beschäftigung außer Haus nach, doch sind Erstgeborene leichter bereit, sich gegen solche männlichen Einschränkungen durchzusetzen.

Wie steht es um die weibliche Leistung, wo keine solchen Beschränkungen bestehen? Nehmen wir zum Beispiel jene Frauen, die aus moralischen Gründen, aus Verantwortungsgefühl oder einer religiösen Wertorientierung heraus einer geistlichen Berufung folgen. In einer Untersuchung wurden an 583 Karmeliterinnen aus 56 Klöstern in den USA Fragebögen verschickt. Unter den 380, die antworteten, befanden sich unerwartet viele dritte Kinder. Das paßt zu der klinischen Beobachtung, daß Mädchen, die als dritte Kinder aufwachsen, meist freundlich und idealistisch werden.[4]

Schöpferische Neigungen haben, wie eine Untersuchung am Mills College in Oakland, Kalifornien, zeigte, besonders Frauen, die zu den jüngeren Kindern ihrer Familien gehören. Diese Untersuchung beschränkte sich allerdings auf Studentinnen, die auf künstlerischem, natur- oder geisteswissenschaftlichem Gebiet schöpferische Fähigkeiten erkennen ließen. Auf Grund der Rivalität mit ihren Geschwistern fühlten sich diese Frauen von den Eltern nicht genügend geliebt und beachtet, was sie wütend und selbstbezogen machte und einen Prozeß der Ablösung von den Eltern förderte, der von Schwäche- und Schuldgefühlen begleitet war.

Diese Kombination von Gefühlen – so wird in der Untersuchung angenommen – könnte zur Entwicklung kreativer Fähigkeiten führen, die die Doppelfunktion haben, den Menschen emotional unabhängig zu machen und die Eltern ‹wiederzugewinnen›. Die meisten dieser kreativen Frauen hatten einen älteren Bruder, der ihnen als Vorbild diente, und eine jüngere Schwester, deren Konkurrenz Anlaß zur Unabhängigkeit und zur Entwicklung der Fähigkeiten war.[5] Das Potential kreativer Fähigkeiten selbst läßt vermuten, daß die Frauen besonders sensibel waren für ihre eigenen Gefühle und Wahrnehmungen.

Gesellschaftlicher Druck

Im allgemeinen zwingt die Gesellschaft Frauen in die Ehe, sie nötigt sie, zu ihrer Sicherheit einen Mann zu finden, der ihnen den Schutz bietet, den früher die Eltern gewährten. Aber noch andere Zwänge nötigen Frauen in Positionen, die ihre berufliche Entfaltung verhindern. Ich erinnere mich an zwei Klientinnen, die im wahrsten Sinne des Wortes Opfer der Tatsache waren, daß sie eine jüngere Schwester hatten.

Eine dieser Frauen hatte eine dominante Mutter und einen schwachen Vater gehabt. Als ihre jüngere Schwester an Kinderlähmung erkrankte, mußte sie für sie sorgen. Zudem hatte man in ihr noch Schuldgefühle erweckt, weil sie der Krankheit entgangen war. Diese Frau war als Kind so mit Verantwortung überlastet worden, daß sie, als sie erst einmal erwachsen war, für nichts mehr Interesse oder Begeisterung übrig hatte. Sie zog sich in sich selbst zurück und litt unter so schweren, periodisch wiederkehrenden Depressionen, daß eine Schockbehandlung nötig war.

Das zweite Beispiel für dieses Ältere-Schwester-Syndrom ist eine Frau mit einer fünf Jahre jüngeren Schwester. Als sie selbst fünfzehn Jahre alt war, starb ihre Mutter, und der Teenager war gezwungen, die Verantwortung für ihre zehnjährige Schwester zu übernehmen. Sie wurde erwachsen und heiratete, doch auch dann kümmerte sie sich noch um ihre kleine Schwester. Mit achtzig Jahren sorgte sie noch immer für die kleine Schwester, und sie tat es gerne, obwohl sie manchmal sehnsüchtig daran dachte, was für eine Karriere sie hätte machen können, wenn ihre Schwester nicht gewesen wäre.

Auch die ökonomische Notwendigkeit treibt Frauen in bestimmte Berufe.

Die Professoren James K. Skipper und Charles H. McCaghy von der *Case Western Reserve University* führten eine soziologische Untersuchung an 75 Striptease-Tänzerinnen aus Clubs und Theatern zwischen Honolulu und New York durch. Sie stellten fest, daß fast alle diese Frauen als erste Kinder geboren waren. Erstgeborene Frauen haben meist eine genauere und praktischere Vorstellung von ihrem Körper als Nachgeborene, und sie suchen nach Mitteln zum Erfolg – warum sollten sie sich also nicht ihres guten Aussehens und ihres Körpers bedienen?

Wichtig ist jedoch die Tatsache, daß die Stripperinnen auch von ihren Eltern wenig Liebe erhalten hatten. Meist waren die Väter während ihrer Jugendzeit nicht zu Hause gewesen. Die meisten dieser Frauen wurden zu ihrem Beruf wahrscheinlich durch die Aussicht auf viel Geld verlockt und zogen sich schon für Geld aus, bevor sie noch alt genug für das Wahlrecht waren. Manche arbeiteten nebenher als Prostituierte.[6]

Nicht alle Stripperinnen oder Exhibitionskünstlerinnen werden durch ökonomische Notwendigkeiten zu ‹ungewolltem› Beruf getrieben. Manche, besonders nachgeborene Frauen, genießen die Aufmerksamkeit, die ihnen das Publikum schenkt. Ein solches Beispiel ist Liz Renay, die berühmte Stripperin, die eigentlich Filmstar werden wollte. Sie war eine schöne junge Frau, das zweite von sieben Kindern. Aus einem kleinen Ort kam sie in die große Stadt, um großen Träumen nachzujagen.

‹Ich wäre der größte Star bei Warner Brothers geworden›, sagte sie, ‹wenn all das nicht geschehen wäre.›

Ihr Mann bezeichnet sie als Exhibitionistin, und Mrs. Renay gibt zu, daß sie sich gerne als schöne Frau bewundern läßt. Mrs. Renay strippte noch mit fünfzig Jahren – für ein Wochengehalt von 1000 Dollar.[7]

Andere Berufe

Konstellationseffekte können wir auch bei konventionelleren weiblichen Berufen beobachten.

In einer Untersuchung an Inhaberinnen von Schönheitssalons zeigte sich, daß die meisten als zweite Kinder geboren waren. Das dürfte mit der Neigung nachgeborener Frauen, sich das Leben angenehm zu machen und harmonische menschliche Beziehungen zu suchen, zusammenhängen. Eine andere Untersuchung zeigte, daß die ältesten Töchter großer Familien häufiger Kinderkrankenschwestern werden als Frauen, die unter ihren Geschwistern eine andere Position einnehmen.[8] Neigen also älteste Töchter dazu, sich mit ihren Müttern zu identifizieren und Berufe zu wählen, die Fürsorglichkeit, Verantwortungsbewußtsein und Freundlichkeit erfordern? Dieser Effekt zeigt sich *nicht* bei Frauen aus Familien mit zwei oder drei Kindern. Wir sind daher der Meinung, daß die ältesten Töchter großer Familien einfach notgedrungen lernen, für andere zu sorgen, und sich dadurch zu solchen Berufen hingezogen fühlen. Ein weiterer Vergleich von Krankenpflegeschülerinnen mit Frauen, die andere College-Hauptfächer gewählt hatten, zeigte, daß viele Mädchen mit jüngeren Geschwistern sich für die Krankenpflege entschieden hatten. Diese Frauen ziehen möglicherweise Befriedigung aus ihrem Überlegenheitsgefühl gegenüber den kranken Menschen[9] und aktualisieren so ihre Dominanzposition aus der Kindheit.

Allgemein gesagt, bleiben Frauen, die unter ihren Geschwistern zu den jüngeren zählen, feminin; sie stehen ihren Müttern nahe, führen eine gute Ehe, führen ihren Haushalt erfolgreich, sind gute Eltern und haben Freude daran, für ihren Mann zu sorgen. Ältere Schwestern, die sich um akademische oder sonstige Leistungen bemüht haben, folgen diesem Muster meist nicht. Sie leiden unter dem Erfolg ihrer jüngeren Schwestern im häuslichen Bereich, beneiden ihn heimlich und bewerten ihn ebenso hoch wie Erfolg im Beruf. Wenn eine Therapie erforderlich wird, geht es bei diesen Frauen meist darum, ihr Vertrauen in ihre Weiblichkeit und ihre Zuversicht, von den Männern in ihrem Leben geschätzt zu werden, zu stärken. Das gilt gleichermaßen für die älteren Schwestern von Jungen.

Eine dreiundzwanzigjährige Frau kam zu mir, weil sie unter dem Wunsch, sich zurückzuziehen und unter Depressionsgefühlen litt. Diese Gefühle störten auch ihre Beziehungen zu Männern, die sich über ihr wechselndes Verhalten wunderten. Nora ging es darum, ‹ihre Pflicht zu tun›, aber sie hatte zu den meisten Menschen keine enge Beziehung. Ganz gegen ihren Willen hielt sie an unsteten Beziehungen zu Männern fest.

Während der Therapie sprachen wir über Noras Gefühl, daß ihre Eltern ihren jüngeren Bruder vorgezogen hätten. Sie erwartete immer Ablehnung, das Gefühl, das sie gehabt hatte, als ihr Bruder geboren wurde. Während unserer Arbeit verlobte sich Nora und beschäftigte sich lange mit der Beziehung zu ihrem Verlobten, die sie mit der Konkurrenz zu ihrem Bruder verglich.

Schließlich heiratete Nora und führte eine erfolgreiche Ehe, aus der mehrere Kinder hervorgingen. Zum Teil ist dieser Erfolg darauf zurückzuführen, daß sie gelernt hatte, von sich selbst und anderen weniger zu erwarten und toleranter und gelöster zu sein. Ihr Selbstvertrauen hatte zugenommen, so daß sie wirklich das Gefühl haben konnte, geliebt zu werden.

Eine andere Frau, die ältere Schwester eines Jungen, beschrieb sich selbst als ‹eine Frau in einer Männerwelt›, weil sie in einem üblicherweise Männern vorbehaltenen Beruf arbeitete. Sie wollte sich von mir beraten lassen, weil sie mit dem Gedanken spielte, sich scheiden zu lassen.

Marcias Mutter hatte sich ihren beiden Kindern gegenüber, besonders aber gegenüber Marcia, feindlich verhalten. Als der Junge geboren wurde, wandte sich Marcia dem Vater zu, um Trost und Gesellschaft zu finden. Er hatte sie auf Camping- und Geschäftsreisen mitgenommen, und sie hatte sich mit ihm identifiziert. Hier war es sogar zu einer extremen Identifikation gekommen, Marcias maskuline Orientierung war so stark, daß sie eine weibliche Rolle nicht akzeptieren konnte. Zwar war sie nicht homosexuell, aber sie war in ihren Beziehungen zu Männern wie zu Frauen überaus dominant. Nachdem sie die Ursachen ihrer Dominanz klar erkannt hatte, wurde ihre Ehe besser.

Wir wollen noch einmal zusammenfassen, welche Einflüsse auf die Leistung der Frau auf Grund der Geschwisterkonstellation möglich sind. Das Einzelkind ist feminin, aber leistungsorientiert. Es bewundert Leistung bei Menschen, die ihm nahestehen, und möchte als Frau, Mutter oder Tochter daran teilhaben. Diese Frauen sind meist nur anderen Frauen gegenüber konkurrenzbezogen.

Der Erstgeborenen kommt es darauf an, ihre Pflicht zu erfüllen, doch widerspricht das nicht notwendigerweise der weiblichen Standardrolle. Sie ist aufgabenorientiert und kann, ebenso wie Männer in der entsprechenden Position, persönliche Beziehungen der Pflicht unterordnen. Sie ist Männern gegenüber wettbewerbsorientiert.

Die als mittleres Kind geborene Frau ist gewöhnlich an Konkurrenz nicht interessiert. Ihr Interesse gilt eher menschlichen Beziehungen und ihrer Familie als Erfolgen im Beruf. Sie kann auch künstlerische Interessen haben.

Bei Frauen, die als jüngstes Kind geboren wurden, kann die Einstellung zur Leistung von der Familiengröße abhängen. Wenn sie aus einer kleinen Familie kommen, sind sie meist sanft und nicht zu beruflichen Leistungen motiviert. Frauen, die aus einer großen Familie kommen, sind oft an außerhäuslichen Leistungen interessiert (aber nicht zwanghaft), weil ihr Ehrgeiz von den älteren Geschwistern angelegt wurde.

Kapitel 9
Macht und Politik

Eine Frau kam zu mir, um sich wegen eines ernsten Problems mit ihrem fünfzehnjährigen Sohn beraten zu lassen.

‹Er quält mich›, sagte Mrs. Harlowe. ‹Immer, wenn er wütend ist, wirft er mich zu Boden oder schlägt mich, und seinen beiden jüngeren Schwestern gegenüber verhält er sich genauso.›

Ihrem Mann mochte Mrs. Harlowe nichts vom Verhalten ihres Sohnes berichten. ‹Er wird leicht dermaßen wütend›, sagte sie, ‹daß er den Jungen glatt umbringen würde. Er hat ihn immer strenger bestraft, als ich es für richtig hielt.›

Offensichtlich übte der Sohn in gleicher Weise Macht aus, wie er es bei seinem Vater gesehen hatte, der seine Frau so beherrschte, daß sie sich nicht getraute, mit ihm zu reden. Eine solche Situation entsteht nicht in einem Monat oder in einem Jahr. Mrs. Harlowe hatte dazu beigetragen, indem sie – mit Untertönen von Masochismus – den Zorn und die Gewalttätigkeit ihres Mannes hingenommen hatte. Sie hatte auch ihr erstes Kind passiv akzeptiert und stolz zugesehen, wie er als Junge begann, Konflikte ebenso zu lösen wie sein Vater.

‹Kaum daß er laufen konnte, schlug er mich oder trat nach meinen Beinen, wenn er wütend war›, sagte Mrs. Harlowe. ‹Bei so einem kleinen Kerl sieht das niedlich aus.›

Ihr Vergnügen an der gewaltsamen Selbstbehauptung ‹eines so kleinen Kerls› verwandelte sich in Furcht, als die unkontrollierte Gewalttätigkeit des Jungen ihn zu einem kleinen Tyrannen machte. Der eigentliche Grund, warum Mrs. Harlowe sich an mich wandte, war, daß sie größere gewalttätige Auseinandersetzungen zwischen Vater und Sohn befürchtete.

Nachdem sie etwas Einsicht in ihre eigene Rolle in dieser Situation gewonnen hatte, bestand Mrs. Harlowe darauf, daß ihr Mann lernen müsse, *sein* Temperament zu zügeln. Er schloß sich der Therapie an und erfuhr, wie er seinen Sohn geprägt hatte und wie dieser die Frauen der Familie terrorisierte. Auch beim Sohn war eine Therapie notwendig, die jedoch nicht lange dauerte, weil beide Eltern ihm helfen konnten. Allmählich trat in dieser Familie an die Stelle der zügellosen Gewalt relativer Friede.

Es ist nicht ungewöhnlich, daß ein Junge im Teenageralter bei seiner Rebellion gegen die elterliche Disziplin gelegentlich zur Gewalt greift. Gewöhnlich ist es jedoch der älteste Sohn, der sich mit der Strenge des Vaters identifiziert. Ein ältester Sohn berichtete mir, er sei in der Kindheit von seinem Vater grausam und methodisch verprügelt worden. Bei diesem Klienten, der selbst keine Kinder hatte, zeigte sich die Vater-Identifikation darin, daß er als Erwachsener Frauen sadistisch beherrschte und sie manchmal sogar schlug.

Solch direkter Ausdruck nackter Macht über andere Menschen zeigt sich in unserer modernen Gesellschaft als Gewalttätigkeit und Zerstörungswut, und ihre Anfänge reichen zurück bis auf Kain und Abel. Diese Beispiele zeigen schon, wie sich durch die Position unter den Geschwistern und die Beziehungen zwischen den Familienmitgliedern das Streben nach Dominanz im Verhalten und in der Persönlichkeit manifestiert. Kinder beobachten die Interaktion ihrer Eltern, erleben das Hin und Her der Erziehung und bemühen sich um eine dominante Position unter den Geschwistern.

Um es zu wiederholen: Das erste Kind hat die Möglichkeit, die Rituale, nach denen die Eltern miteinander umgehen, besonders genau zu beobachten. Es sieht, wie sie Familienentscheidungen treffen, wie es selbst erzogen und gelenkt wird. Wenn ein Elternteil dominiert, dann wird das Erstgeborene sein Verhalten an dem anscheinend Mächtigeren orientieren. Da das Erstgeborene die Einstellungen der Eltern ihm gegenüber internalisiert und sich später zu eigen macht, wird es meist streng und hart werden, wenn es selbst in der Kindheit so behandelt wurde. Sein Platz als ältestes und stärkstes Kind bestärkt es in dem Glauben, es habe das Recht, autoritär zu sein und andere zu beherrschen und zu lenken. Wenn die Eltern andererseits bei häuslichen Entscheidungen gleichberechtigt sind, lernt das Erstgeborene, seine Forderungen an andere und die Art seiner Machtausübung in vernünftigen Grenzen zu halten.

Das nachgeborene Kind muß irgendeinen Weg zur Dominanz finden, obwohl ein älteres Kind da ist und Eltern, die überredet werden müssen, ihm zu gewähren, was es braucht oder möchte. Da alles Gute – Aufmerksamkeit, Liebe oder materielle Güter – im allgemeinen von den Eltern kommt, konkurriert das nachgeborene Kind direkt mit dem erstgeborenen um die Dominanz. Da der ältere Bruder oder die ältere Schwester oft mit den Eltern auf Kriegsfuß steht, wählt das jüngere Kind häufig den umgekehrten Weg und ist lieb und gut. Ist das ältere Kind aber willfährig und erfüllt die Forderungen der Eltern, dann wird meist das jüngere fordernd und aggressiv sein. Alle Nachgeborenen haben die Tendenz, Gegner und Probleme zu umgehen, weil sie dazu als Kinder gezwungen waren, um sich im Machtkampf mit den Geschwistern behaupten und durchsetzen zu können.

Aus diesen Kindheitserfahrungen entwickelt sich die Art und Weise, wie ein Mensch als Erwachsener Macht ausübt oder sich ihr unterwirft. Was in der Kindheit gelernt wurde, beeinflußt die Beziehungen der Erwachsenen, es bestimmt, ob jemand seinen Mann, seine Frau oder seine Kinder zu beherrschen sucht und wie er sich Freunden, Vorgesetzten und Untergebenen gegenüber verhält. Ich bin davon überzeugt, daß die im Kinderzimmer gelernten Einstellungen und Techniken sich im Streben nach Wohlstand (Macht durch Geld), in der Industrie (Macht über Menschen) und auf allen Ebenen der Politik (Macht über Menschen und Nationen) manifestieren.

Politische Führerschaft

Da Könige und Königinnen traditionell erstgeborene Kinder waren und den Thron unabhängig von ihren Neigungen, Wünschen und Fähigkeiten bestiegen, nehmen wir im allgemeinen an, daß Erstgeborene die höchsten politischen Ämter innehaben. Das trifft auch vielfach zu, aber nicht immer, weil in Situationen, wo die Wege zur Macht mehr oder weniger offenstehen, zu verschiedenen Zeiten verschiedene Arten von Führerschaft gefragt sind.

Selbst in der Demokratie können wir keine eindeutige Beziehung zwischen der Stellung in der Geschwisterreihe und politischer Führerschaft herstellen, weil gewöhnlich Männer die politische Macht innehaben. Wir müssen uns daher weitgehend auf erst- oder nachgeborene Männer beziehen und können über den Zusammenhang zwischen der politischen Rolle von Frauen und ihrer Geschwisterkonstellation nur Spekulationen anstellen.

Meine Hypothese ist, daß vor allem erstgeborene Söhne (und heute auch Töchter) sich um politische Ämter bemühen werden. Das jüngere von zwei Kindern wird wahrscheinlich nicht nach politischer Macht streben, soweit es sich nicht um Mädchen mit älteren Brüdern handelt. Beim zweiten *von mehreren* Kindern ist die Wahrscheinlichkeit relativ groß, daß es sich – gleich ob Mann oder Frau – um politische Ämter bewirbt. Spätergeborene* Kinder können in der Politik Erfolg haben, weil sie nach einer Identität streben und oft geschickt darin sind, ihre Ziele auf indirekten Wegen zu erreichen. Bei Männern und Frauen, die als jüngste Kinder geboren wurden, ist die Wahrscheinlichkeit, daß sie sich aktiv für Politik interessieren, am geringsten, sofern sie nicht aus Familien mit vielen Kindern stammen. Die Jüngsten aus kleineren Familien neigen dazu, die Führungsverantwortung anderen zu überlassen.

* Siehe Fußnote S. 64.

Eine Untersuchung, die 1970 am *San Francisco State College* durchgeführt wurde, wird uns zeigen, ob die Tatsachen diese Hypothesen stützen oder nicht. In dieser Untersuchung wurde die Geschwisterkonstellation von 258 Kandidaten für die Ämter des amerikanischen Präsidenten und des Vizepräsidenten analysiert. Es zeigte sich, daß diese Kandidaten überwiegend als erste oder dritte Söhne ihrer Familien geboren waren. Zweite Söhne waren weit weniger vertreten, und vierte oder spätere fehlten ganz.[1] Wir sehen also, daß erstgeborene und spätergeborene Kinder (in diesem Fall dritte Söhne) unter diesen Top-Politikern vertreten waren, zweite und jüngste Söhne dagegen nicht.

Bei der Kennedy-Familie können wir beobachten, wie sich die Geschwisterkonstellation auf Präsidentschaftsanwärter aus ein und derselben Generation derselben Familie ausgewirkt hat. Dieser Fall ist aus verschiedenen Gründen ungewöhnlich.

Zunächst mußte der Vater, Joseph Kennedy, seine glänzende Karriere unterbrechen, doch er motivierte alle seine Söhne, nach höchsten Ämtern zu streben. Todesfälle und Morde entschieden mit über den Erfolg der einzelnen Söhne. Der älteste, Joseph, kam bei einem Unfall ums Leben. Der ermordete Präsident John F. Kennedy war das zweite von den neun Kindern, und Robert – das siebente Kind und damit in unserem Sinne ein ‹Spätergeborener› – wurde ermordet, bevor er seine Präsidentschaftsambitionen realisieren konnte. Senator Edward Kennedy, das jüngste Kind der Familie, kündigte wiederholt an, er werde sich 1976 nicht um die Präsidentschaft bewerben. Die Familienskandale und -tragödien sind zwar bekannt, dennoch wäre es interessant zu wissen, inwieweit auch Teddys Interaktion mit seinen Eltern und Geschwistern zu seinem Entschluß beigetragen hat.

Als Psychologin, die sich mit Geschwisterkonstellation beschäftigt, hatte ich mich seit langem für die Kennedy-Familie und die Mystik dieser Geschwisterreihe interessiert. Ich war überzeugt, daß Ted Kennedy im Streben nach politischer Macht und politischem Prestige nur gezwungenermaßen einer Familientradition folgte und *persönlich* nicht motiviert sein würde, Präsident zu werden. Als jüngstes Kind dürfte er die Last der Verantwortung eines solchen Amtes gegen die Möglichkeit zu persönlicher Freiheit abwägen.

Einiges erfahren wir hierzu von Rita Dallas, die bei Joseph Kennedy, Sr., nachdem er beim Golfspiel einen Schlaganfall erlitten hatte, als Pflegerin arbeitete. In ihrem Buch *The Kennedy Case* berichtete Mrs. Dallas, Teddy, der jüngste, sei ein glückliches Kind gewesen, das singend im Hause herumlief. Sein Lieblingsausdruck war: ‹Kommt, wir wollen lustig sein.›

‹Teddy war der jüngste›, schreibt Mrs. Dallas, ‹und obwohl er Senator geworden war, blieb er das Baby der Familie ... Die Familie reagierte auf seine Ausgelassenheit, indem sie ihn wie einen liebenswerten kleinen Hund behandelte, der noch nicht ganz stubenrein ist.› Ferner erwähnt die Krankenpflegerin Eigenschaften wie Teddys ‹flammende Rede, seinen ehrlichen und herzlichen politischen Verstand, seine schnelle Auffassungsgabe, seine Tendenz, fünf gerade sein zu lassen, sein Lächeln ...›

Nach der Ermordung seiner Brüder fühlte sich Teddy einsam und verlassen. ‹Er schien einsamer und verlorener zu sein als irgend jemand sonst in der ganzen Gegend›, schreibt Mrs. Dallas.[2]

Sollte Kennedy doch noch für das Präsidentenamt kandidieren, dann würde er damit meiner Überzeugung nach familiären und politischen Pressionen nachgeben und gegen seine natürliche Neigung, wie sie sich aus seiner Geschwisterkonstellation ergibt, handeln.

Die in San Francisco durchgeführte Untersuchung über Präsidenten- und Vizepräsidenten-Kandidaten ergab auch einen engen Zusammenhang zwischen der Zeitstimmung und der Geschwisterkonstellation der jeweiligen Kandidaten. Es ist interessant, daß die nationalen Führer in Krisenzeiten, etwa im Krieg oder wenn Konflikte drohten, Erstgeborene oder Einzelkinder waren. In weniger turbulenten Zeiten waren es häufiger jüngere Söhne. Während des Zweiten Weltkriegs waren Franklin D. Roosevelt, Winston Churchill, Adolf Hitler, Joseph Stalin und Benito Mussolini an der Macht – sie alle sind als erste Söhne geboren. Seit 1960, seit es also nicht mehr um große nationale und internationale Differenzen, sondern um die praktische Lösung von Konflikten geht, waren die Führer der westlichen Welt überwiegend nachgeborene Söhne: Kennedy, Nixon, Macmillan, de Gaulle, Adenauer und Chruschtschow. (Breschnew, Rußlands gegenwärtig erster Mann, wurde als jüngstes Kind seiner Familie geboren.)

Die Theorie von Dr. Irving D. Harris[3], die durch diese Befunde gestützt wird, besagt, daß Erstgeborene und Einzelsöhne dazu neigen, Traditionen fortzuführen und zu pflegen (sie sind mit der Vergangenheit verbunden), während Nachgeborene geneigt sind, Neues in die Wege zu leiten und praktische Erwägungen in den Vordergrund zu stellen (losgelöst von der Vergangenheit). Wenn ein Land im Krieg geeinigt werden muß, damit alle seine Ressourcen möglichst effektiv zum Schutz der traditionellen Werte eingesetzt werden können, sind die Menschen intellektuell und emotional auf Erstgeborene eingestellt, die sie zum Zusammenhalten motivieren können. In friedlicheren Zeiten müssen wir vorwärtsschauen und uns vorwärtsbewegen. Daher erscheinen nachgeborene Söhne den Menschen effektiver.

Einzelkinder, die manchmal in der Politik Hervorragendes leisten, sind oft freundlich und beliebt. Wie Franklin D. Roosevelt haben sie manchmal jenen Charme und jene persönliche Anziehungskraft, die man als Charisma bezeichnet. Durch die familiären Umstände entwickeln Einzelkinder auch einen starken Sinn für Unabhängigkeit und großes Selbstbewußtsein.

Zu den (von weiteren Kindern gefolgten) Erstgeborenen, die bedeutende Führer geworden sind, gehört Harry Truman, das erste von drei Kindern. Er übernahm die Präsidentschaft gegen Ende des Zweiten Weltkriegs, nach Roosevelts Tod. Ein Schild, das er auf seinem Schreibtisch stehen hatte, zeigt seinen Glauben an traditionelle Werte und seine Tendenz, Probleme direkt anzugehen: ‹Am Ende hab ich den schwarzen Peter.› Sein Lieblingsausspruch war: ‹Wer die Hitze nicht vertragen kann, soll nicht in die Küche gehen.›

Der verstorbene Präsident Lyndon B. Johnson, der für die Eskalierung des amerikanischen Engagements in Vietnam verantwortlich gemacht wird, wurde als erstes Kind geboren. George Washington war das erste von fünf Kindern, Alexander Hamilton das erste von zweien. Henry Ford und Winston Churchill wurden als erste Kinder geboren. Ein erster Sohn (nach drei Töchtern), der geistige Autorität über einen großen Teil der Menschheit ausübte, war der verstorbene Papst Johannes XXIII, der elf Geschwister hatte. Giuseppe Roncalli strebte nicht nach Macht, doch sie stellte sich durch die Art ein, wie er milde Autorität über seine Herde ausübte.

‹Ich wußte, daß er für etwas Großes geschaffen war›, sagte sein Bruder. ‹Giuseppe *wollte* zur Schule gehen. Ich ging nur hin, wenn es regnete.› Obwohl er schon ein alter Mann war, als er zum Papst ernannt wurde, und obwohl er bald darauf starb, brachte Papst Johannes das Konzil in Gang, das ‹hier ein bißchen frische Luft herein brachte› und zu den schwerwiegendsten Veränderungen innerhalb der katholischen Kirche in den letzten fünfhundert Jahren führte.[4]

Papst Johannes’ humanitärer Ansatz könnte, wenn er sich zumindest teilweise auf Konstellationseffekte zurückführen läßt, mit der Tatsache zusammenhängen, daß er drei ältere Schwestern hatte. Ich habe an anderer Stelle dargelegt, daß das Vorhandensein älterer Schwestern meist bewirkt, daß Jungen weniger autoritär und weniger dominanz- und aggressionsorientiert sind. Papst Johannes war zwar der erste Sohn, unter den Kindern insgesamt gehört er jedoch zu den Spätergeborenen* und hatte deren Fähigkeit, Kompromisse zu schließen und verschiedene Gesichtspunkte zu berücksichtigen, wie gleichzeitig im Vergleich zu Erstgeborenen einen geringeren Respekt vor Traditionen.

Zu den Führern, die als zweite Kinder geboren wurden, gehörten Theodore Roosevelt (das jüngere von zwei Kindern), Benjamin Disraeli (zweites von fünf Kindern), John Q. Adams (zweites von vieren) und Herbert Hoover (zweites von dreien). Bernard Baruch, der mächtige Wall Street-

---

* Siehe Fußnote S. 64.

Finanzier und Präsidentenberater, war der zweite von vier Söhnen. Er schreibt:

Als Kind war ich scheu und empfindlich, ein ziemliches Muttersöhnchen. Bei Tisch saß ich immer zur Rechten meiner Mutter, und ich kann mich erinnern, daß ich dieses Privileg immer wütend verteidigte.

Nur mit großer Anstrengung lernte ich, meine Gefühle unter Kontrolle zu bringen, und merkte, was ich am besten konnte – was ich weniger gut konnte, das überließ ich anderen. Wenn es für diesen Prozeß des Großwerdens irgendeinen ‹Schlüssel› gab, dann lag er in meinen systematischen Bemühungen, mich kritischer Selbsteinschätzung zu unterwerfen. In dem Maße, wie ich mich selbst kennenlernte, konnte ich andere Menschen besser verstehen ...

Um auf irgendeinem Gebiet die Spitze zu erreichen, muß man lernen, mit dem Süßen auch das Bittere zu akzeptieren – den Hohn und Spott der anderen Jungen, den Hohn, die Drohungen und die rastlose Konkurrenz anderer Männer und die Pein der eigenen Enttäuschungen.[5]

Zu den spätergeborenen Kindern, die in mächtige Positionen aufstiegen, gehören Robert F. Kennedy, der Siebente im Kennedy-Clan; Woodrow Wilson war das dritte von vier Kindern, Dwight D. Eisenhower der dritte von sechs Jungen. Benjamin Franklin war das achte von zehn Kindern (von denen die beiden letzten Mädchen waren). Wie er selbst sagte, war er ‹der jüngste Sohn eines jüngsten Sohnes, und so fünf Generationen zurück›.

Breschnew, der russische Parteichef, ist eine bemerkenswerte Ausnahme von der Regel, daß jüngste Kinder im allgemeinen nicht zu Machtpositionen neigen. Dagegen findet man jüngste Kinder häufig im Umkreis von Machtfiguren.

Gewinnen und Verlieren

Ein hohes Leistungsbedürfnis (wie man es oft bei Erstgeborenen findet) ist die Voraussetzung dafür, daß jemand nach Macht *strebt*, doch ein Politiker, der gewinnen will, muß noch über andere Eigenschaften verfügen.

Ein Psychologe von der *University of Tennessee*, Dr. Cabot L. Jaffe, hat festgestellt, daß die bloße *Menge* des Gesprochenen, wenn es um das Beeinflussen von Menschen geht, oft wichtiger ist als die Qualität des Gesagten. Jaffe bildete aus Studentinnen Diskussionsgruppen. In diesen Gruppen gewannen jene, die die Diskussion an sich rissen, eine Führungsstellung, obwohl sie oft auch Falsches sagten. Ruhige Mädchen, deren Meinung aber oft richtig war, hatten vergleichsweise wenig Einfluß.[6] Dieses Experiment wäre recht beunruhigend, wenn es bedeuten sollte, daß Menschen mit guten Ideen am Rande bleiben, während die gedankenlosen Schwätzer gewählt werden, um die Welt zu regieren.

Wir meinen, daß Einzel- und mittlere Kinder, die gute Ideen haben, sich mehr äußern sollten, als es ihrer eigentlichen Neigung entspricht. In einer an der *California State University* in Hayward[7] durchgeführten Untersuchung zeigten sich Einzel- und mittlere Kinder weit weniger gesprächig als erst- und letztgeborene Studenten. Erst- und Letztgeborene waren gleich gesprächig, aber Erstgeborene sprachen mehr über sich selbst als Letztgeborene. Da Menschen häufig das Bild, das wir von uns selbst entwerfen, akzeptieren, könnten die angeführten Befunde zum Thema Gesprächigkeit teilweise das Vorherrschen der Erstgeborenen in der Politik erklären.

Die Bereitschaft und Fähigkeit, sich zu äußern, stehen – wie eine der wenigen Studien, die darüber gemacht wurden, zeigen konnte – in direktem Zusammenhang mit dem Gewinnen bzw. Verlieren politischer Wahlen. Gordon B. Forbes von der *Milliken University* in Decatur, Illinois, wunderte sich, daß es so viele Hinweise auf Zusammenhänge zwischen Geschwisterkonstellation und intellektuellen Fähigkeiten bzw. akademischer Ausbildung gibt, aber so wenig Information über Bereiche, die nichts mit intellektueller Leistung zu tun haben. Da es in den meisten nichtakademischen Bereichen schwierig ist, objektive Daten zu bekommen, konzentrierte Forbes sich auf die Politik, wo Erfolg und Mißerfolg an der Wahlurne gemessen werden.

‹Auf Grund der klaren Überrepräsentiertheit der Erstgeborenen unter den Leuten mit College-Bildung und weil Erstgeborene auf geistigem Gebiet meist erfolgreicher sind und ein höheres Leistungsbedürfnis haben›, meint Forbes, ‹schien die Erwartung berechtigt, daß Erstgeborene häufiger in die Politik gehen und auch häufiger Wahlen gewinnen würden.›

‹Andererseits›, fährt er fort, ‹sind jüngste Kinder anderen meist hinsichtlich der persönlichen Beliebtheit und der Fähigkeit, andere zu manipulieren, überlegen. Beide Eigenschaften scheinen in der Politik überaus nützlich zu sein. Wir stellten daher die Hypothese auf, daß erst- und letztgeborene Kinder häufiger in die Politik gehen und eher Wahlen gewinnen als mittlere Kinder.›

Forbes fragte alle 288 Kandidaten für die 1970 zur Wahl stehenden Sitze im Senat von Illinois und der Generalversammlung schriftlich nach ihrer Stellung in der Geschwisterreihe. Die Auswertung der 128 zurückgesandten Fragebögen zeigte, daß unter den Kandidaten keine Position ungewöhnlich häufig vertreten war. Jedoch *gewannen* mehr erst- und letztgeborene Kandidaten ihre Wahl als solche, die in mittlerer Position geboren waren. Forbes stellte auch fest, daß Gewinner die Fragebögen häufiger *vor* der Wahl zurückschickten als jene Kandidaten, die verloren. Diese frühe Reaktion läßt vermuten, daß möglicherweise ein Test – wie etwa die

Rücksendung eines Fragebogens – für die Vorhersage von Wahlausgängen nützlich sein könnte und möglicherweise ein Zusammenhang zwischen dem verbalen Kommunizieren Erst- und Letztgeborener und ihrem politischen Erfolg bestehen könnte.[8]

Teil IV
Sexuelle Entwicklung und soziale Beziehungen

Kapitel 10
Das Netz sozialer Beziehungen

Die Familie ist für das Kind die erste soziale Gruppe, der Probenraum für das größere Drama, das die Erwachsenen spielen. Spielkameraden treffen sich auf der Straße, Jungen und Mädchen erforschen die neue Welt des Klassenzimmers und des Schulhofes, und Teenager scherzen und kämpfen mit dem erwachenden Bewußtsein ihres Geschlechts. Die Gesellschaft der Erwachsenen schließlich besteht aus einem Netz von Männern und Frauen, die sich treffen, sich begegnen, sich trennen, sich je nach den Umständen mehr oder weniger eng verbinden.

Das Gewebe der menschlichen Kontakte kann heiter und ausgeglichen oder verworren und gestört sein, doch stets wird der Mensch durch die von seinen Eltern und Geschwistern geprägte Lebensrolle beeinflußt. Unser ganzes Leben lang sind wir auf der Suche nach menschlichen Beziehungen, die uns Trost und menschliche Wärme, ein Zugehörigkeitsgefühl bei Arbeit und Spiel vermitteln und uns schließlich Freundschaft und Liebe ermöglichen. Während sich diese Beziehungen entwickeln (oder nicht entwickeln), bemühen wir uns, die Kräfte besser zu verstehen, die unsere Methode der Selbstbehauptung und Verstärkung geformt haben.

Im Familienmilieu lernt das Kind vieles von dem, was den Menschen ausmacht. Die von den Eltern und den älteren Geschwistern vermittelte Information macht es überflüssig, daß jeder alles durch eigene Versuche lernt. Andererseits glauben Kinder den Eltern oft nicht – besonders die der gegenwärtigen, von verschiedenen Subkulturen beeinflußten Generation –, und manchmal durchaus zu Recht. Sie ignorieren die Erfahrung der Älteren und akzeptieren eher die Ideen ihrer Altersgenossen als die erfahrener Erwachsener. Aus diesem Grund könnte die Geschwisterkonstellation heute wichtiger denn je dafür sein, wie Kinder lernen, sich in das Netz der sozialen Beziehungen einzugliedern – die Geschwister könnten heute größeren Einfluß aufeinander haben als die Eltern auf ihre Kinder.

Unabhängig von Unterschieden und Veränderungen zwischen den Generationen, mit denen wir immer zu rechnen haben, bleiben einige recht verläßliche Kriterien, an denen man seine Begabungen, Neigungen und Fähigkeiten zur Herstellung und Aufrechterhaltung sozialer Beziehungen messen kann. Es gibt viele solche Maßstäbe, doch die wichtigsten sind:

Das *Selbstwertgefühl* – Wie zufrieden ist jemand mit sich selbst?

Das *Bedürfnis nach Zustimmung* – Kann jemand selbst am besten beurteilen, was er tut, oder braucht er die Zustimmung anderer?

Die *Unabhängigkeit* – Ist jemand von der Unterstützung, dem Trost und der Bestätigung anderer abhängig?

Die *Geselligkeit* – Ist jemand *gerne* mit anderen Menschen zusammen?

Die *Konformität* – Fühlt jemand sich unwohl, wenn er anders denkt und sich anders verhält als andere?

Die *moralische Einstellung* – Wie streng hält sich jemand an die moralischen und ethischen Normen der Gesellschaft?

Wir wollen uns diese Maßstäbe genauer anschauen und sehen, in welcher Beziehung sie zur Geschwisterkonstellation stehen.

Selbstwertgefühl

Es gehört zum Reifungsprozeß, daß ein Mensch der Zustimmung anderer in dem Maße weniger bedarf, in dem er inneres Vertrauen in sein eigenes Urteil entwickelt. Reif werden heißt, sich selbst mehr anerkennen oder ein höheres Selbstwertgefühl entwickeln. Einem Menschen dazu zu verhelfen, daß er von der Zustimmung anderer unabhängiger wird und sich mehr auf seine eigenen inneren Werte verläßt, ist oft ein höchst wichtiger Schritt in der psychologischen Therapie.

Männliche wie weibliche Erstgeborene, denen weitere Kinder folgen, bedürfen der Zustimmung stärker als Nachgeborene und Einzelkinder. Daher haben Erstgeborene meist ein geringeres Selbstwertgefühl als spätere Kinder. Einzelkinder haben im allgemeinen das höchste Selbstwertgefühl.

Bei der Entwicklung des Selbstwertgefühls scheinen Frauen mehr Schwierigkeiten zu haben als Männer. Bei den meisten Eltern bestimmen tief eingewurzelte soziale Vorstellungen die Einstellung zum Geschlecht ihres Kindes. Auch heute noch werden Söhne fast überall in der Welt Töchtern vorgezogen. Niemand kann sich dieser Bewertung entziehen, da sie in der Einstellung und im Verhalten der Eltern, der Geschwister und aller anderen, die mit dem Kind zu tun haben, zum Ausdruck kommt. Gleich, ob es sich um ein erstgeborenes oder um ein nachgeborenes Kind handelt – in jedem Fall beeinflußt das Geschlecht das Selbstwertgefühl.

Das höchste Selbstwertgefühl entwickelt der einzige Junge in einer Familie, unabhängig davon, ob es sich um ein Einzelkind handelt oder ob er noch eine oder mehrere Schwestern hat. An zweiter Stelle in dieser Rangreihe steht der nachgeborene Junge, der nicht zur Leistung gedrängt wird und sich daher weniger schuldig fühlt, wenn er versagt. Da Erstgeborene stärker von fremden Meinungen abhängig sind als Nachgeborene, ist der Konflikt zwischen Selbstwertgefühl und dem Bedürfnis nach Zustimmung stärker, wenn das erstgeborene Kind ein Mädchen ist. Weibliche Nachgeborene scheinen ein höheres Selbstwertgefühl zu haben als erstgeborene Mädchen, doch auch hier spielen wieder Geschlechtsunterschiede hinein, denn die jüngere Schwester eines Jungen hat gemeinhin von sich selbst eine geringere Meinung als die jüngere Schwester eines Mädchens.

Oft sagen mir Frauen: ‹Ich bin nicht gerne mit anderen Frauen zusammen, mit Männern komme ich viel besser zurecht.› Solche Bemerkungen sind meist ein wenig selbstgefällig, denn die Frauen fühlen, daß sie damit den Vorstellungen ihrer Eltern und der Gesellschaft (und ihren eigenen) von Frauen ganz allgemein entsprechen. Sie fühlen, daß sie sich damit irgendwie von dem traditionell schlechten Image der weiblichen Hälfte der Gesellschaft absetzen, indem sie gewissermaßen sagen: ‹Erkenne mich an, denn ich halte auch nichts von Frauen.›

Eine junge Frau und ich hatten einige Wochen lang zusammen gearbeitet, da wir verschiedene Probleme zu besprechen hatten. Die Frage ihrer Beziehung zu Frauen war dabei nie aufgetaucht. Eines Tages sagte sie ganz glücklich zu mir:

‹Ich weiß gar nicht, was mit mir los ist. Es macht mir jetzt richtig Spaß, mit anderen Frauen zusammen zu sein. Ich treffe mich öfter mit drei oder vier Kolleginnen, und wir bilden so eine Art Clique.›

‹Das bedeutet›, antwortete ich, «daß Sie sich jetzt selber besser leiden können – sich als Frau.›

Ich erklärte ihr, daß eine Frau, die andere Frauen nicht mag, ihren eigenen Wert negiert. Sie mag den Teil ihrer selbst nicht, der weiblich ist. Wenn sie das Selbstvertrauen haben will, das ihr ein befriedigendes Leben in dieser Welt ermöglicht, dann muß sie ihre unabänderlichen Eigenschaften akzeptieren – und dazu gehört, daß sie eine Frau ist. Es ist immer wieder eine Freude zu sehen, wie zufrieden Frauen oft sind, wenn sie diesen Aspekt ihrer selbst angenommen haben.

Eine andere Frau sagte zu einer Bekannten: ‹Ich weiß, es fällt Ihnen schwer, eine Beziehung zu mir zu finden. Man merkt, daß Sie andere Frauen nicht mögen, aber wenn Sie erst einmal einige Therapiesitzungen hinter sich haben, werden Sie feststellen, daß Sie, wenn Sie sich selbst besser leiden können, auch andere Frauen mögen.›

Daß Erstgeborene nach der Geburt eines jüngeren Kindes dazu neigen, sich mit dem Vater zu identifizieren, akzentuiert das Problem: Ein Mädchen kann es nie ganz schaffen. Sie kann vieles von den Werten, Einstellungen und Verhaltensweisen ihres Vaters übernehmen, aber sie kann ihr Geschlecht nicht ändern. Solange sie und die Gesellschaft Weiblichkeit nicht schätzen lernen, werden ehrgeizige Frauen mit diesem Zwiespalt leben müssen.

So war es bei einer Lehrerin, die Probleme mit der Schule und in ihren persönlichen Beziehungen zu Männern hatte. Andere Lehrerinnen verhielten sich ihr gegenüber unkooperativ und beklagten sich über ihre Ungeselligkeit. Gute berufliche Beziehungen hatte sie nur zu männlichen Kollegen. Sie kam gut mit ihrem Direktor aus, nicht aber mit ihrem unmittelbaren Vorgesetzten, einer Frau.

Christine hatte eine ganze Serie von Freunden gehabt. Sie wirkte auf Männer sehr anziehend, doch die Romanze war stets von kurzer Dauer. Jedesmal, wenn eine Verbindung unglücklich und im Unfrieden auseinanderging (was alle paar Wochen geschah), äußerten sich die jeweiligen Ex-Freunde sehr kritisch über sie. Christine wiederum stellte sich auf den Standpunkt, sie werde als Frau nicht genügend anerkannt. Dieser Ablauf wiederholte sich stets von neuem.

Im Laufe der Therapie enthüllte Christine ihre tiefe Feindschaft gegenüber ihrem jüngeren Bruder, die sich aus der Konkurrenz um die Aufmerksamkeit des Vaters entwickelt hatte. Sie begriff, daß sie jetzt ihre Attraktivität als Waffe benutzte, um Männer zu erobern. Wenn sie sich ihrer sexuellen Anziehungskraft unterwarfen, verspottete sie sie und wies sie zurück. Während Christine ihre Weiblichkeit einerseits als Waffe benutzte, lehnte sie sie andererseits ab, weil sie der Grund für ihre Minderwertigkeitsgefühle dem Bruder gegenüber war.

Als Christine schließlich ihre Weiblichkeit akzeptierte, verbesserten sich auch ihre Beziehungen zu anderen Lehrerinnen. Sie lernte nie, andere Frauen als gleichwertig zu betrachten, aber sie konnte zu ihnen eine Beziehung herstellen, die frei von Verachtung war. Mit steigender Selbstakzeptierung und zunehmendem Selbstbewußtsein verminderte sich auch ihre kriegerische Sexualität. Sie begann, Männer als Gefährten zu akzeptieren, statt in ihnen Gegner auf einem Schlachtfeld zu sehen.

Das Bedürfnis nach Bestätigung

Erstgeborene haben meist ein stärkeres Bedürfnis nach Bestätigung als Nachgeborene; das gilt für Frauen noch mehr als für Männer. In einer Untersuchung hat sich gezeigt, daß älteste Kinder in Anwesenheit anderer schlechter lernen, während bei Nachgeborenen das Gegenteil der Fall ist.[1] Die Autoren glauben, die Lernleistung der Erstgeborenen werde von der Sorge beeinträchtigt, andere zu verärgern. Eine andere Erklärungsmöglichkeit wäre, daß die Erstgeborenen sich zu viele Gedanken über die Meinung der Beobachter machten.

Es hat sich gezeigt, daß Erstgeborene (und Einzelkinder) sich von frühester Kindheit an um die Zustimmung der ihnen wichtigen Menschen bemühen. Nachgeborene legen nicht so viel Wert auf die Zustimmung von

Eltern, Ehepartnern oder Vorgesetzten. Man hat festgestellt, daß junge Nachgeborene leicht das Interesse an akademischen Projekten verlieren, wenn sie viel Zustimmung erhalten, während Erstgeborene durch solche Zustimmung zu größerer Leistung angestachelt werden.

Unabhängigkeit

Die Persönlichkeitseigenschaften, mit denen wir uns beschäftigen, überlappen sich. Unabhängig ist ein Mensch, der ein starkes Selbstwertgefühl hat und sich bei dem, was er tut, auf sein eigenes Urteil verläßt. Ein weiterer Aspekt der Unabhängigkeit ist die Frage, inwieweit jemand auf die Hilfe, die Unterstützung, den Trost und die Bestätigung anderer angewiesen ist.

Erstgeborene erscheinen oft unabhängig, weil sie hartnäckig auf ihre Ziele hinarbeiten. Dennoch sind sie – was oft nur der Therapeut erkennt – im tiefsten Innern abhängig.

Der Übergang vom Einzelkind zum ersten einer Reihe von Kindern kann traumatische Auswirkungen haben. Die Tatsache, daß die Eltern sich ein zweites Kind wünschen und die daraus folgende Ablenkung ihrer Aufmerksamkeit vom ersten Kind machen eine Anpassung erforderlich. Das Erstgeborene muß nicht nur lernen, die elterliche Aufmerksamkeit zu teilen, sondern es muß sich auch damit abfinden, daß die Eltern weniger Rücksicht auf seine Abhängigkeitsbedürfnisse nehmen können. Je mehr die Eltern sich dieser Schwierigkeit bewußt sind und je mehr sie bereit sind, zu ihrer Bewältigung beizutragen, desto weniger wird sich das Kind depriviert fühlen.

In Laborsituationen zeigt sich Abhängigkeit auf verschiedene Weise. Ein Forscher[2] stellte fest, daß die bloße Anwesenheit anderer Menschen in einer stark angsterzeugenden Situation bei Erstgeborenen die Angst verminderte, obwohl die Versuchspersonen nicht miteinander sprechen durften. In einer anderen Untersuchung[3] an College-Studenten hatten älteste und Einzelkinder unter hochgradig angsterzeugenden Bedingungen stärker als Nachgeborene den Wunsch, sich nach Unterstützung durch andere umzusehen.

Am 9. Februar 1971 um sechs Uhr morgens erschütterte ein stärkeres Erdbeben weite Teile von Süd-Kalifornien. Es dauerte etwa eine Minute, forderte mehr als 50 Menschenleben und richtete mehrere Millionen Dollar Sachschaden an. Am Tag nach dem Erdbeben befragten Michael F. Hoyt von der *Yale University* und Bertram B. Raven von der *University of California* 428 Studenten über ihre Reaktion auf das Beben und über die Stärke ihrer Furcht- und Angstgefühle.

Ängstlichkeit und das Bedürfnis nach Unterstützung (die mit der Frage gemessen wurden, wie schnell die Studenten ihre Eltern oder andere Leute angerufen hätten) zeigten anscheinend keine Unterschiede im Hinblick auf die Geschwisterkonstellation. Aber von den 112 befragten Personen, die zur Zeit des Bebens *alleine* waren, waren die erstgeborenen Frauen ängstlicher und fühlten sich stärker zu anderen Menschen hingezogen als erstgeborene Männer und nachgeborene Frauen. Von den Männern halfen die Erstgeborenen häufiger als die Nachgeborenen. Das bestätigt unsere Beobachtung, daß Erstgeborene in Notzeiten oft die Führung übernehmen, um ihre eigene Angst zu vermindern oder zu verleugnen und um dadurch, daß sie helfen, die Gesellschaft und Unterstützung anderer zu finden.[4]

Ähnliche Reaktionen wurden im September 1968 bei einer plötzlichen Überschwemmung in Port Elizabeth (einer süd-afrikanischen Küstenstadt mit 296 000 Einwohnern) beobachtet.[5] Verschiedene andere Untersuchungen bestätigen die Beobachtung, daß erstgeborene Frauen in Stress-Situationen in Gesellschaft anderer Menschen weniger ängstlich sind.

Geselligkeit

Als Geselligkeit bezeichnen wir die natürliche Neigung, sich anderen Menschen um des Beisammenseins und der sozialen Beziehungen willen anzuschließen, nicht um ein Bedürfnis nach emotionaler Unterstützung oder Zustimmung zu befriedigen.

An Hand von Tests der Fähigkeit, offen über persönliche Dinge zu sprechen, werden die jüngeren Kinder einer Familie gemeinhin als geselliger beurteilt als ihre älteren Geschwister. Da die jüngeren Kinder einer Familie mehr mit (ungefähr) Gleichaltrigen zu tun haben, entwickelt sich aus dem Geben und Nehmen der Geschwister die Fähigkeit zu ungezwungeneren Beziehungen zu anderen Erwachsenen. Im Durchschnitt sind Erstgeborene weniger beliebt als Nachgeborene, und möglicherweise erwarten sie bei gelegentlichen sozialen Beziehungen weniger, akzeptiert zu werden.

Häufig wird die Frage gestellt, wer sich wohl eher Gruppen anschließe. Im universitären Bereich bot es sich an, Studenten zu untersuchen, die sich studentischen Vereinigungen anschließen. Auf Grund der Ergebnisse hat es den Anschein, als bestehe bei den Männern keine Beziehung zwischen der Geschwisterkonstellation und der Neigung zu solchen Vereinigungen; sie ist jedoch bei den Studentinnen, die als erste oder Einzelkinder aufwuchsen, größer als bei den übrigen. Da diese College-Vereinigung sich oft gute Studenten aussuchen, um den gesamten Notendurchschnitt zu verbessern, kann man wohl davon ausgehen, daß Erstgeborene als Mitglieder gesucht sein dürften. Erstgeborene und Einzelkinder werden auch öfter aufgefordert, Mitglieder von *country clubs* oder anderen exklusiven Gruppen zu werden, in denen es auf den sozioökonomischen Status ankommt.*

Nachgeborene fordert man zur Mitgliedschaft in Gruppen auf, in denen die Beliebtheit die entscheidende Rolle spielt, wahrscheinlich deswegen, weil sie auch ihrerseits bei anderen Menschen mehr Wert auf die Persönlichkeit als auf den sozioökonomischen Status legen. Untersuchungsergebnisse zeigen, daß sie häufiger als Erstgeborene die Führung kleiner Gruppen übernehmen, in denen es auf die Qualität der Interaktion ankommt.

Um zusammenzufassen:

Einzelkinder werden meist sozial gut akzeptiert, wahrscheinlich auch wegen ihres meist hohen ökonomischen Status. Sie entschließen sich jedoch nur schwer, an Gruppenaktivitäten teilzunehmen, vielleicht deswegen, weil sie es gewohnt sind, alleine zu sein und sich nicht gerne reglementieren lassen.

Erstgeborene, die noch Geschwister haben, schließen sich gerne an beliebte Menschen an, sind jedoch selbst manchmal nicht so beliebt. Frauen, die als ältestes Kind ihrer Familie aufwuchsen, verabreden sich auf Grund ihres Leistungsbedürfnisses häufiger als Nachgeborene und setzen ihre körperlichen Vorzüge früher im Konkurrenzkampf ein. Auf Grund ihrer intensiveren Bemühungen gehören Erstgeborene manchmal mehr formellen Gruppen (etwa studentischen Vereinigungen) an, als man auf Grund ihres allgemeinen Beliebtheitsniveaus eigentlich erwarten würde.

Wenn das jüngere von zwei Kindern ein Mädchen ist, wird es sich kaum Gruppen anschließen; ist es ein Junge, dann wird er vielleicht aus Interesse in einen Sportverein gehen, aber er wird sich nicht aus Statusgründen irgendwelchen Klubs anschließen. Spätergeborene** und Zweitgeborene aus Familien mit mehr als zwei Kindern neigen weniger als Erstgeborene dazu, sich Organisationen anzuschließen.

Jüngste Kinder sind meist besonders beliebt und schließen sich eher organisierten Gruppen an als andere Nachgeborene.

* Die erhöhte Zahl der Einzelkinder dürfte darauf zurückzuführen sein, daß sie häufiger aus statushöheren Familien stammen.
** Siehe Fußnote S. 64.

Konformität

Wer sich konform verhält, der unterwirft sich der moralischen Auffassung einer Gruppe. Er fühlt sich unwohl, wenn seine Gedanken und sein Verhalten sich von denen der Mehrheit unterscheiden.

In Laborsituationen wird Konformität meist dadurch getestet, daß man die Versuchspersonen nach einer Meinung oder einem Urteil fragt und dann mißt, inwieweit sie sich an anderen Meinungen, die sie für maßgebend halten, orientieren. Zahlreiche Untersuchungen haben gezeigt, daß Erstgeborene sozialem Druck in stärkerem Maße unterliegen als Nachgeborene.[6]

Erstgeborene sind häufiger mit alten Sitten und Gebräuchen einverstanden, wie sie sie von ihren Eltern gelernt haben, und geben später häufiger dem Druck anderer Erwachsener nach.

Moral

Es geht uns hier nicht um Kriminalität und dergleichen Abweichungen von den etablierten sittlichen Normen der Gesellschaft, sondern um alltägliche Situationen, in denen Ethik und Verantwortungsgefühl eine Rolle spielen.

An der *University of Nebraska* wurde bei Jungen im Teenageralter die Fähigkeit untersucht, einer Versuchung zu widerstehen. Die Ergebnisse zeigen, daß erstgeborene Kinder dadurch, daß sie mehr mit den Auffassungen ihrer Eltern von moralischen und ethischen Normen konfrontiert werden, eine stärkere Selbstkontrolle entwickeln.[7]

Entsprechende Ergebnisse fanden sich in einer Untersuchung, in der es um die Frage ging, welche Menschen ein Geheimnis am besten bewahren können. Anscheinend ist beim ältesten Kind die Wahrscheinlichkeit, daß es etwas weitersagt, am geringsten, während es einem nachgeborenen vielleicht lohnend scheint, mit einer schönen Klatschgeschichte zum älteren Bruder oder zur älteren Schwester zu laufen. Ein Geheimnis ist eines der Geschenke, die ein jüngeres, schwächeres Kind triumphierend seinen Gebietern, den älteren, machen kann. Daß eine solche Gewohnheit sich bis ins Erwachsenenalter erhalten kann, zeigt die Tatsache, daß Nachgeborene häufiger Familiengeschichte und Autobiographien schreiben und damit vielleicht Geheimnisse und Informationen enthüllen, die andere gerne bewahrt wüßten.

Untersuchungsergebnisse zeigen, daß in allen Altersstufen (Grundschule, Oberschule und College) Nachgeborene eher als Erstgeborene gegen die Regeln verstoßen. Sie verhalten sich seltener so, wie ihre Lehrer es von ihnen erwarten, und sie werden im College häufiger gerügt. Sie sind weniger bereit, sich an die Regeln zu halten, die von Autoritätspersonen aufgestellt werden und orientieren sich eher an den Erwartungen Gleichaltriger.

Das Einzelkind

Jeder fühlt sich irgendwann einmal alleine. Doch Kinder mit Geschwistern – besonders älteren – beklagen sich nur selten über Einsamkeit, wie Einzelkinder es tun. Oft klammern sich Einzelkinder in einer selbstdestruktiven Beziehung an jemanden, nur um nicht alleine zu sein, und manchmal geraten sie durch ihr Verlangen nach der Nähe irgendeines Menschen aus einer unerfreulichen Beziehung in die nächste. Manchmal fällt es dem Einzelkind schwer, andere Menschen zu verstehen.

‹Ich habe mich immer mehr mit meinen Tagträumen beschäftigt als mit Menschen›, sagte ein Einzelkind. ‹Ich dachte, die Menschen wären wie meine Phantasien, und jetzt wundere ich mich, wenn sie anders sind.›

Verwirrung, Einsamkeit und Flucht in die Phantasie können sich mit totaler Menschenfurcht mischen, wenn das Einzelkind extrem kontrolliert wird (wie Eltern es mit ihrem einzigen ‹Schatz› oft tun) und seine persönlichen Kontakte auf Erwachsene beschränkt sind. Ich hatte die ungewöhnliche Gelegenheit, diesen komplexen Prozeß bei einem fünfjährigen Jungen zu beobachten, der zur Therapie zu mir gebracht wurde. Gene war ein empfindsamer, intelligenter Junge. Seine Eltern arbeiteten beide, aber sie planten sein Leben sorgfältig und zwangen ihn, zu bestimmten Zeiten zu essen, zu schlafen und zu ruhen. Zum Teil erklärte sich die überbeschützende Einstellung der Mutter aus der Tatsache, daß Gene als Säugling unter einer unangenehmen Halsentzündung gelitten hatte. Jetzt, vier Jahre später, räusperte er sich noch immer unruhig, wenn er sich durch andere Menschen geängstigt oder unbehaglich fühlte.

Als ich mit Gene zu arbeiten begann, verhielt er sich im Kindergarten Erwachsenen und Kindern gegenüber unkooperativ. Er hatte (wie seine Mutter) Angst vor Autobahnfahrten und mochte keine körperlichen Kontakte. Gleichzeitig waren seine Phantasiespiele oft gewalttätiger Art – Cowboys und Töten spielten eine Rolle –, und gelegentlich schlug er sogar seine Mutter. Er war ständig auf Gewalttätigkeiten gefaßt und bestand darauf, eine Spielzeugpistole mit in die Schule zu nehmen. Für sein Alter hatte er seine Emotionen anderen Menschen gegenüber – seine Mutter ausgenommen – ungewöhnlich gut unter Kontrolle.

Als ich die Eltern befragte, wurde deutlich, daß die Wutausbrüche seiner Mutter Gene verwirrten und erschreckten, ebenso die Tatsache, daß sein Vater darauf bestand, ihm Boxen und Ringen beizubringen. Die Verwirrung des Jungen entstand zum Teil aus dem üblichen ödipalen Konflikt, mehr noch aber durch – von ihm unverstandene – Anzeichen dafür, daß seine Eltern miteinander unzufrieden waren.

Im Grunde hatten Genes zwischenmenschlichen Beziehungen nicht mit seiner intellektuellen Entwicklung Schritt gehalten. Er war einsam und fürchtete sich doch vor Kontakten mit Kindern seines Alters. Er identifizierte sich mit älteren Kindern. In Zeichnungen zeigte Gene seinen Vater als eine Figur mit riesigen Händen: stark, mächtig, drohend und erschreckend. Er brauchte stets die Unterstützung seiner Mutter und sagte oft, wenn er etwas tun sollte: ‹Das hat mir meine Mutter noch nicht beigebracht.› Er beurteilte seine eigene Leistung kritisch und konnte überhaupt nichts leisten, wenn er das Gefühl hatte, das Ergebnis würde den Erwartungen nicht entsprechen.

Genes Vorstellung vom Menschen überhaupt war wirr und undifferenziert. Er schien sich in der Liebe und Aufmerksamkeit seiner Eltern sicher zu fühlen, aber jeden außerhalb dieses kleinen Familienreiches zu fürchten. In Phantasiespielen nannte er seine Spielzeuge ‹kleine Leute›. Statt von einem Polizeihund erzählte er von einem ‹Feuerwehrhund› und spielte mit einem Spielzeughund ‹Feuer löschen› (wobei das Feuer für ihn wahrscheinlich die wütenden Wortwechsel seiner Eltern repräsentierte).

Durch Spieltherapie mit Gene und durch Beratung seiner Eltern stellte sich bei dem Jungen recht schnell eine beträchtliche Besserung ein. Genes Vater hörte auf, mit ihm Boxen und Ringen zu üben, was seine Furcht gerade in einem empfindlichen Stadium angeregt hatte. Ich ermutigte seine Mutter, ihre übertriebene Sorge um sein Wohlergehen etwas zu mäßigen, weil sie dadurch abnorme Ängste auf ihr Kind übertrage. Genes Eltern waren einander durchaus nicht gleichgültig, doch hatte ihre Beziehung unter den Frustrationen früher Elternschaft und des Aufbaus einer sicheren Existenz gelitten. Sie machten ernsthafte Anstrengungen, in ihrem Hause eine friedlichere Atmosphäre herzustellen.

Gene begann, Freude an der Schule zu haben. Sein ängstliches Räuspern verschwand. Er lernte Baseball spielen (wodurch die sportlichen Ambitionen seines Vaters für ihn erfüllt wurden), und seine Widerspenstigkeit und Roheit ließen nach, da er sich zu Hause weniger bedroht fühlte.

Manche Kinder lernen besser als andere, mit Menschen zurechtzukommen. Einzelkinder lernen es vielfach in besonderem Maße, möglicherweise weil sie unter dem Einfluß der Eltern und ihrer Freunde raffiniertere und ‹erwachsenere› Einstellungen entwickeln. Nicht selten sind Einzelkinder in sozialen Gruppen besonders gesucht, weil sie am wenigsten aggressiv sind. Einzelkinder fühlen sich nicht durch andere Geschwister bedroht, und ihre Abhängigkeit vom elterlichen Einfluß ist für soziale

Beziehungen von Bedeutung. Sie übertragen die Ansichten der älteren Generation in die jüngere, doch können sie ihre Einstellung plötzlich ändern, wenn zwischen den Einstellungen der Eltern und den Gedanken der Altersgenossen ein zu großer Unterschied besteht. Besonders starker Druck von seiten der Altersgenossen kann in der Jugend, wenn noch andere Störfaktoren auf die Entwicklung des Kindes einwirken, zur Rebellion gegen die Werte der Eltern führen.

Ein wichtiger Unterschied zwischen dem Einzelkind und dem erstgeborenen, das noch Geschwister hat, ist der, daß das erstgeborene lernt, das emotionale Wechselspiel und das liebevolle oder feindliche Verhalten von Altersgenossen als gegeben hinzunehmen. Kinder mit Geschwistern lernen gewöhnlich, sich nicht zu sehr oder zu lange an etwas zu stören, und sie wissen, daß man nach einem wütenden Streit um ein Spielzeug bald auch wieder friedlich und zufrieden zusammen spielen kann. Viele Einzelkinder leiden darunter, wenn sie als Erwachsene bei Freunden, Bekannten, Verwandten und Ehepartnern nicht nur auf freundliches, sondern auch auf feindliches Verhalten stoßen. Sie lassen sich durch diese wechselnden Emotionen, die andere Kinder als normal hinzunehmen lernen, leichter verwirren.

Das Erstgeborene

Erstgeborenen fällt es oft schwerer als anderen Menschen, Freundschaften zu schließen. Die starke Betonung von Leistung, Wettbewerb und Autorität läßt die Persönlichkeit des Erstgeborenen oft weniger attraktiv erscheinen als die des Einzelkindes, das einen gewissen Charme gelernt hat, oder die nachgeborener Kinder, die mehr Wert auf zwischenmenschliche Beziehungen als auf Leistung legen.

In der Schule beispielsweise entfremdet der starke Leistungsantrieb das erstgeborene Kind leicht von den weniger leistungsbewußten Klassenkameraden, die ihm aus dem Wege gehen, weil es verschlossen und überlegen erscheint. Das kann zu Persönlichkeitskonflikten führen, besonders im Jugendalter, wenn der junge Mensch das dringende Bedürfnis nach Gesellschaft hat. Ein junger Mann berichtete mir von den Qualen, die er in der *high school* erlitt.

Schon von frühester Kindheit an hatte Gregs Mutter ihm immer wieder gesagt, er müsse ein ‹braver Junge› sein, und von ihm als ihrem Erstgeborenen erwartete sie in jeder Hinsicht das Beste. Glücklicherweise fiel ihm das Lernen in der Schule leicht, und er brachte nur gute Noten nach Hause.

‹Aber egal, wie gut ich war›, sagte er, ‹stets schien es, als erwarte meine Mutter noch mehr von mir.›

127

Infolgedessen war er ständig ängstlich bemüht, etwas ganz Besonderes zu leisten, um damit die uneingeschränkte Zustimmung und Liebe der Mutter zu gewinnen.

Greg wuchs auf einer Farm auf, wo er wenig Gelegenheit zu sozialen Wechselbeziehungen hatte; so wurde seine Ängstlichkeit noch verstärkt, als er in die *high school* kam, obwohl er in der Grundschule so gut gewesen war, daß er für seine Klasse die Abschiedsrede halten durfte. In der Kleinstadt-*high school* stellte Greg schnell fest, daß es ihm nicht schwerfiel, im Wettbewerb mit den anderen gut abzuschneiden. Da er gut lernte, gewann er die Anerkennung der Lehrer, aber ihm blieb unverständlich, warum ihm die Mitschüler nicht in gleicher Weise Anerkennung und Freundschaft entgegenbrachten.

Greg fühlte sich ausgeschlossen. Wenn die anderen zusammentrafen, beneidete er sie um ihre Heiterkeit, und wenn er an einer lachenden Gruppe vorbeiging, meinte er, sie lachten über ihn. Greg mochte einige Mädchen gerne, doch die nahmen von ihm keine Notiz und zogen sportlichere Typen vor. Morgens vor der Schule hörte er Gesprächsfetzen der anderen Jungen, die am Abend vorher auf einer Party gewesen waren oder sich mit ihrem Mädchen getroffen hatten. Greg war zu schüchtern, ein Mädchen um eine Verabredung zu bitten, und von Parties und anderen Unternehmungen blieb er fast immer ausgeschlossen.

Zum Teil sah Greg sein Problem darin, auf Verlangen seines Vaters jeden Nachmittag nach der Schule sofort nach Hause zu kommen, um bei der Farmarbeit zu helfen. Aber in Wirklichkeit schien es ihm an sozialer Attraktivität zu fehlen, irgend etwas schien mit ihm ‹nicht in Ordnung› zu sein. Zum Ausgleich strengte er sich noch mehr an und erzielte die besten Noten, um sich die schon gewonnene Zustimmung der Erwachsenen zu erhalten.

Während der letzten zwei Jahre auf der *high school* konnte Greg dadurch etwas die Zustimmung seiner Schulkameraden gewinnen, daß er in der Baseball-Mannschaft mitspielte, aber dennoch hatte er kaum enge Freunde und traf sich nur ein paarmal mit Mädchen. Erst auf dem College erkannte Greg, daß hervorragende akademische Leistungen sich zum gegenseitigen Vorteil mit sozialen Aktivitäten verbinden lassen.

Eine solche Entwicklung ist für ein erstes Kind, dem weitere folgen, nicht ungewöhnlich. In ihrem Eifer, den Eltern und anderen Erwachsenen zu gefallen, wachsen erstgeborene Männer und Frauen mit dem Gefühl auf, für alle alles tun zu müssen. Da kaum jemand in allen Bereichen gute Leistungen erzielen kann, verwandelt sich dieser ängstliche Eifer auch oft in Furcht vor Mißerfolg in persönlichen Beziehungen.

Frank H. Farley von der *University of Wisconsin* und Walter L. Mealiea von der *Indiana State University* untersuchten 148 College-Studenten mit einem Furcht-Test. Sie stellten fest, daß Erstgeborene in sozialen und persönlichen Situationen (Alleinsein, Abschiednehmen von Freunden) stärkere Furcht zeigten als jüngere Geschwister. Nachgeborene Kinder sind in solchen Situationen allgemein selbstbewußter und gelassener.[8] Wir haben wiederholt betont, daß die Geschwisterkonstellation nur einer von mehreren Hauptfaktoren für die Persönlichkeitsentwicklung ist und daß diese verschiedenen Faktoren einander aufheben oder verstärken können. In einer Untersuchung über die defensive Einstellung bei unverheirateten Müttern fanden sich Ergebnisse, die den Schluß nahelegen, daß die Ängstlichkeit der Erstgeborenen bei Frauen möglicherweise mit steigendem Alter abnimmt. In dieser Untersuchung waren die erstgeborenen Frauen weniger ängstlich und weniger defensiv als die nachgeborenen; für dieses Ergebnis könnte die Tatsache verantwortlich sein, daß die Erstgeborenen im Durchschnitt älter waren als die Nachgeborenen.[9]

Das zweite von drei Kindern

Das Sozialverhalten des mittleren von drei Kindern entwickelt sich in einer Atmosphäre der Konkurrenz zum älteren Bruder oder zur älteren Schwester, die noch durch die zusätzliche Konkurrenz eines jüngeren Kindes kompliziert wird. Die Folge ist, daß das zweite Kind sich in sozialen Kontakten oft gewundener Wege bedient, um ein Ziel zu erreichen, oder daß es ungewöhnlich aggressiv ist. Die Identitätssuche ist für ein Kind in dieser Position besonders schwierig, weil es ständig um die Zustimmung und Liebe der Eltern und um einen *Platz* in der Familie kämpfen muß. Ein extremes Beispiel hierfür war ein vierzehnjähriger Junge, der zu mir geschickt wurde, weil er in der Schule und zu Hause Schwierigkeiten hatte.

Elmo hatte eine ältere Schwester und einen jüngeren Bruder. Seine Eltern waren Hilfsarbeiter, die gezwungen waren, beide zu arbeiten, um ihre drei Kinder zu ernähren. Infolgedessen mußte Elmo seiner älteren Schwester helfen, den kleinen Bruder zu versorgen, die Wohnung in Ordnung zu halten und zu kochen.

Der Junge hatte viel zu selten Gelegenheit, mit seinen Eltern zusammen zu sein, vor allem fehlte ihm die Liebe, die er von seinem Vater gebraucht hätte. Zu seinen wenigen guten Erinnerungen gehörte die an einen Ausflug mit seinem Vater.

‹Wenn meine Eltern nach Hause kommen, sind sie immer müde und launisch›, sagte Elmo. ‹Meistens sind sie komisch. Deswegen ist es ganz egal, worum sie mich bitten, ich tue immer gerade das Gegenteil.›

In der Schule störte er den Unterricht und ärgerte andere Kinder, manchmal schlug oder kniff er sie. Er stahl seinen Mitschülern Kleinigkeiten, und einmal brachte er eine Pistole mit in die Schule und feuerte sie auf dem Schulhof ab.

Da bei Elmo offensichtlich die Gefahr bestand, daß er richtige Straftaten begehen könnte, wurde er zur psychologischen Beratung geschickt. So kam er zu mir, doch ich hatte den Eindruck, daß ein männlicher Therapeut mehr ausrichten könnte. Das war der Wendepunkt für den Jungen. Der männliche Therapeut bot ihm die Möglichkeit, sich mit einem Mann zu identifizieren, der für ihn und seine Bedürfnisse Verständnis hatte – alles Dinge, die er bei seinem Vater hätte finden sollen.

Elmo begann, mit Lehrern und Mitschülern besser auszukommen, und er schien auch ein gewisses individuelles Identitätsgefühl zu entwickeln, das er unter dem Zwang seiner Stellung in der Familie nie erreicht hatte.

Die Spätergeborenen*

Spätergeborene Kinder passen sich meist leichter an als erste, zweite oder jüngste Kinder. Das liegt unter anderem daran, daß die Eltern gelockerter sind, und daß auf die späteren Kinder weniger Leistungsdruck ausgeübt wird als auf das erste. Da Druck und Disziplinarmaßnahmen sich bei mehreren Kindern weiter verteilen, haben die Kinder im Umgang miteinander auch mehr Freiheit. Dadurch lernen sie eher, Streit und Zank als etwas Vorübergehendes zu betrachten. Sie sind meist selbstsicher (weil von ihnen weniger verlangt wurde) und unbekümmert. Diese Eigenschaften befähigen die nachgeborenen Kinder, oft schon in der Schule soziale Kontakte zu initiieren, und im Erwachsenenleben dort bessere Erfolge zu haben, wo es mehr auf zwischenmenschliche Beziehungen ankommt als auf akademische oder fachliche Bemühungen. Die Teilnahme an sportlichen und anderen Gruppenaktivitäten ist für das nachgeborene Kind ganz selbstverständlich.

An der *Xavier University* in Cincinnati wurde untersucht, ob Nachgeborene tatsächlich über bessere soziale Fähigkeiten verfügen. Bei 30 Jungen und 30 Mädchen wurde mit einem Fragebogen die Bereitschaft gemessen, sich anderen aufzuschließen. Nach ihren Testwerten zu schließen, konnten Nachgeborene besser als Erstgeborene zwischenmenschliche Barrieren beseitigen, Mädchen besser als Jungen. Dieser Befund bei *high school*-Schülern entspricht den Ergebnissen einer früheren Untersuchung an College-Studenten [10]

Ehe man aber auf Grund solcher Ergebnisse annimmt, Nachgeborene könnten stets leicht Freundschaften schließen, muß man berücksichtigen, daß es stets auf die Qualität der Interaktion in der einzelnen Familie an-

---

* Siehe Fußnote S. 64.

kommt. Soziale Leistungen sind ebenso wichtig wie irgendwelche andere Leistungen, und es ist unmöglich, beide gänzlich voneinander zu trennen. Die Zurückhaltung und Überlegenheit eines Erstgeborenen kann seine Kollegen abstoßen, und die Beziehungen des Nachgeborenen zu seinen Geschwistern kann sich auf seine Freundschaften im Berufsleben auswirken. Ein junger Mann berichtete mir von seinem Ärger mit einer Kollegin:

‹Sie tut, als wären wir gute Freunde, aber sobald der Chef sie um etwas bittet, kommt es gar nicht mehr darauf an, was ich meine. Mehrmals hat sie mich bei Besprechungen mit dem Chef überfahren. Vorher sagt sie zu mir, sie sei mit mir einer Meinung, und sobald der Chef da ist, stimmt sie allem zu, was er sagt, und schweigt, wenn ich rede. Egal, was sie vorher gesagt hat, nie unterstützt sie mich.›

Dieser junge Mann war als drittes von vier Kindern aufgewachsen. Er hatte einen älteren Bruder und eine ältere Schwester, aber besonders wichtig war für ihn seine nicht einmal zwei Jahre jüngere Schwester. Zwischen den beiden bestand eine enge Bindung, die die übrige Familie fast ausschloß. Sie folgte ihm überall hin und war mit allem einverstanden, was er wollte.

Natürlich erwartete dieser Mann von seiner Kollegin ein ähnliches Verhalten. Sie aber hatte ihre eigenen Motive, die Beziehung zu ihm und ihrem Chef so zu gestalten, wie sie war. Nachdem der junge Mann erkannt hatte, wie falsch er diese Beziehung eingeschätzt hatte, konnte er die begrenzte Freundschaft akzeptieren, ohne ergebene Gefolgschaft zu erwarten.

Ein anderer junger Mann von sechsunddreißig Jahren, der jüngere von zwei Brüdern, konsultierte mich, weil er Schwierigkeiten im Beruf und in persönlichen Beziehungen hatte. Er hatte eine gute Karriere gemacht, fürchtete aber um ihre weitere Entwicklung.

Martin war Bauingenieur. Er war bei seinen Vorgesetzten und seinen Kollegen beliebt, hatte aber das Gefühl, sie erwarteten von ihm, daß er sich beruflich weiterbilde und selbstsicherer werde. Dazu fühlte er sich jedoch nicht in der Lage. Im Gespräch gab Martin zu, daß sein Bruder in der Schule gut gewesen war, er dagegen nicht.

‹Ich machte mir einfach nichts aus dem Lernen›, sagte er, ‹ich spielte lieber mit den anderen Jungen Fußball.›

Bald darauf sah er ein, daß er – als jüngerer Bruder – versucht hatte, auf einem anderen Gebiet als sein Bruder Leistungen zu erbringen. Er fühlte, daß er dem direkten Wettbewerb nicht gewachsen war, daher wählte er trotz gleichfalls großer Intelligenz andere Bereiche. Jetzt erkannte er, daß soziale und berufliche Beziehungen voneinander nicht unabhängig sind und daß er seine Position anderen Menschen gegenüber stärken mußte. Er belegte einen Kurs, um seine Lesefähigkeit zu verbessern und trat einem Debattierklub bei, wo er Gelegenheit hatte, vor Gruppen zu sprechen, mit Zwischenfragen fertig zu werden und selbstsicherer zu werden.

Das jüngste Kind

Jüngste Kinder fügen sich so in das Netz der sozialen Beziehungen ein, wie sie von den älteren Familienmitgliedern behandelt werden. Behandelt man sie liebevoll und freundlich, dann werden sie sich auch schwächeren gegenüber ebenso verhalten. Bei jüngsten Kindern fällt oft auf, wie nett sie mit kleineren Kindern spielen, und Haustiere pflegen sie besonders liebevoll. Werden sie aber, solange sie klein sind, geärgert, grob behandelt und ausgelacht, dann kann es ihnen später an Vertrauen zu anderen Menschen fehlen. Sie können sich auch auf einen Lieblingsbruder oder eine Lieblingsschwester fixieren, wodurch spätere soziale Beziehungen oft behindert werden.

So war es bei einem vierundzwanzigjährigen Mann, der sich von mir beraten ließ, weil ihm ‹die Welt unwirklich› vorkam. Er arbeitete als Buchhalter, doch an den Wochenenden ‹sitze ich bloß in meinem Zimmer, bin deprimiert oder habe dieses seltsame Gefühl der Unwirklichkeit. So brüte ich stundenlang vor mich hin.› Außerhalb seines Berufs hatte er keine sozialen Kontakte.

Leo war das jüngste von vier Kindern. Sein Vater war Akademiker, anscheinend sehr überlegen und distanziert, und er war oft nicht zu Hause.

‹Ich kann mich nicht erinnern, daß mein Vater mich je angefaßt hätte›, sagte Leo, ‹nicht einmal, um mir eine runterzuhauen.›

Seine Mutter war dauernd im gesellschaftlichen Leben oder in Klubs aktiv, oder sie ging aus, ‹um Antiquitäten einzukaufen›. So blieben Leo und seine nächstältere Schwester oft einer Haushälterin überlassen, die sich wenig um die Kinder kümmerte, außer um Anordnungen ihrer Mutter durchzusetzen, die verlangte, daß Leo ‹ein braver Junge ist, hart arbeitet und sich immer ordentlich benimmt›.

Seine einzige wirkliche Gesellschaft war seine Schwester, die ihn abwechselnd bemutterte und mit ihm stritt. In ihrer Wut war sie manchmal gewalttätig, und dieser Wechsel zwischen Liebe und Haß ihm gegenüber trug zu Leos Realitätsverwirrung bei. Die Schwester war noch immer sein verläßlichster sozialer Kontakt.

Obwohl Leo eine recht gute Stellung hatte, wurde seine Krise dadurch ausgelöst, daß er von zu Hause weggezogen war und alleine in der Nähe seiner Arbeitsstelle wohnte und daß seine Schwester geheiratet hatte. Trotz seiner Abneigung gegen seinen Schwager ertrug Leo den Verlust seiner Schwester, bis sie ein Kind bekam – da schien er sie endgültig an einen anderen Rivalen verloren zu haben.

Diese Kombination von eigentlich ganz normalen Ereignissen führte dazu, daß der junge Mann sich auf sich zurückzog, weil er die Enge der Beziehung zu seiner Schwester nicht auf Beziehungen zu anderen Menschen übertragen konnte.

In der Therapie drückte Leo seine Sehnsucht nach menschlicher Wärme und Nähe aus, die seine Eltern und später seine Schwester abgelehnt hatten. Wir arbeiteten uns durch einige seiner Probleme mit Frauen durch, dann wurde er von einem männlichen Therapeuten weiter beraten, bei dem Leo einiges von der unterdrückten Wut auf seinen Vater loswerden konnte. Im Laufe dieses Prozesses entwickelte er eine stärkere männliche Identität.

Ein Junge, der als das ‹Baby› der Familie aufwächst, kann in seinen Gefühlen ein Kind bleiben. Er ist dann unfähig, sich gut an die rauhe Welt der Männer anzupassen, und bleibt Frauen gegenüber zu zurückhaltend. Ist das jüngste Kind ein Mädchen, das stets als das ‹süße Baby› der Familie behandelt wird, so kann es erwachsen werden und immer noch erwarten, bemuttert zu werden. Im allgemeinen jedoch ist das jüngste Kind der Familie heiter und fröhlich – Eigenschaften, die ihm im Leben zum Vorteil gereichen können.

Kapitel 11
Die Entwicklung der Geschlechtsrollen

Was bedeutet es, eine Frau oder ein Mann zu sein?

Die grundlegenden psychologischen Unterschiede sind meist auch dann noch erkennbar, wenn Unisex-Frisur und -Kleidung die Grenze äußerlich verwischen. Wenn man an die Unisex-Mode denkt, ist es eigentlich paradox, daß die jungen Leute selbst sich oft der von Natur aus unterschiedlichen Identifikationssymbole bedienen: Jungen lassen sich Bärte wachsen, und Mädchen gehen ohne BH, um sich abzuheben.

Es geht mir darum, daß Geschlechtsunterschiede nicht nur in körperlichen Merkmalen und Äußerlichkeiten wie verschiedener Kleidung und unterschiedlicher Haartracht bestehen. Von jedem Geschlecht erwartet man bestimmte, durch gesellschaftliche Konventionen festgelegte Verhaltensweisen. Ein stolzer Vater hängt seinem Sohn vielleicht einen kleinen Fußball über die Wiege, um ihn auf den Start in der Juniorenliga vorzubereiten. Einer eventuellen Zwillingsschwester würde derselbe stolze Vater ein Gummientchen oder eine Puppe zum Knuddeln und ‹Bemuttern› mitbringen.

Von Jungen erwartet man, daß sie zur Arbeit und zu der Notwendigkeit, sich den Lebensunterhalt zu verdienen, eine positive Einstellung gewinnen. Man ermuntert sie, sich für Sport zu interessieren, Bier zu trinken, zu fluchen und Mädchen nachzuschauen, und man erwartet von ihnen, daß sie alle Automarken kennen und wissen, wie man Autos repariert oder nach dem letzten Schrei zurechtmacht.

Von Mädchen erwartet man, daß sie an eine Karriere denken, aber auch, daß sie kochen, nähen und ein Heim schmücken können. Man erwartet auch, daß sie Konversation machen und im übrigen die Jungen durch ihren Anblick erfreuen. Männer sollen sexuell aggressiv sein, Frauen sollen den Männern die Initiative überlassen.

Aber ist es heute wirklich noch so? Ändert sich nicht alles?

Wenn es sich wirklich ändert, habe ich jedenfalls nicht viel davon gemerkt, nicht einmal bei ganz jungen Männern und Frauen, die mir ihre intimsten Gedanken und Probleme anvertrauen.

‹Ich habe eine gute Stellung›, sagte eine junge Frau zu mir. ‹Ich liebe meine Arbeit. Ich fühle mich als emanzipierte Frau.› Aber in der nächsten Minute fügte sie hinzu:

‹Es gibt einfach ein paar Dinge, die man dem Mann überlassen muß. Ich konnte ihn einfach nicht zuerst bitten, mit mir auszugehen.›

Und von Heirat zu sprechen – zumal in einer Zeit, da weniger förmliche Arrangements leichter scheinen –, ist für die meisten Frauen immer noch tabu.

‹Ich weiß, daß sie an Heirat denkt›, sagt der Mann, ‹aber ich bin noch nicht soweit, und ehe ich nicht soweit bin, wird keiner von uns darüber reden.› Viele Frauen machen sich noch immer Gedanken über ihre Aussichten, einen Mann zu bekommen, obwohl sie davon reden, wie schön und befriedigend es sei, als emanzipierte Frau alleine zu leben.

Wir hören viel von sexueller Freiheit – von vorehelichen und außerehelichen Beziehungen –, aber im Schlafzimmer sind die Geschlechtsrollen noch immer ziemlich festgelegt. Die meisten Frauen überlassen die Initiative dem Mann. Männer wie Frauen sind noch immer weitgehend der Meinung, eine Frau müßte vom Manne ‹genommen› oder verführt werden. Ein Mann glaubt, er müßte sein Mädchen ins Bett manövrieren, und die Frau überlegt, ob sie diesen geselligen Abend wohl genießen kann, ohne hinterher im Bett für ihr Abendessen zahlen zu müssen.

Die Verteilung der Rollen im Sexualverhalten bleibt auch nach der Hochzeit fast ebenso streng festgelegt. Vor zwanzig Jahren fühlten Frauen sich schuldig, weil sie nicht immer bereit waren, wenn ihr Mann Sex wollte; heute beklagen sich dreiundzwanzigjährige Frauen über genau das gleiche.

Zwar hat sich die Definition der Geschlechtsrollen bei Jugendlichen und Erwachsenen stark geändert, doch weicht das gewohnheitsmäßige, automatische Verhalten der Geschlechter großenteils von den bewußt akzeptierten Neudefinitionen ab. Das Kind lernt in seinen Anpassungskämpfen mit Eltern und Geschwistern meist etwas ganz anderes als das, was die Gesellschaft verbal als die neuen Sitten sanktioniert. Trotz des kulturellen Fortschritts bewahrt die Erziehung im allgemeinen die traditionellen Werte. Es wird interessant sein zu sehen, ob die Kinder derer, die die alten Werte ablehnen, künftig ein wirklich anderes Geschlechtsrollenverhalten entwickeln.

Viele glauben, diese Einstellungen und Verhaltensformen seien naturgegeben, doch das ist nicht der Fall. Lebensrollen werden durch bewußte und unbewußte Einflüsse der *Familien*gruppe gelernt, und die Geschwisterkonstellation spielt eine wichtige Rolle für die Entwicklung der Einstellungen und Verhaltensweisen, die mit dem Geschlecht zusammenhängen.

Rollenentwicklung

Mit dem Wort *Rolle* bezeichnen wir die Gesamtheit von Verhaltensweisen und Einstellungen, die ein Mensch in einer bestimmten Situation zeigt, die eine Reaktion auslöst. In der Schule hat man Verhaltensweisen an den Tag zu legen, die insgesamt die Rolle des *Schülers* ausmachen. Wer sich anders verhält – zum Beispiel keine Hausaufgaben macht –, gerät in Schwierigkeiten. Das gleiche gilt für das Ausleben der Geschlechtsrollen. In jeder Gesellschaft werden von Männern und Frauen bestimmte Verhaltensweisen erwartet, wenngleich es hinsichtlich der den Geschlechtsrollen zustehenden Verhaltensweisen zwischen den Gesellschaften enorme Unterschiede gibt.

Die Anthropologin Margaret Mead schreibt dazu:

Wir kennen keine Kultur, die ausdrücklich behaupten würde, zwischen Männern und Frauen bestünde – von ihrem unterschiedlichen Beitrag zur Fortpflanzung einmal abgesehen – keinerlei Unterschied. Wir finden keine Kultur, die glaubte, alle festgestellten Eigenschaften – Klugheit und Dummheit, Schönheit und Häßlichkeit, Freundlichkeit und Feindseligkeit, Aktivität und Reaktivität, Mut oder Geduld und Fleiß – seien einfach bloß menschliche Eigenschaften.

Wie unterschiedlich diese Eigenschaften auch zugeordnet wurden, wie willkürlich diese Zuordnung auch erscheinen muß (denn sicher kann es nicht stimmen, daß die Köpfe der Frauen – was das Denken betrifft – unbedingt schwächer und – was das Tragen von Lasten betrifft – unbedingt stärker sind als die der Männer), es hat sie immer und in allen Gesellschaften, von denen wir Kenntnis haben, gegeben.[1]

Die Gesamtheit der Eigenschaften, die einem Geschlecht zugeordnet werden, das Verhalten, das von einem Menschen dieses Geschlechts erwartet wird, bildet die Geschlechtsrolle in der jeweiligen Kultur. Die unterschiedliche Wahrnehmung der Geschlechtsrolle beginnt schon früh im Leben. Obwohl der Einfluß genetischer Faktoren nicht zu übersehen ist, lernt man den größten Teil der Geschlechtsrollenmerkmale vom gleichgeschlechtlichen Elternteil. Aus psychoanalytischer Sicht spielt sich das so ab, daß das Kind zunächst die ödipale Phase durchläuft, in der es sich für den gegengeschlechtlichen Elternteil interessiert (der Junge für seine Mutter, das Mädchen für seinen Vater). Nachdem es erkannt hat, daß dieser Elternteil ihm nie in gleicher Weise gehören kann, wie er dem anderen Elternteil gehört, entwickelt es die Eigenschaften des gleichgeschlechtlichen Elternteils, um wenigstens so zu sein wie der erfolgreiche Rivale.

Aber das Kind kann seine Geschlechtsrolle auch vom gegengeschlechtlichen Elternteil lernen, der diese Entwicklung ermutigen, unterstützen und bestätigen kann. Vielleicht belohnt der Vater seine kleine Tochter, wenn sie sich weiblich gibt, mit Zustimmung, oder die Mutter ermuntert den Sohn in ähnlicher Weise, ‹männlich› zu sein. Manche Untersuchungen zeigen, daß die meisten Kinder die traditionelle Geschlechtsrolle selbst dann lernen, wenn der gegengeschlechtliche Elternteil die meiste Zeit abwesend ist. Auch Brüder und Schwestern üben sich gegenseitig in die Verhaltensweisen ein, die von einem Kind je nach seinem Geschlecht erwartet werden.

Nach Alfred Adler ist das Geschlecht der Geschwister und in gewissem Maße auch die Zahl der Brüder und Schwestern für die Weise, in der ein Kind seine Geschlechtsrolle annimmt, von Bedeutung. Ein Junge, der zusammen mit lauter Mädchen aufwächst, entwickelt sich vielleicht anders, weil er in seiner Familie isoliert ist. Er kann glauben, er müsse besonders stark sein und seine Männlichkeit verteidigen, er kann aber auch schwach und unsicher sein. Ein Mädchen, das zusammen mit lauter Brüdern aufwächst, fühlt sich unter Umständen sein ganzes Leben lang unsicher und hilflos.

Ein Beispiel für maskuline Identifikation ist Rita, die mit der Klage zur Therapie kam, sie habe ‹in dieser Männerwelt› keine Chance. Obgleich verheiratet und Mutter von drei Kindern, wehrte Rita sich dagegen, ihre Weiblichkeit zu akzeptieren.

Rita war zusammen mit einem jüngeren Bruder aufgewachsen. Sie hatte versucht, sanft und passiv wie ihr Vater zu sein, und gleichzeitig hatte sie ihre Mutter abgelehnt, die zu allen Familienmitgliedern – auch zu ihrem Mann – grob und unfreundlich war.

Während ihrer Collegezeit hatte Rita eine romantische Zuneigung zu dem Mädchen, mit dem sie ein gemeinsames Zimmer bewohnte, entwickelt. Dieses Mädchen war gelähmt und ganz offensichtlich schwächer als sie. In der Therapie (als Rita bereits verheiratet war und Kinder hatte) erkannte sie, daß der männliche Teil ihres Selbst sich mit ihrem beschützenden Vater identifizierte, während der weibliche Teil die Zärtlichkeit war, die sie für ihre Zimmergenossin empfunden hatte und die sie romantisch an dieses Mädchen gebunden hatte, obwohl sie nie an sexuelle Kontakte gedacht hatte.

Das Problem mit Ritas unklarer Geschlechtsrolle wurde noch dadurch erschwert, daß ihr Mann eine schwache Gesundheit hatte und einen Beruf ausübte, der üblicherweise Frauen vorbehalten war. Sogar in dieser Beziehung versuchte Rita ihre maskuline Identifikation wenigstens teilweise zu erfüllen, indem sie eine beschützende Rolle spielte.

Die westliche Gesellschaft hat bisher kaum Abweichungen von den Männern bzw. Frauen zukommenden Verhaltensweisen erlaubt. Die Frauen kochten, nähten und kümmerten sich um die Kinder – selbst dann, wenn sie daneben noch außer Hause arbeiteten. Die Männer waren die Ernährer, meist arbeiteten sie außer Hause, und wenn sie nach Hause kamen, mähten sie den Rasen, bastelten an ihren Autos herum oder lasen Zeitung, während die Frauen das Abendessen vorbereiteten. Zumindest im beruflichen Bereich bietet die Gesellschaft heute Männern wie Frauen zahlreiche Möglichkeiten, diese Grenzen zu durchbrechen. Immer mehr Frauen finden einen Platz im Geschäftsleben und in den akademischen Berufen, der ihrer Kreativität mehr Möglichkeiten eröffnet; immer mehr Männer beteiligen sich an der Hausarbeit und an der Erziehung der Kinder, wenn ihre Frauen arbeiten. Aber noch immer ist es schwer, aus den eingefahrenen Stereotypen auszubrechen – auch wenn die Neigung dazu da ist –, ohne den einen oder anderen Freund oder Nachbarn vor den Kopf zu stoßen. Es gibt also in unserer Gesellschaft für Männer und Frauen noch immer verschiedene Geschlechtsrollen.

Wohlgemerkt: es geht uns in dieser Diskussion der Geschlechtsrollen nicht um das sexuelle *Verhalten* oder um die Bevorzugung bestimmter Geschlechtspartner. Ein Mann, der in seinen Interessen, Einstellungen und in seinem Verhalten männlich ist, wird meist auch Frauen als Geschlechtspartner vorziehen, aber eben nicht in allen Fällen. Manche homosexuellen Männer sind in ihren Interessen und ihrem äußeren Sozialverhalten relativ maskulin. Das geht so weit, daß sie Frauen heiraten und Kinder haben. Homosexualität – männliche wie weibliche – impliziert das körperliche und emotionale Bedürfnis nach körperlicher geschlechtlicher Befriedigung durch einen Menschen gleichen Geschlechts. Im nächsten Kapitel werden wir uns mit dem Zusammenhang zwischen Geschwisterkonstellation und Sexualverhalten beschäftigen. Hier aber geht es uns nur darum, inwieweit das Individuum der erwarteten Geschlechtsrolle im Hinblick auf männliche oder weibliche Verhaltensweisen und Interessen entspricht. Hat die Geschwisterkonstellation Einfluß darauf, wie ein Mensch sich dem von der Gesellschaft geförderten männlichen oder weiblichen Image anpaßt?

Geschlechtsrollenmuster

Nehmen wir einen Mann, der viel arbeitet, vielleicht als College-Professor oder als Geschäftsmann. Er trinkt und raucht mäßig. Seine Frau oder seine Freundinnen glauben, er mache sich nicht viel aus Zärtlichkeiten. Sie klagen auch: ‹Er sagt mir nicht, ob ich als Mensch für ihn wichtig bin.›

Dieser Mann hatte in seiner Jugend einige Reibungen mit seinen Eltern. Gegen vieles, was er tun wollte, hatten sie etwas einzuwenden, doch er blieb dabei. Jetzt hat er eine gute Beziehung zu seinen Eltern. Sie halten ihren Sohn für verantwortungsbewußt und sind stolz auf das, was er erreicht hat. Seine Frau hält ihn für unabhängig und aggressiv, für ‹einen sehr guten Mann›.

Das ist der typische erstgeborene Mann, beschrieben durch Aussagen anderer über ihn. Hier eine Kurzdarstellung der erstgeborenen Frau:
Sie war in der Schule immer gut, die Lehrer schätzten und ermutigten sie. Als sie heranwuchs, hatte sie Probleme mit ihren Eltern, besonders mit der Mutter. Ihre Eltern waren zu streng, und als sie älter wurde, erschien ihrem Vater alles, was sie tat oder trug, ‹zu sexy›. Sie wünschte sich, daß er mit ihr einverstanden sei. Später kamen ihr ihre Freunde meist abhängig, ihr Mann vielleicht unreif vor. Sie hatte Erfolg im Beruf und Freude an ihrer Arbeit, bis sie ein Baby bekam; später führte sie ihren Haushalt sehr rationell. Das ist die typische erstgeborene Frau mit einem oder mehreren Geschwistern.

Diese Darstellungen zeigen ganz klar, daß der erstgeborene Junge besser Gelegenheit hat, sich mit den überlicherweise als männlich betrachteten Merkmalen zu identifizieren, als das erstgeborene Mädchen, seine weibliche Identität zu finden. Das liegt teilweise daran, daß sich Erstgeborene beiderlei Geschlechts häufig in ihrer Identifikation am Vater orientieren, wenn ein weiteres Kind die Aufmerksamkeit der Mutter, die zunächst ganz auf ihr erstes Baby konzentriert war, usurpiert.

Das *Einzel*kind kann Geschlechtsrollenmerkmale beider Eltern annehmen. Eine Gefahr kann für dieses Kind in einer zu engen Bindung an den gegengeschlechtlichen Elternteil liegen. Männliche Einzelkinder sind im äußeren Verhalten meist maskulin, sie zeigen damit, daß sie die Männlichkeit entwickeln, die die Mutter von ihnen erwartet. Sie interessieren sich oft für Sport und Wirtschaft, doch ihr Verhalten in engen Beziehungen – etwa gegegenüber Kindern, engen Freunden oder einer Ehefrau – entspricht meist mehr dem, was man von einer Frau in der Mutterrolle erwarten würde. Besteht eine positive Beziehung zum Vater, dann kann sich das Verhalten des Jungen an ihm orientieren. Ist die Vaterbeziehung jedoch weniger eng, dann kann auch noch im Erwachsenenalter eine starke ‹innere Mutter› erhalten bleiben. Unabhängig aber von seinen verborgenen Eigenschaften, wird das männliche Einzelkind meist den Erwartungen gerecht werden, die die Gesellschaft an einen Mann stellt.

Ähnliches gilt meist für das einzige Mädchen. Äußerlich kann es sehr weiblich sein, weil der Vater auf diese Weiblichkeit stolz war. Doch auch wenn der Vater das Mädchen abgelehnt hat, kann es sich äußerlich weiblich geben. Eine solche Ablehnung kann jedoch dazu führen, daß das Mädchen sich mit dem Vater identifiziert und die weibliche Rolle verachtet.

Das Geschlecht und das relative Alter der Geschwister spielen für die Entwicklung der Geschlechtsrollen in der Familie mit zwei Kindern eine große Rolle.

Die Kombination ‹älterer Bruder–jüngere Schwester› scheint jedem Kind am eindeutigsten die Geschlechtsrolle zuzuweisen, die der gesellschaftlichen Auffassung von Mann und Frau entspricht. Diese beiden Kinder (und ihre Eltern) bestätigen sich gegenseitig in ihrer jeweiligen Geschlechtsrolle. Obwohl diese Kombination für die Geschlechtsrollenidentifikation fast ideal erscheint, kann es vorkommen, daß das Mädchen sich in einer solchen Familie im Vergleich zum Bruder von den Eltern benachteiligt fühlt und daher mit seinem Geschlecht unzufrieden ist; es hält sich dadurch für schwächer und unattraktiv. Unter Umständen entwickelt es eine starke Abneigung gegen seine Geschlechtsrolle (die sie allerdings nach außen hin verteidigt) und verhält sich seinem Bruder gegenüber feindlich und konkurrenzbetont.

Ist die Schwester älter und der Bruder jünger, dann kann sich das Mädchen gut zur Frau entwickeln, aber unter Umständen ist in diesem Falle der Junge mit seiner Männlichkeit unzufrieden, weil ihm seine Schwester stärker und lebensfähiger erscheint. Solche Einstellungen können bis ins Erwachsenenalter bestehen bleiben – wie bei einem Mann in den mittleren Jahren, der mich um meine Hilfe bat.

George verfügte über sehr gute intellektuelle Fähigkeiten, doch seine Leistungen waren nur durchschnittlich. Obwohl ehrgeizig, verfolgte er seine Ziele nicht mit allen ihm zu Gebote stehenden schöpferischen Energien. Er war nicht in der Lage, zu anderen Männern enge Beziehungen herzustellen, und klagte, er könne sie nicht verstehen. George beneidete reife Männer um ihre Aggressivität, und er fühlte sich unfähig, zu Autoritätspersonen ein normales Verhältnis herzustellen: Für ihn war ein Chef ein ‹Monster›, nicht einfach ein anderer Mann.

George war das jüngere von zwei Kindern. Sein Vater war verstorben, als er zwei Jahre alt war. Er lebte dann mit seiner Mutter und seiner älteren Schwester zusammen und entwickelte eine starke Abneigung gegen weibliche Dominanz. Noch jetzt, in mittleren Jahren, fühlte er sich unreif.

‹Immer wenn ich mit meiner Mutter und meiner Schwester zusammen bin›, sagte er, ‹fühle ich mich unterdrückt. Ich kann mich anscheinend nicht gegen sie wehren.›

George glaubte, Männer könnten nur insofern wichtig sein, als sie zum Wohlergehen von Frauen beitrügen. Gleichzeitig hielt er die Frauen für das stärkere Geschlecht, weil sie seinem Eindruck nach ihre Abhängigkeits-, Aggressivitäts- und Sexualitätsbedürfnisse ohne Schuldgefühle befriedigen konnten. Er beneidete sie und wünschte sich, zu sein wie sie.

Seine Furcht, von Frauen abgelehnt zu werden, war so stark, daß sie ihn hinderte, seine Gefühle der Feindschaft und Wut ihnen gegenüber auszudrücken oder überhaupt zu erkennen.

(Eine solche unklare Geschlechtsrolle entwickeln viele jüngere Brüder von Mädchen, vor allem wenn sie keinen starken und liebevollen Vater haben, der sie bei der Identitätsfindung unterstützt.)

George heiratete eine passive, häufig unter Depressionen leidende Frau. Dadurch hatte er Gelegenheit, sich stärker zu fühlen und sie zu bestrafen. Er gab ihr wenig Geld, warf ihr immer wieder ihre Schwäche vor und wies sie zurück, indem er in Wut geriet und mindestens zweimal wöchentlich das Haus verließ.

Dieser Mann brauchte seine Frau als Vergleichsperson, die ihm half, reifer und verantwortungsbewußter zu erscheinen, als er war. Er stellte sich als einen Mann dar, der aus Mitgefühl für ihre Liebe und Abhängigkeit von ihm bei seiner schwachen Frau blieb.

In der Therapie kam es darauf an, George eine Beziehung zu verschaffen, die die tiefe, warmherzige Reaktion förderte, die er anderen gegenüber zeigen konnte, wenn er das Gefühl hatte, daß *ihm gegeben*, nicht *von ihm genommen* würde. Allmählich hörte er auf, seine Frau mit der Wut und Feindschaft zu bestrafen, die er für seine Mutter und seine Schwester empfunden hatte. In dem Maße, in dem seine Frau sich wohler fühlte, wurde sie lebenstüchtiger, und die gegenseitigen Frustrationen verringerten sich.

Aus klinischer wie aus statistischer Sicht ist die Familie mit zwei Kindern eine fruchtbare Informationsquelle, was den wechselseitigen Einfluß der Geschwister auf ihre jeweilige Geschlechtsrollenidentifikation betrifft, weil hier das erste und das nachgeborene Kind eindeutig unterschieden sind. An der *University of California* in Santa Barbara beobachtete Altus bei Studentinnen der Anfangssemester, daß Mädchen mit älteren Brüdern häufiger mit ihrer Geschlechtsrolle unzufrieden sind.[2]

Dr. Helen Koch, emeritierte Professorin für Psychologie an der *University of Chicago*, untersuchte bei Sechsjährigen die Neigung zur Weichlichkeit (bei Jungen) bzw. zur Wildheit (bei Mädchen). Sie stellte fest, daß Mädchen mit einem mehr als zwei Jahre älteren Bruder relativ ‹wilder› waren; Jungen, die eine ältere Schwester hatten, waren ‹weichlicher›. Frau Koch fand heraus, daß der Altersunterschied zwischen Geschwistern sich darauf auswirkt, wie die Kinder ihre Geschlechtsrolle ausfüllen. Jungen schienen um so weniger zur Weichlichkeit zu neigen, je größer der Altersunterschied zwischen ihnen und ihrer Schwester war.[3]

In einer anderen Untersuchung erwiesen sich männliche Jugendliche mit älteren Schwestern als tendenziell maskuliner, Jungen mit älteren Brüdern als femininer.[4] Es hat sich auch gezeigt, daß Männer mit älteren Schwestern sich mehr für außerhäusliche und technische Aktivitäten und für Sport interessieren und daß sie häufiger rein männlichen Gruppen angehören als Männer mit älteren Brüdern – allerdings zeigen meine eigenen Beobachtungen, daß die Entwicklung in beiden Fällen in die gleiche Richtung geht.

Die Forscher nehmen an, daß der Junge zunächst seine ältere Schwester imitiert, sich aber später möglicherweise anders verhält, um nicht die Mißbilligung der Eltern und der Altersgenossen zu erregen.

Zahlreiche Autoren berichten, in Familien mit zwei Töchtern seien beide Mädchen relativ feminin und hätten erhebliches Interesse an häuslichen Beschäftigungen. Am genauesten entsprechen nachgeborene Mädchen mit älteren Schwestern den gesellschaftlichen Vorstellungen von Weiblichkeit.

Auch nach meinen eigenen Beobachtungen sind in diesem Falle beide Mädchen in ihren Interessen weiblich ausgerichtet, doch habe ich zwischen solchen Schwestern Unterschiede festgestellt, die den zwischen zwei Brüdern beobachteten Unterschieden ähneln. Das ältere Mädchen bleibt in Interessen und Verhalten weiblich, doch es identifiziert sich auch mit den Leistungen des Vaters und kann in diesem Sinne maskuliner sein als die jüngere Schwester. Diese Tendenz führt im Erwachsenenalter zuweilen zu Konflikten zwischen dem Wunsch nach Leistungen in einem Beruf und dem Wunsch, als Frau Erfolg zu haben: zu heiraten, einen Haushalt zu führen und Kinder großzuziehen.

Die jüngere Schwester identifiziert sich oft stark mit der weiblichen Rolle, sie heiratet früh und bekommt bald Kinder. Mit dieser Waffe kann eine jüngere Schwester gegen die intellektuellen Leistungen der älteren ankommen. Mir sind viele Fälle begegnet, in denen eine ältere Schwester sich in der Wertschätzung der Eltern dadurch herabgestuft fühlte, daß die jüngere Schwester zuerst ein Enkelkind ins Haus brachte.

In Familien mit mehr als zwei Kindern zeigen die nachgeborenen Jungen in der Regel maskuline Interessen und Verhaltensweisen, manchmal sind sie aber nicht in der Lage, mit dem stärker leistungsbezogenen älteren Bruder oder der älteren Schwester zu konkurrieren. In manchen Fällen geht mit ihren maskulinen Interessen und Verhaltensweisen ein Mangel an Selbstsicherheit und Aggressivität einher. Das kommt besonders bei den mittleren von drei Kindern vor.

Marvin, der Teenager, wurde als zweiter von drei Jungen geboren. Mehrere Jahre nach der Scheidung seiner Eltern wurde er zur Therapie zu mir geschickt. Sein Vater war ein passiver Mensch. Als mittlerer Junge war Marvin nach außen hin scheu und gehemmt. Unbewußt glaubte er, wenn er sich ruhig verhielte und keine Aufmerksamkeit auf sich lenke, könne er den Angriffen seiner Brüder entgehen. Der Junge war nicht in der Lage, die Abwesenheit seines Vaters zu akzeptieren, der nicht da war, um ihn vor seinen beiden Brüdern zu beschützen. Er getraute sich nicht, seiner

Mutter gegenüber Zorngefühle zum Ausdruck zu bringen, weil er fürchtete, sie könnte ihm ebenso ihre Liebe entziehen, wie sie es bei seinem Vater getan hatte. Mit vierzehn Jahren befand sich Marvin in der üblichen Pubertätsphase und interessierte sich sehr für die Liebe zwischen den Geschlechtern. Außerdem schwärmte er für seine Mutter, die er gerne ganz für sich alleine gehabt hätte, ohne die beiden anderen Jungen.

Marvins Reaktionen im Verlaufe der Therapie ließen vermuten, daß er sich mitten in einem Konflikt darüber befand, ob er sich mit seinem Vater oder mit seiner Mutter identifizieren sollte. Er interessierte sich für weibliche Kleidung und Make-up, aber offenbar nicht, um selbst davon Gebrauch zu machen. Sie schienen vielmehr mit sexuellem Interesse in Zusammenhang zu stehen, weil sie seine Mutter symbolisierten. Er gab auch zu, daß er besonders gerne mit verschiedenen Freunden (sexuelle) ‹Doktorspiele› spielte.

In dieser Krisenperiode schien es besonders gefährlich, daß Marvin nie eine geeignete Vaterfigur gehabt hatte, mit der er sich hätte identifizieren können. Sein Vater war weichlich und war zudem oft nicht zu Hause gewesen. Mit zunehmendem Alter schien Marvin in seinem älteren Bruder ein Identifikationsvorbild zu finden, doch ein Gespräch mit dem Bruder zeigte, daß er Marvin möglicherweise ausnutzte, um seine homosexuellen Sehnsüchte auszuagieren.

Nachdem ich einige Zeit mit dem Jungen gearbeitet hatte – und er sein Bedürfnis nach Abhängigkeit von einer Mutterfigur hatte erkennen lassen –, überwies ich ihn an einen männlichen Therapeuten. Marvin brauchte wirklich die Freundschaft eines starken Mannes, mit dem er sich identifizieren konnte und der ihn vor den übrigen Familienmitgliedern schützte.

Schwierigkeiten, sich in seiner Geschlechtsrolle zurechtzufinden, hatte auch der neunjährige Matthew, ein mittleres Kind mit einer älteren und einer jüngeren Schwester. Er wurde zur Therapie geschickt, da seine Eltern sich Sorgen machten, weil er sich gerne Mädchenkleider anzog und sich für die Kosmetika seiner Mutter und seiner beiden Schwestern interessierte.

Matthews Vater war ein Geschäftsmann, der sich seiner eigenen Meinung nach ganz seinen Kindern widmete, der aber tatsächlich nur wenig Zeit mit dem Jungen verbrachte. Matthew neigte dazu, sich mit seiner fünf Jahre älteren Schwester zu identifizieren, die ihn freundlich behandelte. Seine Eltern zwangen ihn, zugunsten der jüngeren Schwester auf manches zu verzichten. (‹Als meine Mutter im Krankenhaus war, sagte ich zu meiner älteren Schwester, ein neues Baby wäre eine dritte Plage.›)

Matthew erzählte, wie sein Vater den ganzen Tag im Büro arbeitete und dann noch zu Hause für die Mutter die Hausarbeit verrichtete. Die Mutter sagte zu mir: ‹Ich kann körperlich nichts machen. Als meine erste

Tochter sechs Monate alt war, hab ich sie mal hochgehoben. Seitdem habe ich Schmerzen in der Hüfte und im Bein. Ich lebe ständig unter Schmerzen.›

Matthew sagte: ‹Mein Vater ist nicht der Boss – das ist meine Mutter.›

Es ist leicht einzusehen, warum dieser Junge Schwierigkeiten hatte, seine geschlechtliche Identität zu finden. Alle Familienmitglieder mit Ausnahme der jüngeren Schwester mußten beraten werden, ehe sie einsehen konnten, was dieser Junge brauchte.

Spätergeborene* Kinder in großen Familien finden ihre Geschlechtsrollenidentifikation im allgemeinen im Geben und Nehmen unter den Brüdern und Schwestern. Aber es kommt sehr darauf an, wie viele Jungen und wie viele Mädchen unter den Geschwistern sind, wie ihre Reihenfolge untereinander aussieht und wie die Eltern ihnen gegenüber eingestellt sind.

Ein zwölfjähriges Mädchen wurde zu mir geschickt, weil es in der Schule schlecht war und schwere Auseinandersetzungen mit ihrer Mutter und ihren Schwestern hatte. Pamela war das dritte von fünf Kindern. Die ersten drei Kinder waren Mädchen, die beiden letzten Jungen. ‹Das ist mein Junge›, sagte Pamelas Vater – offensichtlich stolz –, als er sie zur Therapie brachte. Wie er erklärte, hatte er, nachdem Pamela als drittes Mädchen geboren war, den Gedanken an einen Jungen aufgegeben. Er ermutigte Pamela, sich ihm anzuschließen und sich für die von ihm bevorzugten Sportarten zu interessieren: Golf, Tennis und Pferdesport. Tatsächlich waren sie gute Kameraden geworden.

Pamelas Mutter war distanziert und sachlich. ‹Es fällt mir schwer, mich einem der Kinder besonders nahe zu fühlen›, sagte sie müde. ‹Es sind so viele.›

In meinen Sitzungen mit Pamela wurde deutlich, daß sie von ihrem Leben ganz andere Vorstellungen hatte als ihr Vater. Ihr Ich-Ideal war die erwachsene, verführerische Frau, die Männer durch ihre Erscheinung eroberт. Sie war deprimiert, weil sie sich für unattraktiv hielt und glaubte, sie könne Jungen gegenüber nicht mit anderen Mädchen – ihre Schwestern eingeschlossen – konkurrieren. Da ihre Mutter so distanziert war, gewann die Beziehung zu ihrem Vater übertriebene Bedeutung. Pamela mochte auf die Befriedigung, die sie in der Liebe des Vaters fand, nicht verzichten. So war sie in der frühen Pubertät hin- und hergerissen zwischen dem Wunsch, die männlichen Interessen, die ihrem Vater gefielen, beizubehalten, und der Suche nach jener Weiblichkeit, die sie schätzte. Ihrem Vater durchaus unbewußt, war es gerade sein Interesse für sie, das in ihr den Wunsch erregte, für ihn als Frau attraktiv zu sein.

* Siehe Fußnote S. 64.

Dadurch daß diese Faktoren aufgedeckt und Pamela und ihren Eltern logisch dargestellt wurden, konnten sie das Problem besser erkennen. Der Vater hörte allmählich auf, maskuline Aktivitäten von ihr zu erwarten, und wendete sich seinen beiden Jungen zu. Die Mutter bemühte sich, ihrem mittleren Kind mehr Liebe und Verständnis zu zeigen. Dadurch wurde Pamelas innerer Konflikt abgebaut, und sie konnte ihre Beziehungen zu anderen Menschen verbessern.

Ganz allgemein verläuft die Geschlechtsrollenentwicklung in der größeren Familie bei den beiden ersten Kindern ähnlich wie in der Familie mit zwei Kindern. Das spätergeborene Kind (in der Familie mit mehr als drei Kindern) kann die verschiedensten Geschlechtsrollenmerkmale entwickeln, je nachdem, wie die Beziehungen zwischen den Familienmitgliedern beschaffen sind. Das jüngste Kind einer größeren Familie wird meist recht maskuline Merkmale zeigen, wenn es ein Junge ist, recht feminine, wenn es sich um ein Mädchen handelt.

Meine eigenen Beobachtungen bestätigen Adlers Feststellung, daß ein Kind, das das einzige seines Geschlechts unter den Geschwistern ist, entweder sehr starke männliche oder sehr starke weibliche Eigenschaften entwickeln kann.

Um festzustellen, wieweit ein Mensch in seiner Geschlechtsrollenentwicklung dem üblichen Muster entspricht, ist es vielleicht von Interesse, einmal die wichtigsten Unterschiede zusammenzustellen, die den Untersuchungen über Konstellationseffekte zufolge in unserer Gesellschaft zwischen Männern und Frauen bestehen:

Männer zeigen ein stärkeres Leistungsbedürfnis als Frauen.
Männer sind durch das Leistungsbedürfnis stärker *motiviert*.
Männer sind weniger moralisch als Frauen.
Männer sind weniger angepaßt als Frauen.
Frauen scheinen stärker durch das Bedürfnis nach Zustimmung motiviert zu sein als Männer.
Männer suchen seltener als Frauen Gesellschaft, wenn sie ängstlich oder erschrocken sind.
Frauen sind meist weniger unabhängig als Männer.

Keine dieser Verhaltensweisen ist genetisch vorbestimmt. Sie ergeben sich aus der Art und Weise, wie Jungen und Mädchen während ihrer Entwicklung beeinflußt werden. Auf Grund der Veränderung der sozialen Werte in bezug auf Männer und Frauen dürfen wir erwarten, daß sich im Laufe der Zeit eine größere Ähnlichkeit zwischen Männern und Frauen einstellt. Vielleicht liegt die Bedeutung dieser Konstellationsuntersuchungen, die die in unserer Gesellschaft bestehenden Unterschiede zwischen Männern und Frauen aufzeigen, gerade darin, daß sie uns sagen, wo Änderungen notwendig sind, wenn die Gleichheit zwischen Mann und Frau verwirklicht werden soll.

Offensichtlich müssen die Frauen mehr Gelegenheiten bekommen, sich frei zu entfalten und Erfolg zu haben. Jene, die jetzt stärker zu Konformismus und Moralismus neigen, müssen ermutigt werden, die Frage, was dem Menschen erlaubt sein soll, etwas großzügiger zu beantworten. Die Tatsache, daß Frauen generell weniger unabhängig sind als Männer, spiegelt ihre historisch geförderte Abhängigkeit wider und zeigt, daß sie ihre Fähigkeit zur Selbständigkeit noch entwickeln müssen. Das stärkere Bedürfnis der Frauen nach Zustimmung zeigt, daß sie – und die Gesellschaft – die Bedingungen für die Entwicklung ihres Selbstwertgefühls verbessern müssen.

Homosexualität

Homosexualität bei Männern wie bei Frauen kann man als den Extremfall falscher Geschlechtsrollenidentifikation betrachten. Diese Feststellung sollte nicht als Kritik oder Herabsetzung der Menschen mißverstanden werden, die einen gleichgeschlechtlichen Partner vorziehen. Wir beschränken uns hier ganz auf die Frage, wie die Geschwisterkonstellation oder die Interaktion der Familienmitglieder zu einer solchen Entwicklung beitragen können.

Es gibt die verschiedensten Theorien über die Ursachen der Homosexualität. Man sucht sie in genetischen Faktoren, in sozialen Einflüssen, im Verhältnis zu den Eltern oder den Geschwistern. Ebenso wie bei anderen Aspekten der menschlichen Entwicklung gibt es auch hier wahrscheinlich nicht einen einzigen Grund. Es scheint, als müßten viele verschiedene Bedingungen zusammentreffen, um diese Abweichung vom üblichen heterosexuellen Verhalten zu verursachen.

Auf Grund von Untersuchungsergebnissen und meiner eigenen klinischen Erfahrung glaube ich, daß Einzelkinder, die ausgeprägte Züge des anderen Geschlechts zeigen, als Erwachsene zur Homosexualität neigen können, und daß man ihnen helfen sollte, die Geschlechtsrolle anzunehmen, die sie ablehnen. Das beruht auf der Beobachtung, daß fortgesetzte Weichlichkeit (bei Jungen) bzw. Wildheit (bei Mädchen) ein Vorläufer der Homosexualität zu sein scheint. Homosexuelle Männer, die in der Kindheit weichlich waren, sind oft Einzelkinder oder einzige Söhne, und unter den Lesbierinnen ist der Anteil der Einzelkinder noch größer.

Da das Einzelkind keine Geschwister hat, können wir möglicherweise in der Beziehung zu den Eltern Ursachen finden, die mit der homosexuellen Entwicklung in Zusammenhang stehen. Häufig beobachten wir Streit zwischen den Eltern. Sei es auf Grund dieses Streits, sei es, daß der Streit dadurch ausgelöst wird – jedenfalls ist der Vater oft tatsächlich oder emotional abwesend. Dadurch kommt es zu einem engen Kontakt zwischen dem Einzelkind und der Mutter. Krieg, berufliche Verpflichtungen, Tod oder Scheidung können für die Abwesenheit des Vaters verantwortlich sein, doch die wichtigste Bedingung ist, daß der Vater an Haus und Kind uninteressiert zu sein scheint. Entweder erlaubt er der Mutter zu dominieren, oder sie übernimmt diese Rolle einfach. Der männliche Homosexuelle identifiziert sich meist mit seiner Mutter. Manche Lesbierinnen identifizieren sich mit der Mutter, andere mit dem Vater. Für viele dieser Mädchen ist der Vater weniger wichtig als das Ausleben verschiedener Aspekte der Mutter-Tochter-Beziehung.

Die männliche Homosexualität scheint nach Dr. Bertram Forer ihre Ursachen darin zu haben, daß die Mutter als Hauptvorbild gesehen wird und die hauptsächliche Quelle der Befriedigung von Wünschen, aber auch von Frustrationen ist. Das gleiche gilt möglicherweise für die Lesbierin. Obwohl ihre Beziehung zum Vater während der Kindheit manchmal enger ist, beschreibt sie doch die Mutter als zwar weniger liebevoll, aber mehr an ihr interessiert als der Vater. Manchmal hat das Mädchen den Eindruck, die Mutter hätte es lieber, wenn sie als Junge oder überhaupt nicht geboren wäre. Die Einstellungen und Gefühle, die die Eltern bei ihren Kindern hervorrufen, sind möglicherweise Übertragungen der Gefühle, die sie selbst in der Kindheit ihren Eltern und Geschwistern gegenüber hatten.

Die Ursachen der Homosexualität sind zu vielfältig und komplex, als daß man erwarten könnte, sie nur bei Einzelkindern zu finden. Dr. Forer hat bei männlichen wie weiblichen Homosexuellen häufig festgestellt, daß sie in der Kindheit und in der Schule keine Freunde hatten.[5] Die Welt, in der sich der Homosexuelle entwickelt, scheint also gekennzeichnet zu sein durch das Isoliertsein mit einer ambivalenten Mutter, die nicht nur mit ihrem Mann Streit hat, sondern Männer generell nicht mag (im Falle des homosexuellen Sohnes) oder mit ihrer eigenen Geschlechtsrolle unzufrieden ist (im Falle der homosexuellen Tochter).

Zwei Beispiele sollen uns zeigen, welche Zusammenhänge zwischen homosexueller Entwicklung und Geschwisterkonstellation bestehen können.

Die achtjährige Sally ist ein Beispiel für die Entwicklung maskuliner Verhaltensweisen und Interessen bei einem Mädchen, die sich im Erwachsenenalter zur Homosexualität weiterentwickeln können. Sie war das ältere von zwei Kindern und hatte einen vier Jahre jüngeren Bruder.

Psychologische Tests zeigten, daß Sally eine Abneigung gegen alle Mädchensachen hatte. Sie konnte beispielsweise nichts mit einer Aufgabe anfangen, in der es um Puppen ging, doch sie konnte das Problem ohne weiteres lösen, wenn das Wort ‹Puppe› durch das Wort ‹Ball› ersetzt wurde. Obgleich sie noch so klein war, erkannte sie durchaus, daß sie Jungeninteressen hatte, und schien damit zufrieden zu sein. ‹Das meiste mache ich so wie die Jungen›, sagte sie.

Einige Monate bevor Sally zur Therapie kam, hatten ihre Eltern sich getrennt – ihr Vater hatte die Familie verlassen. Sie zeigte ihre Wut durch die Art, wie sie symbolisch mit ihm umging: sie stellte ihn sich fallend, sterbend oder ‹wegfliegend› vor. Der Mensch, der sie am meisten störte, war jedoch ihr kleiner Bruder. Sie glaubte, er habe ihr die befriedigende Liebe ihrer Mutter genommen, und sie haßte ihn regelrecht. Sie schmähte ihn, indem sie ihn als dumm bezeichnete und davon sprach, wie schwach er sei.

Gleichzeitig versuchte Sally, sich mit dem Mann zu identifizieren, den sie an Intelligenz und Kraft für überlegen hielt. Ihr Ziel war es, ein Heim für sich und ihre Mutter zu schaffen. (Der Vater und der Bruder würden ausgeschlossen bleiben.) Die meisten älteren Schwestern eines Jungen neigen dazu, sich mit dem Vater zu identifizieren, aber dieses Mädchen, das sich vom Vater abgelehnt und verlassen fühlte, wollte seinen Platz einnehmen und zum Beschützer der Mutter werden.

Da sie ihr vorgegebenes Geschlecht nicht ändern konnte, war sie frustriert und zornig, zumal in der Schule, wo sie auf Situationen traf, die ihre körperliche und intellektuelle Überlegenheit herausforderten.

Eine Therapie schien für Sally angezeigt, da sie ohne Hilfe als Erwachsene möglicherweise zu engen menschlichen Beziehungen unfähig gewesen wäre, sich mit der männlichen Rolle identifiziert hätte und vielleicht sogar homosexuell geworden wäre.

Das zweite Beispiel ist ein Junge namens Harry, das mittlere von fünf Kindern. Das älteste Kind seiner Familie war ein Junge, das zweite ein Mädchen; die beiden jüngeren Geschwister waren ebenfalls Jungen. Die Mutter war stark und moralistisch, der Vater eher leichtlebig; zu der Zeit, als Harry in die Pubertät kam, war der Vater oft aus beruflichen Gründen unterwegs. Harry war viel mit seiner älteren Schwester zusammen und bemühte sich wie sie um intellektuelle Leistungen. Andererseits trat er in Spielsituationen als Führer der beiden kleineren Jungen auf.

Harry hatte eine enge Bindung an seine Mutter, die sein handwerkliches Geschick und seine künstlerischen Neigungen bewunderte. Sein Vater kümmerte sich wenig um ihn, da er in der Schule ausgezeichnet vorankam und sich angewöhnt hatte, ruhig und unauffällig zu sein, um sich vor allem von den beiden lärmenden jüngeren Brüdern abzuheben und die Billigung der Eltern zu gewinnen.

Der Junge war in der Schule erfolgreich und hatte verschiedene Schülerämter inne. Auch in individuellen Sportarten zeigte er gute Leistungen. Aber die ganzen Jahre lang ließ er sich von anderen Menschen – Eltern und Lehrern – vorschreiben, was für ein Mensch er sein sollte. Dadurch entwickelte er nie ein starkes Bild von sich selbst als Individuum, obwohl seine Geschwister seine besonderen Leistungen auf einigen Gebieten durchaus anerkannten.

Harry war scheu und bescheiden, und es fiel ihm schwer, sich Mädchen zu nähern; später gab er zu, daß er sich in Gesellschaft anderer Jungen immer wohler fühlte. Er hatte im Umkleideraum auch körperliches Interesse an anderen Jungen, aber er gestattete sich auf der *high school* keine homosexuellen Handlungen.

Harry, der sich mit seiner moralistischen Mutter identifizierte, war hin- und hergerissen zwischen seinem homosexuellen Trieb und der religiösen Tabuisierung seines Verhaltens. Erst spät in seiner Collegezeit begann er, mit homosexuellen Beziehungen zu experimentieren und fand sich schließlich nach inneren Kämpfen mit seiner – wie er glaubte – wahren Natur ab.

Allgemein zeigt sich, daß männliche wie weibliche Homosexuelle eher kleineren Familien entstammen. In verschiedenen Untersuchungen wurde festgestellt, daß die Mehrzahl der Homosexuellen entweder Einzelkinder sind oder aus Familien mit zwei Kindern kommen. Männliche wie weibliche Homosexuelle haben meist eher Brüder als Schwestern.

Auf Grund des Zusammenwirkens dieser Bedingungen wird der männliche Homosexuelle, wenn er kein Einzelkind ist, am ehesten der ältere von zwei Brüdern sein. Wenn der Vater tatsächlich oder emotional abwesend ist, wendet sich die Mutter unter Umständen dem ältesten Sohn zu, der versuchen wird, ihre Bedürfnisse zu erfüllen. Möglicherweise versucht er, wie seine Mutter zu sein, nicht wie sein Vater – der Mann, den die Mutter ablehnt.

Lesbierinnen scheinen – sofern sie keine Einzelkinder sind – noch häufiger aus kleinen Familien zu stammen. Lesbische Frauen sind jüngeren Brüdern gegenüber feindseliger als andere. Manche Frauen wären gerne ein Mann, und in ihren Phantasien stellen sie sich vor, sie hätten einen Penis, oder sie könnten sich einer Geschlechtsumwandlung unterziehen. Oft haben diese Frauen eine schreckliche Angst davor, ‹penetriert› zu werden, weil sie damit ihre Weiblichkeit zugeben würden.

Nimmt man diese Faktoren zusammen, so kann man vermuten, daß Mädchen mit einem jüngeren Bruder eher als alle anderen – einzige Töchter ausgenommen – lesbisch werden. Die Mutter dieses Mädchens läßt erkennen, daß sie ihre eigene Geschlechtsrolle nicht liebt, daß sie männliche Eigenschaften schätzt und daß sie sich wünscht, ihre Tochter wäre ein Junge. Die Tochter versucht, ihre Mutter zufriedenzustellen und den abwesenden Vater zu ersetzen. Die Geburt eines jüngeren Bruders mag sehr wohl die Feindschaft des Mädchens gegenüber Männern noch verstärken und dazu führen, daß es sich noch mehr bemüht, den Wertvorstellungen der Mutter gerecht zu werden, indem es sich mit seinem Vater identifiziert.

Wir haben die Vermutung geäußert, daß Jungen und Mädchen mit einem jüngeren Bruder eher als alle anderen Kinder – Einzelkinder ausgenommen – zu homosexueller Entwicklung neigen, wenn wichtige Zusatzbedingungen gegeben sind. Es ist jedoch möglich, daß unter dem Einfluß der Frauenbewegung veränderte soziale Einstellungen auch dazu führen, daß Eltern der Frage ‹Junge oder Mädchen› weniger Bedeutung beimessen. Wenn beide gleich willkommen sind, dann entfällt auch der Druck, der die Geschlechtsrollenidentifikation stören kann.

Kapitel 12
Sexuelle Probleme

Monty war dreißig Jahre alt, als er zu mir kam, um verschiedene Probleme zu besprechen. Unter anderem ging es um seine Unsicherheit und sein mangelndes Durchsetzungsvermögen im Beruf, doch das Hauptsymptom war seine Impotenz.

Trotz starker sinnlicher Empfindungen war Monty bei seinem ersten intimen Kontakt mit einer Frau oft völlig impotent. Eine gewisse Besserung stellte sich mit zunehmender Vertiefung der Beziehung ein, doch häufig ging die im Vorspiel erreichte Erektion unmittelbar vor der Penetration verloren. Nach einem solchen ‹Versagen› war ihm ein erneuter Versuch am gleichen Abend oder in derselben sexuellen Episode körperlich unmöglich. Derartige sexuelle Hemmungen sind sehr verbreitet.

Das Verblüffende war, daß Montys Affären nicht an seiner sexuellen Unzulänglichkeit scheiterten, sondern daß er sie stets selbst beendete. Er berichtete, daß die meisten Frauen, mit denen er zu tun gehabt hatte, an ihm interessiert gewesen seien.

Im Laufe der Therapie zeigten sich noch andere Probleme. Monty achtete sorgfältig darauf, was für einen Eindruck er auf andere – Männer wie Frauen – machte. Er ließ andere für sich Entscheidungen treffen und traute sich nicht zu, mit gegenwärtigen oder künftigen Situationen fertig zu werden.

Viele dieser Probleme ließen sich auf die Tatsache zurückführen, daß Monty eine ältere Schwester hatte, die ihn von frühester Kindheit an dominiert hatte. Auch die Mutter war allen Familienmitgliedern gegenüber dominant. Das führte zu scharfen Auseinandersetzungen zwischen Mutter und Tochter, so daß Monty, um nicht in die Schußlinie zwischen den beiden dominanten Frauen zu geraten, mit seiner Mutter auszukommen suchte, indem er sich anspruchslos und unterwürfig verhielt. So war er zwei starken weiblichen Kräften unterworfen, der viel älteren Mutter und der ebenfalls einige Jahre älteren Schwester. Letzten Endes komplizierten beide Beziehungen Montys sexuelles Verhalten.

Seine meisten Liebesaffären hatte Monty mit weit älteren Frauen, die ihn – wie seine Mutter – akzeptierten, wie er war. Er erkannte schließlich, daß er sich bewußt oder unbewußt immer Frauen suchte, zu denen sich eine derartige Beziehung ergeben würde. Monty klagte, er könne nicht aggressiv oder dominant sein, aber er suchte sich Frauen, die aggressiv und dominant waren.

Zunächst schienen diese älteren Frauen Monty bedingungslos zu akzeptieren, doch sie neigten dazu, schließlich die Kontrolle zu übernehmen. ‹Sie unterdrücken mich ganz schön›, sagte er. Genau wie seiner Mutter gegenüber bemühte sich Monty auch in seinen Beziehungen zu anderen Erwachsenen vor allem, ‹liebenswert› zu sein. Anscheinend bedeutete das, daß er *sex appeal* hatte, besonders für ältere Frauen, doch er konnte das, was er wünschte, nicht auf die als normal angesehene männliche Weise bekommen.

Bevor wir diesem sexuellen Problem auf den Grund gehen konnten, mußte Monty sich über die starke Anziehungskraft klarwerden, die seine Schwester auf ihn ausübte. Sie hatte ihn sinnlich erregt und neugierig gemacht, doch seine Eltern hatten solche Neigungen früh unterdrückt. ‹Es scheint, als hätte ich stets gewußt, daß man von mir nicht erwartete, an so etwas interessiert zu sein›, sagte Monty.

So hatte er noch als Erwachsener das Gefühl, daß er Mädchen seines Alters gegenüber nicht sexuell aggressiv sein dürfe. Ein normaler Geschlechtstrieb veranlaßte ihn, nach Partnerinnen zu suchen, aber er neigte dazu, passiv Frauen in die Arme zu fallen, die ihn führten, wie ihn seine Mutter geführt hatte. In der Therapie erkannte er, daß er sowohl ältere als auch jüngere Frauen ablehnte, weil sie ihm ‹zu mächtig› erschienen.

Montys Abneigung drückte sich in seinem Penis aus, der oft das Opfer unbewußter Einstellungen wird: Zwar war Monty sich der Zusammenhänge nicht bewußt, aber tatsächlich bestrafte er seine Geschlechtspartner, wenn sein Glied in dem Moment erschlaffte, in dem es doch die ‹dominierende› Frau befriedigen sollte. Daraus ergab sich ein Circulus vitiosus, denn die Frau wurde um so aggressiver, je unzulänglicher seine sexuelle Leistung war.

Monty erkannte seine Abneigung gegen das Verhalten seiner Partnerinnen, aber erst spät im Laufe der Therapie brachte er sie mit seinem schlaffen Penis in Verbindung. Als er sich allmählich freier fühlte, sich in anderen Lebensaspekten durchzusetzen, machte auch sein Körper mit und erlaubte ihm, sexuell aggressiv zu sein.

Das Symptom Impotenz kann – wie andere sexuelle Symptome – bei verschiedenen Menschen ganz verschiedene Gründe haben. Bei erstgeborenen Männern hängt es oft mit der Angst vor unzureichender Leistung zusammen. Bei Einzelkindern kann es die Furcht ausdrücken, die Frau, die die idealisierte Mutter repräsentiert, herabzuwürdigen.

Die Bedeutung des Sexuellen

Vielleicht fragt sich der Leser, ob wir nicht – in einer Zeit wachsender sexueller Permissivität – der Frage der sexuellen Leistungsfähigkeit im Zusammenhang mit der Geschwisterkonstellation zuviel Bedeutung beimessen. Tatsache ist, daß heute mehr Menschen als je zuvor wegen sexueller Probleme Beratung oder Therapie suchen. Diese Zunahme ist darauf zurückzuführen, daß man heute offenbar über Sexualität sprechen kann und daß weniger Scham, Schuldgefühle oder Hemmungen damit verbunden sind. Sie hängt auch damit zusammen, daß die Menschen mehr über Behandlungsmethoden wissen, aber der wichtigste Grund ist wahrscheinlich, daß heute die Forderung nach hocheffizienter sexueller Leistung eine größere Rolle spielt.

Sexuelle Probleme sind jedoch Teil der zwischenmenschlichen Schwierigkeiten, die sich ergeben, wenn zwei Menschen zueinander in Beziehung treten. Nur in der Masturbation kann der Mensch sich vollkommen entspannen – in dem, was man jetzt als die Notwendigkeit proklamiert, ‹sich selbst der beste Liebhaber zu sein›. Theoretisch könnten Menschen wie die niederen Arten kopulieren, bloß um des sinnlichen Erlebnisses willen. In der Praxis aber involviert der Geschlechtsakt *alle* Aspekte des Menschseins. Die Schwierigkeiten solcher Interaktion scheinen bei immer mehr Männern und Frauen eine Ernüchterung in bezug auf die ganze Sexualität zu bewirken. Immer häufiger hören wir:

‹Ich habe es satt, mich abzumühen, daß Sex dem anderen Spaß macht. Früher oder später kommen Gefühle ins Spiel. Das mindeste ist dieses ewige Ritual des Werbens oder Umworben-Werdens – und wenn es noch so kurz ist. In Zukunft befriedige ich mich selbst, oder ich laß es ganz bleiben.›

Die Freiheit zur Selbstbefriedigung ist unerläßlich, wenn ein Mensch ein hinreichendes Maß an Autonomie erreichen soll. Wer diese Freiheit nicht hat, ist leicht – zumindest in seinen Gefühlen – einem anderen Menschen auf Gnade und Ungnade ausgeliefert. Da die Sexualität für die meisten Menschen noch immer ein zwischenmenschlicher Vorgang ist, werden bei der sexuellen Interaktion (wie in allen anderen sozialen Situationen) zwangsläufig alle Aspekte der Beziehung zu einem Partner einbezogen. Da Konstellationseffekte zumeist die Art und Weise, wie jemand zu anderen in enge Beziehungen tritt, beeinflussen, läßt sich in den sexuellen Einstellungen und Verhaltensweisen eines Menschen stets der Einfluß seiner Position in der Familie erkennen.

Fallstudien (wie der Fall Monty) zeigen, wie die Anpassung in falschen Bahnen verlaufen kann. Menschen, die einer Therapie bedürfen, haben häufig jene Charakteristika in extremem Maße entwickelt, die auch für andere Menschen in einer bestimmten Familienposition durchaus typisch sind. Unser Beispiel bedeutet gewiß nicht, daß jeder jüngere Bruder eines Mädchens oder jeder älteste Sohn impotent sein müssen. Oft sind viele genetische und Umweltfaktoren – nicht nur einer, wie die Geschwisterkonstellation – für einen solchen Zustand verantwortlich. Was wir bei Monty zunächst als sexuelle Unzulänglichkeit bezeichnet haben, erweist sich bei näherer Betrachtung nicht als Unzulänglichkeit, sondern als *absichtsvolles* Verhalten.

Sexuelle Leistungsfähigkeit gehört zu den wichtigsten Bedingungen, die ein Mensch erfüllen muß, um zufrieden leben zu können. Die Schwierigkeiten konzentrieren sich bei Männern meist auf homosexuelle Ängste, Ängste im Zusammenhang mit Masturbation, ejaculatio praecox und verschiedene Grade der Impotenz (je nachdem, wieweit die Fähigkeit, die Erektion zu erreichen und zu erhalten, um die Partnerin zu befriedigen, noch vorhanden ist). Die Sorge des Mannes um die Leistungsfähigkeit seines Penis beruht auf der einfachen Tatsache, daß er ohne Erektion zu sexuellem Kontakt in der von der Gesellschaft als normal akzeptierten Weise unfähig ist. Dieses Problem wird noch verstärkt durch den zunehmenden sexuellen Leistungsdruck der Gesellschaft. Frauen sind demgegenüber natürlich fast unbegrenzt fähig, den Mann zu empfangen, auch wenn sie nicht sexuell erregt sind. Als Maß für die sexuelle Tüchtigkeit der Frau dient daher häufig ihre Fähigkeit, den Orgasmus zu erreichen.

Homosexualität ist – wie wir gesehen haben – bei Männern und Frauen einfach eine andere sexuelle Ausdrucksform. Sie hat nicht notwendigerweise etwas mit mangelnder sexueller Leistungsfähigkeit zu tun.

Konstellationseffekte

Im Zusammenhang mit sexuellen Problemen bei Männern schreibt Dr. Bertram Forer:

‹Funktionale sexuelle Störungen zeigen sich bei Einzelkindern oder Erstgeborenen signifikant häufiger als nicht-sexuelle Probleme. Erstgeborene Jungen scheinen besonders anfällig für sexuelle Probleme zu sein.›

Dr. Forers Beobachtungen werden von verschiedenen anderen Untersuchungen bestätigt. In einer davon wurde festgestellt, daß erste und einzige Kinder stark zu sexuellem Versagen neigen; den größten Anteil unter jungen Patienten mit Anfangsschwierigkeiten im heterosexuellen Verkehr stellten erstgeborene Söhne. In einer anderen Untersuchung belief sich ihr Anteil an solchen Fällen auf 85 Prozent.

Ein erstgeborener Sohn, Anfang dreißig, fühlte sich trotz seiner Liebe zu seiner Frau ständig zu Seitensprüngen versucht.

‹In meiner Jugend›, sagte er, ‹hatte ich Schuldgefühle wegen meiner sexuellen Wünsche, und ich versuchte, solche Erlebnisse zu vermeiden. Ich mußte auch arbeiten, weil es meiner Familie nicht gutging, und so hatte ich fast nie Gelegenheit, mit Mädchen zu schlafen. Heute scheinen sich alle herrlich zu amüsieren, und ich fühle mich dauernd in Versuchung geführt.›

Dr. Forer meint, da zwischen dem Erstgeborenen und den Eltern keine anderen Geschwister als ‹Puffer› stünden, sei es ‹allen vielleicht vorhandenen neurotischen Zügen der Eltern voll ausgesetzt. Wenn die Eltern gut angepaßt sind, kommt das besonders im Geschlechtsleben ihrer Kinder zum Ausdruck.›

Die Angst des erstgeborenen Mannes, nicht genug zu leisten, kann zu seinem sexuellen Versagen – zumindest in seiner Selbsteinschätzung – beitragen. Viele Männer haben mir berichtet, daß sie nie zufrieden sind, wenn ihre Frau beim Verkehr den Orgasmus nicht erreicht. Ein so hohes Anspruchsniveau muß fast zum Mißerfolg führen, weil die körperliche Liebe je nach Zeit, Ort und Umständen stets anders ist. Zudem wird auch die Frau Opfer dieser *Selbst*beurteilung des Mannes hinsichtlich seiner sexuellen Leistung. Er bezieht sich mehr auf seine Rolle denn auf sie als Mensch.

Wir haben festgestellt, daß bei homosexuellen Patienten meist beide Eltern lebten – wenngleich getrennt oder geschieden –, und daß der Homosexuelle meist mit der Mutter zusammen gelebt hat. Andere Schwierigkeiten, wie homosexuelle Ängste, Ängste im Zusammenhang mit Selbstbefriedigung, ejaculatio praecox und Impotenz, kommen jedoch anscheinend vor allem bei Männern vor, die in intakten Familien aufgewachsen sind.

Männliche Einzelkinder haben oft Schuldgefühle wegen ihres sexuellen Verhaltens, allerdings zeigen einige Untersuchungen, daß Männer mit älteren Schwestern mit ihrer Sexualität am meisten Schwierigkeiten haben (siehe den zu Beginn des Kapitels erwähnten Fall Monty). Ein Forscher stellte bei einer Untersuchung an Familien mit zwei Kindern fest, daß Männer mit älterer Schwester häufiger als solche mit Brüdern oder jüngeren Schwestern homosexuell sind, allem Sexuellen ablehnend gegenüberstehen und heterosexuelle Beziehungen vermeiden.[1]

Ein jüngerer Bruder eines Mädchens berichtete, sie hätten als Kinder ein ‹Operationsspiel› gespielt; dabei spielte seine Schwester den Arzt, der seinen (des Jungen) Penis abschneiden mußte. Verständlicherweise litt dieser Mann später unter Potenzproblemen. Sexuelle Beziehungen konnte er nur zu weit jüngeren, jungenhaften Mädchen haben.

Bei anderen jüngeren Brüdern scheinen Potenzprobleme dadurch zu entstehen, daß sie sich nicht durchsetzen können. Oft haben die Eltern solche Jungen dazu angehalten, Frauen zu beschützen, vor allem ihre ältere Schwester.

Mike beispielsweise, der zusammen mit zwei älteren Schwestern aufgewachsen war, stellte fest, daß er auf ältere Frauen wirkte. Während seiner *high school*-Zeit interessierten sich verschiedene Lehrerinnen für ihn. Später hatte er sexuelle Beziehungen nur zu Mädchen, die mehrere Jahre älter waren als er. Schließlich, mit einundzwanzig Jahren, wurde er impotent, und dieses Problem brachte ihn in die Psychotherapie. Die Impotenz begann während seiner Beziehung zu einer jungen Frau, ungefähr im Alter seiner Schwestern.

Aus seiner Kindheit berichtete Mike, daß die Eltern permissiv gewesen waren und nichts gegen sexuelle Spiele oder dagegen, daß die Kinder sich einander zeigten, eingewendet hatten. In dieser offenen Atmosphäre lernten die Kinder wahrscheinlich viel Wertvolles, aber Mikes ältere Schwestern machten sich oft über seine unreifen Geschlechtsorgane lustig. Er konnte nicht erkennen, daß ihr Spott teilweise nur Ausdruck ihres Neides auf seine männlichen Organe war, und so akzeptierte er ihr herabsetzendes Urteil.

Diese Kindheitsspiele hinterließen bei ihm offenbar eine heimliche Angst, körperlich nicht ebenbürtig zu sein. Mikes Potenzschwierigkeiten fingen an, als er seine Partnerin fragte, ob sein Penis ebensogroß sei wie der anderer Männer, die sie kannte. Sie sagte ihm, er sei nicht so groß.

Mike fand neue, wieder ältere Geschlechtspartnerinnen, doch seine Impotenz trat immer häufiger auf. Sein Problem war nicht leicht zu lösen. Erst nach einer mehrere Jahre dauernden Therapie begann er sich nach Mädchen seines Alters umzusehen, und seine Impotenz besserte sich, wurde jedoch nie völlig behoben.

Nach unseren Beobachtungen haben erstgeborene Männer eher Probleme mit vorzeitigem Samenerguß und sexuellen Leistungsängsten, während jüngere Brüder eher zu Problemen mit dem Erreichen und Erhalten der Erektion neigen; dieser Umstand hängt mit ihren Aggressions- und Selbstsicherheitsproblemen zusammen.

Burke war beispielsweise das dritte von vier Kindern, er hatte zwei ältere Brüder und eine jüngere Schwester. Mit zweiundzwanzig Jahren wechselte er ständig seine berufliche Stellung und seine Freundinnen.

Er war der dritte Junge in seiner Familie, und er klagte, sein Vater möge ihn wohl nicht sehr, weil er eben ‹auch bloß wieder ein Junge› sei.

Als Burke zu mir kam, hatte er gerade das Zusammenleben mit einer Frau beendet, die ein Kind von ihm durch eine Fehlgeburt verloren hatte. Zwei Jahre zuvor hatte diese Frau schon einmal eine Fehlgeburt gehabt, während sie mit Burkes nächstälterem Bruder zusammenlebte.

In unserer Diskussion erkannte er, daß der ältere Bruder für ihn zum Vorbild und Ersatz für den Vater geworden war, der ihn abzulehnen schien. Indem er die frühere Freundin seines Bruders übernahm, glaubte er auch seinen Status erreicht zu haben. Als Burke tieferen Einblick in die

Bruderbeziehung gewann, erkannte er auch einen inzestuösen Wunsch nach körperlichem Kontakt mit dem Bruder, den er dadurch befriedigte, daß er mit dem Mädchen schlief, das vorher sein Bruder gehabt hatte.

Burke untersuchte auch zwei seiner stärksten Motivationen. Er war hin- und hergezogen zwischen dem Wunsch, abhängig zu sein und dem Wunsch nach Unabhängigkeit, zwischen dem Wunsch, beschützt zu werden und dem, Beschützer zu sein. Später sah er darin den Wechsel zwischen seiner Rolle als beschützter kleiner Bruder und der Rolle als Beschützer der kleinen Schwester. Männern gegenüber – auch seinen Vorgesetzten – verhielt er sich als der kleine Bruder und übernahm keine Verantwortung. Zu Frauen suchte er eine Beziehung, in der er dominieren konnte.

Probleme der Frauen

Bei erstgeborenen Frauen verläuft die Tendenz genau umgekehrt wie bei den Männern. Sie gehen am seltensten als Jungfrauen in die Ehe, und ihre Orgasmusfähigkeit übertrifft im allgemeinen die der Frauen aus allen anderen Familienpositionen.

Ein tschechoslowakisches Gynäkologenteam untersuchte 655 Frauen auf ihre Orgasmusfähigkeit während des Geschlechtsverkehrs. Alle waren jünger als 45 Jahre, und alle waren mindestens ein Jahr lang verheiratet. Sie wurden in drei Gruppen eingeteilt: 316 Frauen berichteten, es falle ihnen nicht schwer, den Orgasmus zu erreichen, 279 erreichten den Orgasmus selten und 60 hatten ihn angeblich nie erreicht. Die erste Gruppe bestand in der Mehrzahl aus erstgeborenen Frauen, die Geschwister hatten. Als jüngste Kinder geborene Frauen hatten die geringste Orgasmusfähigkeit, mittlere und Einzelkinder lagen in der Mitte.[2]

Einige sexuelle Probleme, besonders bei Einzelkindern und erstgeborenen Mädchen, stehen möglicherweise mit der Abwesenheit des Vaters in Zusammenhang. Wir haben festgestellt, daß erstgeborene junge Mädchen selten vom traditionellen Geschlechtsrollenverhalten abweichen, aber sie haben manchmal Schwierigkeiten bei der Interaktion mit Männern.

Mavis Hetherington untersuchte an der *University of Virginia* die Effekte väterlicher Abwesenheit durch Scheidung oder Tod auf die Persönlichkeitsentwicklung von 72 erstgeborenen Mädchen im Alter von dreizehn und siebzehn Jahren. Die Scheidungswaisen bemühten sich schon früh um die Aufmerksamkeit der Männer und begannen früh mit heterosexuellen Aktivitäten. Dagegen waren die echten Halbwaisen oft sexuell gehemmt und im Umgang mit Männern steif und zurückhaltend.

Es zeigte sich, daß eine frühe Trennung vom Vater sich stärker auswirkte als eine späte Trennung.[3]

Im allgemeinen verfügen erstgeborene Frauen über eine gute Orgasmusfähigkeit, obwohl viele Frauen einige Übung brauchen, um den Orgasmus zu lernen. Frauen, die schon durch Masturbation oder vorehelichen Verkehr Orgasmuserfahrungen haben, werden meist auch in der Ehe zum Orgasmus gelangen.[4] Hier besteht ein indirekter Zusammenhang mit dem hohen Leistungsdruck, der auf das erstgeborene Kind ausgeübt wird. Die meisten Autoren berichten auch über Zusammenhänge zwischen höherer Bildung und höherem Berufsstand einerseits und guter Orgasmusfähigkeit andererseits.

Die Auswahl des Geschlechtspartners

Erotische und andere Liebesgefühle haben ihren Ursprung in der Familie, zwischen Brüdern und Schwestern und den Eltern. Häufig finden wir in der Geschichte Geschwisterehen oder Verbindungen zwischen anderen engen Verwandten, doch auch wo es nicht um die Erhaltung von Herrscherhäusern geht (die meistens Gegenstand der Geschichte sind), interagieren Brüder und Schwestern miteinander. Diese Interaktion bestimmt oft, welchen Geschlechtspartner ein Mann oder eine Frau sich sucht.

Wie viele Frauen suchen nach einem Ebenbild ihres Vaters oder ihres Bruders, und wie viele Männer wünschen sich ‹genau so ein Mädchen wie das, das Vater geheiratet hat›? Das soll nicht heißen, daß jeder einen Partner sucht, der einem Familienangehörigen ähnelt. Oft ist es gerade umgekehrt. Aber ein Portraitmaler hat mir einmal gesagt, er stelle oft große Ähnlichkeiten zwischen Männern und ihren Frauen fest.

Eine Frau, die gerne geheiratet hätte, die aber Schwierigkeiten hatte, dauerhafte Beziehungen zu Männern aufrechtzuerhalten, führte ihr Problem auf die Tatsache zurück, daß ihr Vater klein, dünn und dunkelhaarig war, ihr Bruder dagegen groß und blond. Sie fühlte sich entweder zu kleinen dunkelhaarigen Männern oder zu großen, dünnen hingezogen. Sie berichtete:

‹Ich erinnere mich, daß ich schon in der ersten Klasse den kleinen, dunkelhaarigen Jungen mochte, der neben mir saß, und den großen dünnen vor mir. Ich konnte mich nicht entscheiden, welchen ich lieber mochte. Ich glaube, daß ich es immer vermieden habe, mich zu eng an einen dieser beiden Typen zu binden.›

Diese Frau entschied sich schließlich für einen Mann, der ihrem Vater ähnelte. Die Psychologen halten das für eine gesunde Wahl, denn sie bedeutet, daß jemand einen Menschen heiratet, der dem so sehr geschätzten Elternteil ähnelt.

Dorothy Thompson, die Journalistin und Ehefrau von Sinclair Lewis, äußerte einmal: ‹Letzten Endes sind für mich alle Gefühlszustände Wiederholungen früherer Familienbeziehungen.› Das Kind, das sie von Lewis hatte, kam ihr so sehr wie sie selbst vor, daß sie sagte: ‹Ich spielte mit meinem Sohn in meinem eigenen Kinderzimmer.›[5]

Das Zusammenleben von Geschwistern verschiedenen Geschlechts macht sie zwar mit dem jeweils anderen Geschlecht vertraut und kann ihnen den Umgang damit erleichtern, es kann aber auch zur Entwicklung von Schuldgefühlen führen, wenn jemand mit einem Menschen, der seinem Bruder oder seiner Schwester ähnelt, sexuelle Beziehungen hat. Gestörte Sexualität in der Ehe läßt sich oft auf eine Ähnlichkeit zwischen dem Partner und einem Bruder oder einer Schwester zurückführen.

Eine Frau mit einem fünf Jahre jüngeren Bruder (den sie nicht mochte) heiratete einen vier Jahre jüngeren Mann. Von Anfang an fühlte sie sich bei seinen sexuellen Annäherungen nicht wohl, und bald hörten alle sexuellen Beziehungen zwischen ihnen auf. Es kam schließlich zur Scheidung, als sie erfuhr, daß ihr Mann andere Partnerinnen gefunden hatte.

Wir haben viele Hinweise darauf, daß Kindheitserfahrungen mit Brüdern und Schwestern die Einstellungen des Erwachsenen zum anderen Geschlecht beeinflussen. In einer Untersuchung wurde bei College-Studenten mit gegengeschlechtlichen Geschwistern stärkere Neugier (und höhere intellektuelle Qualität) festgestellt als bei Studenten, die keine solchen Geschwister hatten. Eine Frau klagte, sie sei, als sie klein war, öfter gegen ihren Willen Gegenstand der sexuellen Neugier ihrer Brüder gewesen. Die Brüder hielten sie oft in einer einsamen Ecke fest und bestanden darauf, sie zu untersuchen, um festzustellen, wo ein weiblicher Körper ein Baby tragen und wie es herauskommen könne.

Körperliche Kontakte zwischen Brüdern und Schwestern ermöglichen den Kindern, die Unterschiede und Ähnlichkeiten zwischen Männern und Frauen festzustellen. Manchmal beschränken sich diese Kontakte auf gegenseitiges Anschauen, gelegentliche körperliche Berührungen, etwas Balgerei und Spiel, manchmal kommt es auch zu richtigen sexuellen Aktivitäten (die allerdings meist nicht bis zum Verkehr gehen). Brüder und Schwestern geben einander viel Gelegenheit, zärtlich, freundlich und hilfreich zueinander zu sein. Ein Mann, ein Einzelkind, beklagte sich bei mir, daß er in seiner Kindheit keine Gelegenheit gehabt hätte, etwas über Mädchen zu lernen.

‹Menschen, die Brüder und Schwestern haben›, sagte er, ‹haben die Möglichkeit, Beziehungen zu entwickeln, die nicht notwendigerweise etwas mit Sex zu tun haben.›

Viele sexuell blockierte Erwachsene hatten in der Kindheit nicht genügend Gelegenheit zu sexuellen Spielen. Der Mangel an befriedigenden sexuellen Erkundungen in der Kindheit behindert oft die Sexualität Erwachsener.

Liebeseinstellungen

Die Beziehung zwischen Geschwisterinteraktion und angemessenem sexuellem Verhalten hat viele verborgene Aspekte, aber das ‹Krabbelzimmer› der Liebe bietet die folgenden *Möglichkeiten*, Liebeseinstellungen zu entwickeln:

1. *Man kann das andere Geschlecht verstehen*, wie es denkt und sich verhält. Das Einzelkind hat beispielsweise oft Schwierigkeiten, den Liebespartner zu verstehen, wenn der sich nicht wie ein Elternteil verhält.

2. *Man kann Einstellungen zu sich selbst als Liebesobjekt entwickeln.*
Ein Mädchen erzählte mir, daß es von seinen drei Brüdern geärgert wurde: ‹Sie sagten, ich sei winzig, und nannten mich Karottenkopf. Wenn sie etwas Nettes zu mir sagten, dann wollten sie etwas von mir.›
Als Erwachsene reagierte diese Frau auf freundliche Worte noch immer so, als wollte jemand etwas von ihr. Sie hielt nicht viel von ihrem Aussehen und reagierte auf Komplimente negativ.
‹Wenn mein Mann mir ein Kompliment macht›, sagte sie, ‹dann frage ich mich, ob er mit mir ins Bett will oder ob er alle seine Freunde einladen möchte.›

3. *Man kann etwas über die Physiologie des Menschen lernen.* Dieser Punkt spielt heute wahrscheinlich eine geringere Rolle als noch vor kurzem. Dennoch bleibt es ein Unterschied, ob man Körper auf der Filmleinwand sieht oder ob man tatsächlich in der Intimität zu Hause mit ihnen zusammen lebt.

4. *Man kann konditioniert werden oder sexuelle Stimulation kennenlernen.*
Sexspiele in der Kindheit haben erzieherische Bedeutung, und solche Erlebnisse werden oft in die sexuellen Phantasien und Verhaltensweisen der Erwachsenen übertragen. Geschwister in bestimmten Konstellationen werden häufiger dominiert als andere. Kleinere Jungen oder Mädchen, die von älteren Brüdern oder Schwestern zu solchen Spielen gezwungen wurden, können als Erwachsene Schwierigkeiten haben.
Ich kenne mehrere junge Männer, die von älteren Brüdern zu sexuellen

Spielen gezwungen wurden und als Erwachsene beim Verkehr mit Frauen homosexuelle Phantasien hatten. Ein weibliches Beispiel ist Susan, das jüngste Kind ihrer Familie und das einzige Mädchen. Sex war für sie als Erwachsene nie mehr als – wie sie sagte – ‹eine schmerzliche Pflicht›. Sie hatte das Gefühl, tun zu müssen, was andere wollten, und sie verhielt sich ebenso resigniert und duldend, wie sie es ihren Brüdern gegenüber getan hatte, die sie sexuell untersuchen und liebkosen wollten.

Susans Ehemann verlangte von ihr häufigen Verkehr, angeblich weil er ihn brauchte, um körperlich gesund zu bleiben. Trotz ihres Widerwillens sollte sie sich seinen sexuellen Bedürfnissen fügen, damit er ‹keine Kopfschmerzen› bekäme. Sie gab nach, genau wie bei ihren Brüdern, und beklagte sich nie, doch machte sich ihr Ärger oft bei anderen Gelegenheiten bemerkbar.

5. Die Tatsache, daß jemand zusammen mit Brüdern und Schwestern aufwächst, kann dazu führen, daß er als Erwachsener in Liebesbeziehungen *Ersatz für sie sucht*. Denn, abgesehen von den Eltern, sind Brüder und Schwestern die wichtigsten Menschen in der Umgebung des Kindes. Es ist ganz natürlich, daß sie zu den ersten Objekten der Liebe oder des Hasses eines Kindes werden. In der Persönlichkeit des erwachsenen Liebesobjekts finden wir oft das Bild des Bruders, der Schwester oder einer anderen früheren inzestuösen Neigung.

6. Wie schon mehrfach betont, versuchen Menschen oft, *als Erwachsene die Verhaltensmuster wiederzubeleben*, die sie früher in ihrer Beziehung zu den Eltern und Geschwistern gelernt haben. Solche Verhaltensweisen wurden gelernt, weil es für den Jungen oder das Mädchen Sicherheit bedeutete, sich Brüdern oder Schwestern gegenüber so zu verhalten. Dieses Gefühl der Sicherheit erlebt auch der Erwachsene noch, doch kann sein Verhalten zu Schwierigkeiten führen, wenn es anderen Erwachsenen, mit denen es in Berührung kommt, unpassend erscheint.

Eine Frau, die zusammen mit einer jüngeren Schwester aufgewachsen war, suchte sich stets Männer, mit denen sie die sonderbare Beziehung zu ihrer Schwester wiederholen konnte. Sie ließ sich von diesen jüngeren Männern (sexuell und auf andere Weise) ausnutzen, genau wie sie sich in der Kindheit von ihrer jüngeren Schwester hatte ausnutzen lassen, um ihre Eltern in dem Glauben zu lassen, sie sei das anpassungsfähigere der beiden Mädchen.

Jungen mit älteren Brüdern und Mädchen mit älteren Schwestern zeigen oft schon früh sexuelle Verhaltensweisen, aber aus anderen Gründen als die älteren Geschwister. Der jüngere Bruder bemüht sich meist um Eroberungen im körperlichen Sinne, und er ist weniger von Schuldgefühlen geplagt als der ältere; jüngere Schwestern scheinen sich durch die älteren angeregt zu fühlen, mit ihnen in Wettbewerb zu treten. In der Folge bereiten diese jüngeren Schwestern den Eltern oft Kummer, weil sie scheinbar zu schnell groß werden und sexuelle Beziehungen haben, denen sie nicht gewachsen zu sein scheinen.

Da sexuelle Leistungsfähigkeit und Ehe eine wichtige Rolle für die Zufriedenheit des erwachsenen Menschen spielen, werden wir uns im nächsten Kapitel genauer mit der Frage befassen, welche Bedeutung die Geschwisterkonstellation für die Wahl des Ehepartners und das Zusammenleben mit ihm hat.

Teil V
Ehe und Elternschaft

Kapitel 13
Ehe

Jan war das älteste von drei Kindern, sie hatte noch einen Bruder und eine Schwester. Sie bat mich um Hilfe, als sie seit fünf Jahren mit ihrem dritten Mann verheiratet war. Alle Männer waren jünger gewesen als sie, und was sie über ihren gegenwärtigen Ehemann berichtete, ließ bereits die Gründe ahnen, aus denen ihre beiden früheren Ehen gescheitert waren.

‹Mein Mann ist unreif›, sagte sie. ‹Ich traue ihm überhaupt nichts zu. Ich bin nicht einmal sicher, ob er seiner Arbeit gewachsen ist. Ich weiß nicht, was er tun würde, wenn er sich nicht auf mich verlassen könnte. Ich kann mich bestimmt nicht auf ihn verlassen.›

In Jans Träumen, die sie berichtete, kamen ständig Situationen vor, in denen sie und ihre Kinder von wilden Tieren oder Menschen angegriffen wurden. Ihr Mann kam in diesen Träumen meist auch vor, aber er half ihnen nicht. Ihre Hilferufe waren immer an ihren Vater gerichtet.

Während der Therapie begann Jan zu erkennen, daß ihr Erstgeborenen-Bedürfnis, sich auszuzeichnen und stärker zu sein als der jüngere Bruder, in ihren Beziehungen als Erwachsene wiederbelebt worden war. Sie lehnte es ab, irgendeinen Mann als ebenso stark wie sich selbst anzuerkennen – oder gar als stark genug, sie bei Bedarf zu beschützen.

Später erkannte sie, daß ihr Mann gewillt und in der Lage war, für sie und ihre Kinder zu sorgen. Die schon relativ gute Ehe wurde noch besser, als Jan lernte, die Fähigkeiten ihres Mannes zu respektieren.

Obwohl viele Faktoren zum Erfolg oder Mißerfolg einer Ehe (oder des einfachen Zusammenlebens, das manche Paare vorziehen) beitragen, zeigt dieses Beispiel, wie das Verstehen persönlicher Eigenarten aus der Geschwisterkonstellation heraus dazu beitragen kann, Streit und Ärger zu beheben.

Die Frage der Geschlechtsrollenidentifikation und der sexuellen Leistungsfähigkeit haben wir bereits erörtert. Es bleiben noch zwei Grundfragen in bezug auf den Zusammenhang zwischen Geschwisterkonstellation und Partnerwahl/Ehe:

1. Ziehen sich Männer und Frauen aus bestimmten Geschwisterkonstellationen besonders an?

2. Besteht ein Zusammenhang zwischen Erfolg oder Mißerfolg einer Beziehung und den Familienpositionen der Beteiligten?

Immer wieder wird die Frage gestellt, ob sich bei der Partnerwahl gleich und gleich gesellt oder ob Gegensätze sich anziehen. Versuchen wir, wenn wir einen Partner wählen, den Zustand wiederherzustellen, der uns aus unseren Kindertagen mit Brüdern und Schwestern geläufig ist? Diese Frage läßt sich nicht ein für allemal mit Sicherheit beantworten, denn notwendigerweise ist der Mensch bei der Auswahl seines Liebespartners auf die begrenzte Zahl von Personen beschränkt, denen er im Laufe seines Lebens begegnet.

Es gibt zahlreiche Hinweise darauf, daß sich im Hinblick auf Umwelt und sozioökonomischen Status gleich und gleich gesellt. Menschen heiraten eher, wenn sie sich hinsichtlich der Religionszugehörigkeit, des Alters, der Volkszugehörigkeit, der sozialen Klasse, der Bildung und des familiären Hintergrundes ähneln. Trotzdem gibt es viele, die einen Partner ganz anderen Herkommens wählen. Was den Einfluß der Geschwisterkonstellation und des Geschlechts der Geschwister angeht, ist sich die Forschung nicht immer ganz einig.

In einer Stichprobe von 200 Männern und Frauen wurde kein statistisch bedeutsamer Konstellationszusammenhang zwischen den Partnern festgestellt. In einer anderen, von Dr. William Altus durchgeführten Untersuchung fand sich dagegen ein solcher Zusammenhang. Altus stellte bei den Eltern von 452 Studenten der *University of California* in Santa Barbara fest, daß Erstgeborene häufiger mit Erstgeborenen, Nachgeborene häufiger mit Nachgeborenen verheiratet waren[1].

Dr. Walter Toman, früher *Brandeis University*, versuchte festzustellen, ob dauerhafte soziale Beziehungen größere Aussichten haben, glücklich zu werden, wenn die Partner zueinander möglichst genauso stehen wie früher zu ihren Geschwistern. Er fand heraus, daß ältere Brüder von Jungen eher jüngste Schwestern wählen, Jungen mit älteren Brüdern eher älteste Schwestern.[2] Die Theorie besagt, daß wir alle je nach Alter und Geschlecht unserer Geschwister bestimmte Rollen lernen, die wir dann möglicherweise in der Ehe beibehalten möchten. Wenn es so wäre, dann müßten Männer mit jüngeren Schwestern eher Frauen mit älteren Brüdern heiraten, Frauen mit jüngeren Brüdern dagegen Männer, die eine ältere Schwester haben.

Manche Menschen sind oft unbewußt gezwungen, immer wieder ihre Kindheitspositionen unter den Geschwistern zu wiederholen. Eine Lesbierin, die als jüngstes von drei Kindern aufwuchs, wählte immer wieder Erstgeborene als Freundinnen. Ein Akademiker, gleichfalls das jüngste von drei Kindern, heiratete stets ältere Schwestern – vier nacheinander. Die Therapie zeigte, daß diese beiden Menschen in ihren Liebesbeziehungen ähnlich reagiert hatten – es begann immer mit einer kindlichen Abhängigkeit vom Partner. Dann, in dem Maße, in dem der Partner die Führung übernahm, nahmen sie eine defensive Haltung an, und jeder beschuldigte den anderen der Rechthaberei. Dann schlüpften sie in die Rolle des ‹armen Kleinen›, wie sie es in der Kindheit getan hatten, wenn sie sich von den größeren Gechwistern ausgenutzt fühlten. Schließlich lehnten beide – die Lesbierin ebenso wie der Akademiker – ihren gegenwärtigen Liebęspartner ab, der sie zu unterdrücken und schlecht zu behandeln schien. In beiden Fällen war es nötig, in der Therapie Einsichten zu entwickeln, die verhinderten, daß in einer neuen Beziehung wieder die Reaktionen als kleiner Bruder bzw. kleine Schwester auftraten.

Wenn Ehen tatsächlich glücklicher wären, in denen die Beziehungen zwischen den Partnern vertrauten Kindheitsbeziehungen weitgehend entsprechen, dann müßte eine ältere Schwester mit einem jüngeren Bruder zufriedener sein. Wir haben aber beobachtet, daß gerade die Erneuerung solcher Kindheitsbeziehungen Schuldgefühle wegen inzestuöser Gefühle für den Bruder oder die Schwester wiedererweckt. Dieses – oft unbewußte – Schuldgefühl kann sich auf die Ehe störend auswirken.

‹Ich weiß, wo das Problem liegt›, sagte ein Mann zu mir, der zweimal verheiratet und wieder geschieden war. ‹Ich fliege auf Rothaarige wie meine Schwester. Aber dann heirate ich Blonde oder Brünette – bloß um nicht an ein Mädchen zu geraten, das mich daran erinnert, wie sehr ich meine Schwester geliebt habe, als wir klein waren.›

Andere versuchen, die Wiederholung von unangenehmen und negativen Kindheitsbeziehungen zu vermeiden. Eine Frau sagte: ‹Ich kann überhaupt nichts für einen Mann empfinden, der mich irgendwie an meinen Bruder erinnert – wir hatten ständig Streit.›

Das Heiratsalter

‹Einzelkinder sehnen sich nach jemandem, mit dem sie schlafen können›, sagte ein Mann. ‹Sie sehen, wie ihre Eltern zusammen schlafen und fühlen sich in ihren Einzelbetten einsam. Aber sie wissen, daß zusammen schlafen etwas ist, das auf verheiratete Paare beschränkt ist, und natürlich meint ‹zusammen schlafen› auch den Sex. Kinder, die Brüder und Schwestern haben, sind füreinander da und sehen nur den geselligen Aspekt des zusammen oder im selben Raum Schlafens.›

Wir haben oft beobachtet, daß weibliche Einzelkinder sich nach einem Ehemann sehnen und vielfach früh heiraten. Wenn sie verheiratet sind, glauben sie fest an eheliche Treue. Auch männliche Einzelkinder heiraten oft früh und haben keine vorehelichen Beziehungen. Wenn sie doch voreheliche oder außereheliche Affairen haben, erscheinen sie ihnen oft als ‹profan›. Tatsächlich führt die Tendenz, Mütter und Ehefrauen als heilig, Geschlechtspartner aber als profan zu betrachten, manchmal dazu, daß Männer Schwierigkeiten haben, mit ihren Ehefrauen zu schlafen. Dies mag einer der Gründe sein, warum Ehen mit Männern, die als Einzelkinder aufwuchsen, häufiger geschieden werden als andere. In der Therapie müssen bei männlichen und weiblichen Einzelkindern oft Hemmungen vor dem Geschlechtsverkehr mit dem Ehemann oder der Ehefrau aufgelöst werden, die Elternfiguren repräsentieren und daher heilig sind und nicht berührt werden dürfen.

Dr. Peter H. Murdoch von der *University of South Carolina* untersuchte die Ehen von 93 männlichen und weiblichen Fakultätsangehörigen. Er stellte fest, daß erstgeborene Männer tendenziell eher heiraten als nachgeborene, fand aber bei den Frauen keinen entsprechenden Zusammenhang. Durch diese offensichtliche Diskrepanz verwundert, änderte Dr. Murdoch seine Fragestellung und befragte 71 unverheiratete Studentinnen. Er stellte fest, daß erstgeborene Frauen ein niedrigeres Wunsch-Heiratsalter angaben als nachgeborene. Er schließt daraus, daß erstgeborene Mädchen nur deshalb später heiraten, weil sie warten müssen, bis jemand sie darum bittet.[3]

Zu ähnlichen Ergebnissen kam A. P. MacDonald von der *Cornell University*, der 93 Paare befragte. Bei den erstgeborenen Männern betrug das durchschnittliche Heiratsalter 23 Jahre, bei den nachgeborenen 24 Jahre. Bei den Frauen fand sich kein signifikanter Unterschied. Dr. MacDonald ging es um die Frage, ob Erstgeborene auch in der Partnerwerbung und der Ehe stärker an akzeptierten Normen und Idealen festhalten, wie man es ihnen ansonsten häufig zuschreibt. Er fand jedoch keinen derartigen Unterschied.[4]

Zusammenpassen

Gibt es bestimmte Verbindungen von Menschen, die eine erfolgreichere Ehe garantieren oder die umgekehrt zu zwangsläufigem Scheitern der Ehe führen müssen?

Die Antwort ist ein eingeschränktes ‹Ja›, doch es kommt sehr auf die *Rangfolge* und das *Geschlecht* der Geschwister an. Manche Untersuchungen zeigen, daß eine Ehe eher gelingt, wenn beide Partner gegengeschlechtliche Geschwister haben, vielleicht deswegen, weil ein Junge oder ein Mädchen sich dadurch an das andere Geschlecht gewöhnt und einen Partner leichter akzeptieren kann.

Dr. Theodore D. Kemper von der *University of Wisconsin* befragte auf der Suche nach der optimalen Ehekombination 256 leitende Angestellte und ihre Frauen. Er fand keine Hinweise darauf, daß die Männer oder Frauen Partner gesucht hätten, die ihren Geschwistern ähnelten, doch stellte er fest, daß bestimmte Geschwisterpositionen besser zueinander passen. In den folgenden Kombinationen äußerten die Partner größere Zufriedenheit:

Mann mit jüngerer Schwester (oder jüngeren Schwestern)/Frau mit älteren Brüdern.
Mann mit älterer Schwester (älteren Schwestern)/Frau mit jüngerem Bruder (jüngeren Brüdern).
Als jüngstes Kind aufgewachsener Mann/als ältestes Kind aufgewachsene Frau.

Weniger günstige Kombinationen sind:

Mann mit älteren und jüngeren Schwestern/Frau mit älterem Bruder (älteren Brüdern).
Mann mit älterer Schwester (älteren Schwestern)/Frau mit älteren und jüngeren Brüdern.
Beide (Mann und Frau) waren älteste Kinder.
Beide (Mann und Frau) waren jüngste Kinder.

Welche Eigenschaft hat eine gute Ehe, die anderen fehlt? Dr. Kemper meint, es komme auf die Machtverhältnisse zwischen Mann und Frau an. Ältere Geschwister scheinen mehr Macht *innerhalb* der Familiengruppe auszuüben. Nachgeborene benutzen Macht häufiger *außerhalb* der Familie. In Kempers Untersuchung waren die Ehemänner am zufriedensten, wenn die Machtstruktur der unter den Geschwistern in der Kindheit entsprach. In der ersten der oben angeführten Kombinationen – Mann mit jüngerer Schwester/Frau mit älterem Bruder – war der Mann in seinem Verhältnis zur Schwester mächtiger als die Frau in ihrem Verhältnis zum Bruder. Das entgegengesetzte Extrem stellt die Ehe dar, in der beide Partner die ältesten Kinder ihrer Familie sind. Diese Kombination führt fast zwangsläufig zu einem schweren Machtkampf.[5]
Erstgeborenen fehlt oft das Vertrauen, geliebt werden zu können. Besonders Männer leiden unter der Angst vor versteckten Schwächen; eine solche Schwäche wäre es auch, den falschen Menschen zu lieben. Diese Einstellung schränkt die Möglichkeiten zu erfolgreichen Beziehungen ein. Wenn ein solcher Mann glaubt, nicht geliebt zu werden, reagiert er mit Wut – was garantiert, daß er tatsächlich abgelehnt wird. Er hält Angriff für die beste Verteidigung.
In einer anderen Untersuchung an 593 Paaren stellte ein Autor fest, daß bei Paaren, in denen der Mann dominierte, die Frauen oft jüngste oder Einzelkinder waren. Bei Paaren, in denen die Frau dominierte, waren die

Frauen meist älteste oder mittlere Kinder. Bei Paaren mit ausgeglichenen Machtverhältnissen wurde kein Zusammenhang mit der Geschwisterkonstellation beobachtet.[6]

Das folgende Beispiel zeigt eine Ehe, die wahrscheinlich von Anfang an zum Scheitern verurteilt war:

Sallie und Ray begegneten sich auf der *high school*. Sie hatte einen älteren Bruder und eine jüngere Schwester; er war der älteste von zwei Jungen.

Sallie erinnerte sich, daß sie stets versucht hatte, ein ‹braves Mädchen› zu sein, um ihre kritische und feindselige Mutter zufriedenzustellen und den anscheinend emotional abwesenden Vater zu Reaktionen zu veranlassen. Sie lernte, nicht zu sagen, was sie wirklich dachte, und entwickelte eine Migräne. Später, in der Ehe, traten an Stelle der Kopfschmerzen gelegentlich Gefühlsausbrüche, über die sie sich schämte.

Ray war kühl und zurückhaltend und beschäftigte sich viel mit Sport, zum Beispiel Auto-Geländefahrten.

Als die beiden drei Kinder hatten, wurden die Spannungen immer stärker. Es war Sally, die darauf drängte, eine Eheberatung aufzusuchen, weil sie sich Hilfe für die Kontrolle ihres Temperaments und die Möglichkeit, ihrem Mann etwas menschliche Wärme zu entlocken, erhoffte. Ray fühlte sich so ungeliebt und war so mißtrauisch, daß er keine Vorstellung hatte, wie er irgend jemandem menschliche Wärme entlocken könnte. Er hatte wenig Freunde und wußte nicht, wie er die Freundschaft seiner Frau hätte gewinnen können.

Sallie zog sich bald aus der gemeinsamen Therapie zurück und überließ es ihrem Mann, mit sich zu kämpfen. Sie wurde sich bewußt, welche Schwierigkeiten sie schon in der Kindheit gehabt hatte, menschliche Wärme und Zustimmung zu finden. Sie erkannte auch, daß der Preis, den sie für notwendig hielt – stets brav zu sein und ihre eigenen Bedürfnisse zu verbergen – ihr nichts nützte und sie nur wütend machte, statt ihr die konkrete Möglichkeit zu bieten, von ihrem Mann menschliche Wärme zu bekommen.

Rays Passivität im Beruf führte dazu, daß er für lange Zeit arbeitslos wurde. Während dieser Zeit machte er keine Anstrengungen, die Familie zu ernähren.

In dieser Zeit wurde Sallie selbständiger und begann, ihr Selbstwertgefühl zu entwickeln. Nachdem sie das kurze Zwischenspiel der Psychotherapie abgebrochen hatte, wurde die Ehe geschieden, und Sallie wandte sich der Außenwelt zu.

Als sie die Therapie begann, kämpfte sie mit ihren Schuldgefühlen, weil sie ihren Mann verlassen wollte und er darüber verzweifelt war, daß er abgelehnt wurde. Ich half ihr, ihren Standpunkt durchzuhalten und zunehmendes Selbstwertgefühl zu entwickeln. Sie verhielt sich ihren Kindern gegenüber noch gelegentlich feindselig, doch kam das immer seltener vor. Schließlich begriff sie, daß sie immer dominierende Männer gesucht hatte, die sie (ebenso wie früher ihr älterer Bruder) abwerteten, und sie erkannte, daß sie sich künftig vor dieser Tendenz in acht nehmen mußte.

Erfolg oder Mißerfolg

In einer 1965 durchgeführten Untersuchung über 742 Ehen, die fünfzehn bis zwanzig Jahre gedauert hatten, fand sich die höchste Scheidungs- und Trennungsrate bei Ehen mit Männern, die als Einzelkinder aufgewachsen waren. Als älteste Kinder aufgewachsene Männer hatten eine relativ geringe Scheidungsrate, ebenso die mittleren von drei oder vier Kindern. Anders sah es bei den Frauen aus. Hier hatten die jüngsten Kinder die höchste Scheidungsrate, die der Erstgeborenen war geringer. Es folgten die mittleren Kinder, die als Einzelkinder aufgewachsenen Frauen hatten von allen die geringste Scheidungsquote.[7]

Unsere klinische Erfahrung bestätigt diesen Unterschied zwischen Männern und Frauen. Den weiblichen Einzelkindern kommt es vor allem auf finanzielle und emotionale Sicherheit an. Sie nehmen schwere Frustrationen und Spannungen auf sich, um eine Ehe zusammenzuhalten, doch wenn sie einmal entschieden haben, daß es mit dieser Ehe nicht mehr weitergeht, kann man kaum etwas tun, um sie umzustimmen. Auch männliche Einzelkinder hängen oft an der Ehe, doch wenn die Situation zu schwierig wird, wenden sie sich mit ihrem Hauptbedürfnis – dem nach emotionaler Befriedigung – oft äußeren Quellen zu.

Von den Männern, die als jüngste Kinder aufwuchsen, lassen sich die jüngeren von zwei Kindern häufiger scheiden als die jüngsten von mehreren. Handelt es sich um eine ältere Schwester, dann ist die Scheidungswahrscheinlichkeit fast doppelt so groß wie bei einem Bruder. Die nächsthöchste Scheidungshäufigkeit haben die jüngsten Mädchen von vier Kindern. Bei den jüngsten von dreien ist die Häufigkeit etwa durchschnittlich.

In dieser Untersuchung von 1965 war die Scheidungsrate bei mittleren Kindern beiderlei Geschlechts gering. Jüngste Kinder suchen sich seltener einen Elternersatz als älteste oder Einzelkinder, vielleicht weil sie ihren Eltern nie so nahe standen wie den Geschwistern.

Was die ältesten Kinder betrifft, so ist bei den Männern die Scheidungswahrscheinlichkeit am geringsten, während die Frauen nach den jüngsten die zweitgrößte Scheidungsrate haben. Unter dem Gesichtspunkt von Macht und Dominanz ist dieser Unterschied verständlich. In unserer Gesellschaft sind Ehen, in denen der Mann dominiert, meist erfolgreich, weil es der Frau anscheinend leichterfällt, sich an diese Situation anzupassen. Wenn ein Erstgeborener eine Frau heiratet, die sich seinem Bedürfnis nach Leistung und Verantwortung und den Spannungen, die mit solchen Antrieben einhergehen, anpaßt, dann wird die Ehe wahrscheinlich erfolgreich. Die erstgeborene Frau sucht unbewußt einen Partner wie ihren Vater, doch wenn ihre Haltung mit der ihres Partners kollidiert, ist ein Kampf unvermeidlich. Je größer die Familie ist, desto geringer ist bei erstgeborenen Männern die Scheidungswahrscheinlichkeit, um so *größer* ist aber die Wahrscheinlichkeit, daß die erstgeborene Frau schließlich die Trennung sucht.

Man hat festgestellt, daß von den Kindern aus großen Familien weniger heiraten als im Bevölkerungsdurchschnitt; diese Tendenz ist bei Frauen ausgeprägter als bei Männern. Männer aus großen Familien führen häufiger glückliche Ehen als ihre Schwestern. Die Erstgeborenen großer Familien, besonders die Frauen, führen relativ selten glückliche Ehen.

Es mag nützlich sein, einige bestimmte Ehekombinationen unter dem Gesichtspunkt der Geschwisterkonstellation näher zu betrachten.

Frau und Mann beide Einzelkinder

Wie wir gesehen haben, neigen Einzelkinder dazu, früh zu heiraten. Einzelkinder suchen eine enge Beziehung, ähnlich der, die sie zu ihren Eltern haben, um die während der Kindheit empfundene Einsamkeit auszugleichen.

Steve und Sarah beispielsweise heirateten im Alter von achtzehn bzw. neunzehn Jahren. Beide Elternpaare waren mit der Heirat einverstanden und bezahlten den Kindern Flitterwochen in Europa, ein Haus, zwei Autos und eine Halbtags-Haushaltshilfe. (Einzelkinder werden oft noch als Erwachsene so verwöhnt.) Das junge Paar hatte keine finanziellen Sorgen, weil Steve sich in das väterliche Geschäft einarbeitete.

Die beiden hatten drei Wochen vor der Hochzeit zum erstenmal miteinander geschlafen, aber es zeigte sich bald, daß Sex für Steve wichtiger war als für Sarah. Sie genoß die Wärme und Zärtlichkeit des Erlebnisses, doch den Orgasmus erreichte sie nicht. Das war im ersten Jahr kein Problem, doch bald wurde Sarah schwanger. (Männliche Einzelkinder haben oft kein Interesse an Kindern, aber Frauen, die als Einzelkinder aufwuchsen, freuen sich auf das Kinderkriegen.) Ihre Freude und der Stolz der Großeltern gab ihnen Auftrieb, bis ein Sohn geboren wurde. Zwei Jahre später bekamen sie eine Tochter. Sarah war jetzt 22 und Steve 23. Sarah fand es interessant, Hausfrau und Mutter zu sein, aber auch anstrengend. Die Eltern stellten daher eine ganztätige Haushaltshilfe zur Verfügung, und Sarah wandte sich philanthropischen Aufgaben zu.

Im Laufe der Jahre sah sie ihren Mann immer seltener, weil er durch seine Arbeit und das neue Haus, das sie gebaut hatten, stark beansprucht war. Seine sexuellen Annäherungsversuche hörten wegen Sarahs halbherziger

Reaktionen fast völlig auf. Sie hatte ihn so gut konditioniert wie Pawlow seine Hunde. Dann geriet Sarah in Panik. Sie brauchte eine sichere emotionale Beziehung und verlangte nach seiner Gesellschaft. Sie wollte zwar die Liebe und Aufmerksamkeit ihres Mannes, aber sie hatte keine Lust zum Sex und konnte den Orgasmus noch immer nicht erreichen. Steve versuchte, einige ihrer Wünsche zu erfüllen, wurde aber ihr gegenüber impotent. Ihre Ablehnung hatte auch seinen Körper in der Kunst der Enthaltsamkeit trainiert.

Sarah rächte sich, indem sie sich einen Liebhaber suchte. Als Steve davon erfuhr, sah er seine emotionale Sicherheit gefährdet. Er suchte in der Beratung Hilfe bei der Entscheidung, ob er versuchen solle, ihre Ehe zu retten.

Ich erklärte ihm, daß einzige Töchter ihren Ehemännern in der Regel die Herrschaft überlassen und daß einzige Söhne gerne in einer Position der Stärke sind. Einzelkind-Frauen spielen meist ihren Männern und ihren Kindern gegenüber die weibliche Rolle, während der Ehemann von seiner Frau die Fürsorge erwartet, die er von seiner Mutter erfuhr. Die Frau erwartet, daß der Mann für alles Nötige im Leben sorgt, wie ihre Eltern es getan haben. Er hat ein hohes Leistungsbedürfnis, ihres ist dagegen nur durchschnittlich. Da es kaum zu Herrschaftskämpfen kommt, kann der Eindruck entstehen, daß keiner verantwortlich ist, vielleicht weil beide in ihrer Kindheit alleine arbeiteten und von den Eltern kontrolliert wurden. Beide neigen dazu, ihren Wünschen nachzugeben.

Sarah hatte ihrem Wunsch nachgegeben, eine finanziell gesicherte Ehefrau und Mutter zu sein. Steves Desinteresse an seiner Vaterschaft wurde erst offenbar, als die Kinder älter wurden und sie Hilfe brauchten. Er entzog sich, verbrachte seine Zeit damit, Kunden auszuführen und Golf oder Poker zu spielen. Es gehörte nicht zu seinen Bedürfnissen, ein hingebungsvoller Vater und Ehemann zu sein, zumal ihn die Häuslichkeit seiner Frau langweilte. Seine außerehelichen Beziehungen rechtfertigte er damit, daß ‹diese Mädchen nichts mit seiner häuslichen Beziehung zu tun› hätten. Sarah ließ sich ihr Bedürfnis nach Aufmerksamkeit anderweitig erfüllen. Ihr durch die Unfähigkeit zum Orgasmus verletztes Selbstwertgefühl stärkte sie, indem sie sich einen anderen Mann suchte.

Steve und Sarah wurden beide in die Therapie einbezogen. Ihre Motive wurden bald jedermann klar, auch ihrem Liebhaber, der sich eine andere Partnerin suchte. Steve fiel es schwer, die Unzufriedenheit seiner Frau zu akzeptieren, aber beide lernten, daß sie die gleiche sexuelle Freude und Zärtlichkeit miteinander haben konnten. Als sie die Ähnlichkeit ihrer Bedürfnisse erkannt hatten, änderten sie ihr Leben und beschäftigten sich mehr miteinander. Nach einer entsprechenden Beratung konnte Sarah gelegentlich zum Orgasmus kommen, und ihre Ehe besserte sich.

Die Neigung, den eigenen Wünschen nachzugeben, wurde auch bei dem Einzelkind Jean deutlich, die Jim, einen Erstgeborenen, heiratete. Beide Elternpaare waren wohlhabend und freuten sich über die Eheschließung. Ihr erstes sexuelles Erlebnis hatte Jean einige Monate vor der Ehe mit ihrem Mann.

‹Ich hielt damals nicht viel davon›, sagte sie, ‹aber ich fürchtete, er würde mich nicht heiraten, wenn es nicht so aussah, als hätte ich es gerne. Meine Eltern hatten mich so erzogen, daß ich dachte, die Ehe müßte nur Romantik und ewige Liebe sein. Ich erwartete, daß er ein verständnisvoller und interessanter Lebensgefährte sein würde. So schien es bei meinen Eltern zu sein, und ich erwartete, daß mein Mann seine sexuellen Wünsche wie ein Gentleman beherrschen würde.›

Jim sah das anders. Mit dem Dominanzbedürfnis des Erstgeborenen forderte er sexuelle Beziehungen, doch Jean konnte die Sexualität und andere Aufgaben des Frauseins nicht akzeptieren. Aus dem Pflichtgefühl des Erstgeborenen und aus Widerwillen gegen eine Scheidung verließ Jim vorübergehend das Haus, um ‹der Ehe eine Chance zu geben, sich zu bessern›. Jean war fünfundzwanzig, als sie zu mir kam. Sie trank zu viel. Ihre Eltern hatten ihre Wünsche so vollständig erfüllt, daß sie einen naiven Glauben an das Gute hatte. Sie sah keine Notwendigkeit, Frustrationen zu ertragen und damit fertig zu werden. Eltern von Einzelkindern setzen oft materielle Dinge an die Stelle der Liebe, Aufmerksamkeit, Führung und Disziplin, die eigentlich nötig wären.

Jeans Therapie war schwierig, weil ihre Eltern wieder ihre beschützende Haltung einnahmen und ihr ‹Baby› in seinen Ansichten bestärkten. Die Ehe besserte sich, doch bleibt auf Grund von Jeans schweren anerzogenen Vorbehalten fraglich, ob sie Bestand haben wird.

Die meisten Ehen zwischen weiblichen Einzelkindern und erstgeborenen Männern haben bessere Überlebensaussichten als dieses Beispiel. Die Frau überläßt ihrem Mann in der Regel die dominante Rolle, die für ihn natürlich ist, und genießt den Elternersatz, den er für sie darstellt. Der erstgeborene Mann versorgt seine Familie im allgemeinen gut und gewissenhaft, und er wünscht sich, die Ehe zusammenzuhalten. Erstgeborene Männer sind oft fordernd, aber die Frauen trennen sich meist nicht von ihnen. Der Mann schätzt den Charme und Optimismus seiner Einzelkind-Frau. Er beneidet sie um ihren Optimismus, weil er in den meisten Fällen pessimistisch und ängstlich ist. Probleme können sich durch sein Leistungsbedürfnis ergeben und dadurch, daß er annimmt, sie wisse, wie sehr er sie liebt. Weibliche Einzelkinder betrachten die Arbeit ihres Mannes häufig als Rivalen. Sie wünschen sich einen Partner, der ganz und gar zu ihnen gehört, wie ihre Eltern zueinander zu gehören schienen.

‹Ich wollte, daß er immer da war›, sagte eine Frau, ‹darum war ich sauer, wenn er spät nach Hause kam. Manchmal ging ich zu ihm ins Büro und suchte mir eine Beschäftigung, bloß um nicht alleine zu sein.›

‹Sie will mich nicht arbeiten lassen›, klagte der Ehemann. ‹Sie ruft mich siebenmal am Tag im Büro an. Sie möchte, daß ich zärtlich bin, wenn ich müde bin von einem harten Tag im Büro.›

In einer solchen Ehe muß die Frau den Widerspruch zwischen ihrem Bedürfnis nach einem Versorger und ihrem Bedürfnis nach einem Mann, der sie oft seiner Liebe versichert, auflösen. Der Erstgeborene wird als Ehemann oft nicht so zärtlich und liebevoll sein, wie seine Frau es sich wünscht. Damit die Ehe funktioniert, muß die Frau in dieser Hinsicht einige Einschränkungen in Kauf nehmen, doch sie hat dafür einen Mann, der ihr und seiner Familie all seine Mühe widmet.

Frau Einzelkind/Mann zweites Kind

Diese Kombination kann ausgeglichen sein. Der Frau liegt nichts an Macht oder Herrschaft, sie wünscht sich eine angenehme, befriedigende Beziehung. Ein zweitgeborener Mann ist sich manchmal seiner männlichen Macht nicht sicher, doch seine Frau stellt sein Recht zu dominieren nicht in Frage. Das folgende Beispiel illustriert einige Probleme, die in einer solchen Ehe auftauchen können:

Cerise war von ihren Eltern verwöhnt worden. Sie hatte keine beruflichen Ambitionen, sondern erwartete viel Freizeit und einen hohen Lebensstandard. Die ältere Schwester ihres Mannes Claude war in der Schule sehr gut gewesen, darum hatte er andere Interessenrichtungen entwickkelt. Er war Kaufmann, war aber nicht bereit, für seinen Lebensgenuß hart zu arbeiten. Sein geringes Anspruchsniveau frustrierte Cerise, die von ihrem Mann genauso verwöhnt werden wollte wie von ihren Eltern. Aber wenn sie teure Kleidung oder Möbel hätte kaufen wollen, hätte sie selber arbeiten müssen.

Claude brauchte ihre Anerkennung und Unterstützung, also wurde er ebenfalls unglücklich. Da keiner von beiden gewillt war, seine Einstellung zu ändern, wurde die Ehe schließlich geschieden.

Zweitgeborene Männer aus Familien mit drei oder mehr Kindern können einen ähnlich starken Erfolgsdrang haben wie erstgeborene, besonders wenn sie der erste oder einzige Junge in ihrer Familie waren. Die Probleme, die in der Ehe mit einer Einzelkind-Frau auftreten können, ähneln dann denen in der Kombination Einzelkind-Frau/Erstgeborener.

Frau Einzelkind/Mann Spätergeborener*

Es ist schwer, allgemeine Aussagen über Männer und Frauen zu machen, die als drittes bis vorletztes Kind einer Familie mit vier oder mehr Kin-

* Siehe Fußnote S. 64.

dern geboren werden, weil ihre Entwicklung von so vielen Umständen abhängt, die je nach Familie verschieden sein können. Wenn zwischen den Kindern normale Beziehungen bestehen, dann findet das spätergeborene Kind in der Regel zu einem ausgeglichenen Verhalten in ehelichen und anderen Beziehungen. Wenn die Atmosphäre zwischen den Kindern aggressiv und konkurrenzbetont war, wird sich das spätergeborene oft in die Defensive gedrängt fühlen und als Erwachsener nicht so gute Beziehungen zu anderen haben. Ein Junge, der ältere Schwestern hat, verfügt im allgemeinen über ein höheres Selbstwertgefühl als ein Junge mit jüngeren Schwestern oder einer mit Brüdern.

Dwight war ein Beispiel für einen spätergeborenen Jungen, dem zwei ältere Brüder, eine ältere Schwester (außerdem hatte er noch eine jüngere Schwester) und ein strenger, zurückweisender Vater jedes Selbstwertgefühl geraubt hatten.

Als Dwight mich um meine Hilfe bat, war er als Berufsmusiker recht erfolgreich, aber er trank und rauchte exzessiv Marihuana. Seine Frau versuchte, die Ehe zusammenzuhalten, drohte aber schließlich, sich scheiden zu lassen. Sie war nur wegen der drei kleinen Kinder und aus finanziellen Gründen bei ihm geblieben.

Während er unterwegs war, führte seine Frau den Haushalt gut, aber sie nahm es ihm übel, daß er sich durch Alkohol und Drogen in Gefahr brachte, und sie interpretierte seinen schwachen Geschlechtstrieb als mangelndes Interesse an ihr als Frau.

‹Ich glaube, wir hätten überhaupt nie etwas miteinander›, sagte sie, ‹wenn ich nicht die Initiative ergreifen und ihn dazu überreden würde.›

Während der Therapie zeigte sich, daß Dwight in seinen ersten fünfzehn Lebensjahren passiv und abhängig gewesen war. In den vier Jahren, bevor seine jüngere Schwester geboren wurde, war er das ‹Baby› der Familie und hatte das Gefühl, sich nicht vor den Angriffen seines Vaters und seiner älteren Brüder schützen zu können. Er betrachtete seine Mutter als eine heiligmäßige Frau, die von ihrem Mann schlecht behandelt wurde. Dwight unterdrückte seine sexuellen Triebe, um die hohen Erwartungen seiner Mutter zu erfüllen und der Kritik und der Bosheit der älteren Geschwister zu entgehen. Zudem hatte er das Gefühl, daß er den Respekt seiner Mutter verlieren würde, wenn er sexuelle Empfindungen äußerte.

‹Ich bin Frauen gegenüber schüchtern›, sagte er. ‹Ich werde rot, wenn Leute über Sex reden. Ich fühle mich minderwertig, wenn ich mit einer Frau schlafe.›

Jedesmal, wenn ein Baby kam, trank Dwight noch mehr und nahm mehr Drogen – so als ob die Geburt seiner eigenen Kinder die Konkurrenzgefühle wieder wachgerufen hätte, die die Geburt seiner jüngeren Schwester verursacht hatte. Er betrachtete seine Frau, wie er seine Mutter betrachtet hatte, als eine beschützende und heiligmäßige Frau. Sich selbst sah er als den Bösen, der seiner Frau und seiner Familie nur Schaden zufügte.

Die Therapie zielte primär darauf ab, Dwights Selbstwertgefühl zu stärken. Durch harte Arbeit und viel Übung hatte er es in seinem Beruf weit gebracht, und ich versuchte, ihn dazu zu bringen, diese Leistung zu erkennen. Ich gab ihm auch etwas von der Bewunderung, Fürsorge und Aufmerksamkeit, die seine Mutter und seine ältere Schwester ihm geschenkt hatten. Er spürte, daß er seine Frau verloren hatte, als sie sich ihren Kindern zuwandte und dann zornig auf ihn wurde.

Je näher sich Dwight seinem eigenen Ideal von einem richtigen Mann und Vater fühlte, desto freundlicher wurde die Beziehung zu seiner Frau. Sie schenkte ihm mehr Aufmerksamkeit und half ihm schließlich, vom Alkohol und den Drogen loszukommen, die er hauptsächlich gebraucht hatte, um mit seinen Depressionen und seiner Einsamkeit fertig zu werden, wenn er beruflich unterwegs war.

Die Ehen spätergeborener Kinder werden seltener als andere getrennt oder geschieden. Wie befriedigend die Ehe zwischen einem weiblichen Einzelkind und einem spätergeborenen Mann ist, wird oft von der Bereitschaft der Frau zu Kompromissen abhängen.

Frau Einzelkind/Mann jüngstes Kind

Diese Ehekombination kann angenehm sein, weil es kaum Gründe gibt, die zu einem Machtkampf führen könnten. Stammt der Mann zudem aus einer großen Familie, dann wird er oft ebenso leistungsorientiert sein wie ein Erstgeborener, ohne aber unter dessen Ängsten und Spannungen zu leiden. Oft wird er, besonders wenn er ältere Schwestern hat, gelernt haben, Status durch Charme und Ritterlichkeit zu gewinnen. Als Madame Pompidou einmal Leonid Breschnew bei einem Dinner ein Kompliment für seine Aufmerksamkeit machte, entgegnete er: ‹Ich danke Ihnen. Ich war der Jüngste in meiner Familie, darum mußte ich zu den Damen freundlich sein.›

Die Ritterlichkeit des als jüngstes Kind geborenen Mannes kann den Wunsch der Einzelkind-Frau nach Wertschätzung ihrer Weiblichkeit befriedigen. Wenn Probleme entstehen, werden sie sich meist aus der mangelnden Bereitschaft beider ergeben, Verantwortung zu übernehmen.

Frau ältestes Kind/Mann Einzelkind

Bei männlichen Einzelkindern wie bei erstgeborenen Frauen sind die Trennungs- und Scheidungsraten relativ hoch. Wie ist die Aussicht, daß sie in der Ehe miteinander glücklich werden?

Wir haben festgestellt, daß erstgeborene Frauen verantwortungsbewußt, selbständig, abhängig von der Zustimmung anderer und oft sexuell leistungsfähig sind. Theoretisch könnte eine solche Frau für das männliche Einzelkind eine hervorragende Partnerin sein. Sie kann ihm die Mütterlichkeit und Fürsorge bieten, die er braucht. Sie kann ihn auch motivieren, wenn es ihm an Motivation mangelt und er den Anstoß einer für sein Leben wichtigen Frau – der Ehefrau oder der Mutter – braucht, um konstruktiv zu handeln. Umgekehrt kann er seiner Frau Vertrauen und Selbstwertgefühl vermitteln, und sein Optimismus kann ihren Ängsten entgegenwirken. Aber unter Umständen wird diese Frau ihren Mann so stark beherrschen, daß er sich Vergnügen und Befriedigung anderweitig sucht.

Frau und Mann beide älteste Kinder

Während erstgeborene Frauen eine hohe Scheidungsrate haben, ist sie bei erstgeborenen Männern besonders niedrig. In dieser Ehe wird die Frau die Antriebsstärke und das Verantwortungsbewußtsein ihres Mannes schätzen. Diese Eigenschaften und sein hohes Selbstwertgefühl können ihre Ängste und ihre Unsicherheit lindern. Aber diese Kombination läßt einen totalen Machtkampf erwarten. Jeder versucht, dem anderen seine Vorstellungen aufzuzwingen, und Kompromisse fallen beiden schwer. Ein Partner aus einer solchen Ehe meinte einmal: ‹Wir wollen beide Spitzenklasse sein.›
Diese beiden Partner konkurrieren auch um die Aufmerksamkeit anderer. Ein Außenstehender sagte bei einem solchen Konflikt einmal zu der Ehefrau: ‹Schau, dein Mann ist intelligenter als du, aber du bist hübscher!› Die Frau verzieh ihm diese Bemerkung jahrelang nicht. Sie wollte hübscher *und* intelligenter sein.

Frau ältestes/Mann zweites Kind

Wenn der Mann das jüngere von zwei Kindern ist, kommt es teilweise darauf an, ob er einen Bruder oder eine Schwester hat. In beiden Fällen kann sein Selbstvertrauen mangelhaft entwickelt sein. Wenn er einen älteren Bruder hat, wird er möglicherweise das ernsthafte Verantwortungsbewußtsein seiner Frau zu schätzen wissen, da er selbst weniger leistungsorientiert ist. Hat er aber eine ältere Schwester, dann wird er möglicherweise einen heimlichen Groll gegen Frauen hegen, der an die Oberfläche kommen kann, wenn die Frau dominant ist.
Ist der Mann das zweite von drei oder mehr Kindern, dann hat er vielfach zu Leistung und Verantwortung eine ähnliche Einstellung wie ein Erstgeborener. In diesem Falle gilt vieles, was wir über die Ehe zwischen einem erstgeborenen Mann und einer erstgeborenen Frau gesagt haben, obwohl der Machtkampf in der Regel weniger schwer ausfallen wird.

Frau ältestes Kind/Mann Spätergeborener

Das spätergeborene Kind hat zur Macht oft eine ambivalente Einstellung. Da Männer Ehen bevorzugen, in denen die Machtverhältnisse klar definiert sind – selbst wenn nicht sie die Macht haben –, kann sich ein spätergeborener Mann unter Umständen in der Ehe mit einer erstgeborenen Frau gut anpassen. Probleme könnten sich aus der geringen Leistungsbezogenheit des Mannes ergeben, die seine Frau vielleicht frustriert. Im allgemeinen sind die Ehen spätergeborener Männer recht häufig erfolgreich.

Frau ältestes/Mann jüngstes Kind

Das Selbstwertgefühl und die Leistungsbezogenheit des als jüngstes Kind geborenen Mannes hängt vom Zahlenverhältnis und der Anzahl der Jungen und Mädchen in seiner Familie ab. Wenn die Jungen in der Minderzahl waren, wird er wahrscheinlich ein hohes Selbstwertgefühl haben und in der Lage sein, mit der Dominanz seiner Frau fertig zu werden. War er der kleinste von vielen Jungen, dann hat er möglicherweise ihre Ambitionen übernommen und davon profitiert, daß sie ihm geholfen haben, seine Ziele zu erreichen. Diese Konstellation dürfte gut zu den Bestrebungen seiner erstgeborenen Frau passen.

Wenn der Ehemann abhängig oder unterwürfig ist oder nicht bereit, Verantwortung zu übernehmen, kann diese Ehe großen Spannungen ausgesetzt sein. Wenn es nur um die Frage der Dominanz geht, wird der letztgeborene Mann mit seiner erstgeborenen Frau möglicherweise zufriedener sein als mit irgendeiner anderen.

Frau zweites Kind/Mann Einzelkind

Bei der als zweites Kind geborenen Frau kommt es darauf an, ob sie das jüngere von zwei Kindern ist oder ob sie noch jüngere Geschwister hat. Ist sie das jüngere von zwei Kindern, dann ist ihre Einstellung zu ihrer Geschlechtsrolle und zu Männern stark davon abhängig, ob das erste Kind ein Junge oder ein Mädchen war. Hat sie einen älteren Bruder, so ist ihre Einstellung zu ihrer Weiblichkeit möglicherweise ambivalent. Hat sie eine ältere Schwester, dann dürfte sie mit ihrer weiblichen Rolle zufriedener sein und über ein höheres Selbstwertgefühl verfügen, als wenn sie zusammen mit einem Bruder aufgewachsen ist. Wie bei dem Mann aus der entsprechenden Familienposition (jüngeres von zwei Kindern) ist die Gefahr einer Scheidung relativ groß.

Wenn die Frau das zweite von drei oder mehr Kindern ist, entwickelt sie sich möglicherweise wie Erstgeborene, ist aber offener konkurrenzorientiert. Ebenso wie der Mann, der das zweite von drei oder mehr Kindern ist, ist sie oft ehrgeizig. Die zweitgeborene Frau sucht einen Partner, der sie und ihre Kinder in jeder Hinsicht weiterbringt. Ihre Ehe mit einem männlichen Einzelkind ähnelt der zwischen einer erstgeborenen Frau und einem männlichen Einzelkind, doch wird die zweitgeborene Frau meist toleranter sein und keinen Machtkampf vom Zaune brechen.

Ehekonflikte können sich bei diesem Paar aus der Konkurrenz um Abhängigkeit und Erfüllung der eigenen Wünsche ergeben. Wenn die Frau das zweite von drei oder mehr Kindern ist, wird sie wahrscheinlich das gute Selbstvertrauen und Selbstbewußtsein ihres Einzelkind-Ehemannes zu schätzen wissen. Ihre Antriebsstärke und Initiative wird seinem Bedürfnis nach der Hilfe einer starken Frau als Mutterersatz entsprechen.

Frau und Mann beide zweite Kinder

Wieder kommt es darauf an, ob die Frau eines von zwei Kindern ist oder das zweite einer größeren Familie. Männer und Frauen, die als jüngeres von zwei Kindern aufwachsen, haben eine relativ hohe Scheidungsrate. Jungen mit jüngeren Schwestern und Mädchen mit älteren Brüdern entwickeln im allgemeinen herkömmliche Geschlechtsrollen. Sie fühlen sich miteinander meist recht wohl. Jungen mit älteren Schwestern und Mädchen mit jüngeren Brüdern jedoch entwickeln Konflikte bezüglich ihrer Geschlechts- und Geschwisterrollen, und daher ist die Gefahr von Eheproblemen in einer Ehe der beiden miteinander größer als bei vielen anderen Kombinationen.

Eine als zweites Kind einer größeren Familie geborene Frau wird möglicherweise mit ihrem Mann unzufrieden sein, wenn er das jüngere von zwei Kindern ist, besonders wenn sie ehrgeizig ist. Manche zweitgeborenen Männer halten wenig von Leistung, auf die der ältere Bruder oder die ältere Schwester so viel Wert legte. Ob eine Ehe zwischen zwei zweiten Kindern erfolgreich verläuft, hängt weitgehend davon ab, welche Beziehungen die beiden Partner zu ihren Geschwistern hatten.

Frau zweites Kind/Mann Spätergeborener

Spätergeborene Männer führen relativ häufig eine glückliche Ehe. Die subtile Ambitioniertheit der zweitgeborenen Frau kann zu Meinungsverschiedenheiten führen, wenn ihr Ehemann ihrem Bedürfnis vorwärtszukommen, nicht gerecht wird. Ist sie das zweite von drei oder mehr Kindern, dann wird sie möglicherweise dominieren wollen, doch wird ihr Mann ihr diese Rolle vielfach bereitwillig zugestehen.

Frau zweites/Mann jüngstes Kind

Wieder ist entscheidend, ob die Frau das jüngere von zwei Kindern oder das zweite von mehreren Kindern ist. Ist sie das jüngere von zwei Kindern, so kommt es wiederum darauf an, ob sie einen Bruder oder eine Schwester hatte. Wenn das ältere Kind ein Mädchen war, akzeptiert die jüngere Schwester die weibliche Rolle williger. Sie wird oft weniger dominant sein als ihr Mann und keine Leistung fordern (was letztgeborene Männer manchmal in Schwierigkeiten bringen würde). In diesem Fall drängen sich unter Umständen beide gegenseitig, Verantwortung zu übernehmen.

Hat die Frau einen älteren Bruder, dann wird sie zumeist mit ihrem Abhängigkeitsbedürfnis zu kämpfen haben und mit ihrer Geschlechtsrolle weniger zufrieden sein. Ihre Unzufriedenheit wird ihren Mann stören, weil letztgeborene Männer in ihren persönlichen Beziehungen Ruhe und Frieden suchen. Ist die Frau das zweite von drei oder mehr Kindern, dann schwankt sie vielfach zwischen Dominanz und Abhängigkeit. Wenn sie konkurrenzbezogen ist, wird ihr Mann es sich vielleicht bequem machen und sie ihre Ziele verfolgen lassen. Allerdings neigen zweitgeborene Frauen, die ein jüngstes Kind zum Mann haben, oft dazu, ihren Mann abwechselnd zu bemuttern und ihn zu zwingen, mehr Verantwortung zu übernehmen.

Frau Spätergeborene/Mann Einzelkind

Spätergeborene Kinder führen im allgemeinen gute Ehen, vielleicht deswegen, weil sie die in der Kindheit erworbene Fähigkeit behalten, sich in ihren Stimmungen und Bedürfnissen auf ältere und jüngere Geschwister einzustellen. Ihnen stehen zahlreiche verschiedene Verhaltensmöglichkeiten zu Gebot. Die Haupttendenz der Spätergeborenen ist vielleicht, ihre Bedürfnisse zugunsten anderer zurückzustellen, was zu Ressentiments und Unzufriedenheit führen kann. Spätergeborene Frauen mit jüngeren Brüdern verhalten sich ihrem Mann gegenüber oft mütterlich. Hatten sie ältere Brüder, dann verhalten sie sich auch ihrem Mann gegenüber häufig wie ‹die kleine Schwester›.

Zwischen einer spätergeborenen Frau und einem männlichen Einzelkind kommt es in der Regel nicht zu einem Machtkampf. In einer solchen Ehe werden Entscheidungen meist gemeinsam und gleichberechtigt getroffen. Meist wird die Frau ihrem Mann die dominante Rolle zuerkennen und ihm dabei helfen, diese Rolle auszufüllen, in der er unsicher ist, weil er als Kind Gegenstand der Aufmerksamkeit und der Disziplinarmaßnahmen zweier mächtiger Eltern war.

Frau Spätergeborene/Mann ältestes Kind

Ebenso wie für das Einzelkind ist die spätergeborene Frau für einen Erstgeborenen meist eine gute Partnerin. Es gibt keinen Machtkonflikt, wenn der Mann seine Frau nicht allzusehr unterdrückt. Die spätergeborene Frau ist manchmal zu unterwürfig.

Frau Spätergeborene/Mann zweites Kind

Diese Ehe hat sehr gute Aussichten, zur beiderseitigen Zufriedenheit zu funktionieren. Der zweitgeborene Mann ist geneigt, ohne Konflikt die dominantere Rolle zu übernehmen, und er ist besser als seine Frau darauf vorbereitet, Verantwortung zu übernehmen.

Frau und Mann beide Spätergeborene

Wenn überhaupt irgendwo die Möglichkeit besteht, daß beide Partner gleichberechtigt an den Entscheidungen teilhaben – aber auch die Gelegenheit zum Konflikt darüber, wer die Verantwortung übernehmen soll –, dann in dieser Kombination. Die spezifischen Bedingungen einer solchen Ehe sind jedoch von den Kindheitsrollen der Partner abhängig. Wenn die Frau sich stark mit der weiblichen Rolle identifiziert, dann wird sie wahrscheinlich mit jedem Mann aus einer späteren Familienposition zurechtkommen.

Frau Spätergeborene/Mann jüngstes Kind

Spätergeborene Frauen führen recht häufig gute Ehen, und bei Männern, die als jüngstes Kind ihrer Familie aufwuchsen, ist die Scheidungsrate niedrig. Wenn irgendwelche Probleme entstehen, dann wird es dabei meist nicht darum gehen, daß die Frau zu dominant wäre –, denn das wäre dem Ehemann gleichgültig. Es kann zu Konflikten um die Übernahme von Verantwortung kommen, doch sind die Frauen meist in der Lage, die Abhängigkeitsbedürfnisse ihres Mannes zu erfüllen.

Frau jüngstes Kind/Mann Einzelkind

Wenn man davon ausgeht, daß der Machtkampf in der Ehe eine wichtige Rolle spielt, dann bietet die Ehe mit einer als jüngstes Kind geborenen Frau für Männer aus jeder Familienposition (ausgenommen solche, die selbst das jüngste Kind ihrer Familie sind) die größte Aussicht auf Erfolg. In einer Untersuchung wurde allerdings für letztgeborene Frauen eine hohe Scheidungsquote festgestellt, und zwar in Abhängigkeit von der Zahl der Geschwister der Frau. Bei Frauen, die das jüngste von drei Kindern waren, entsprach die Scheidungsquote dem Durchschnitt, bei den jüngsten von vier Kindern lag sie darüber. Wenn das jüngste Kind von Eltern und Geschwistern liebevoll behandelt wird, führt es im allgemeinen eine gute Ehe. Wurde es viel gehänselt oder lächerlich gemacht, dann kann die Ehe unter seinem mangelnden Selbstwertgefühl leiden.

Eine als jüngstes Kind geborene Frau und ein Einzelkind-Partner dürften Konflikte bezüglich Dominanz und Verantwortung in der Regel vermeiden können. Da männliche Einzelkinder oft Leistungsbezogenheit und hohes Selbstwertgefühl mit Lebensfreude verbinden, können diese beiden Partner miteinander glücklich sein. Wenn es zu einem Konflikt kommt, dann wird es oft um Alltagsfragen der Haushaltsführung und der Kindererziehung gehen. Der Grund für eine Scheidung kann bei letztgeborenen Frauen in ihrer mangelnden Bereitschaft, Verantwortung zu übernehmen, und in ihrem Wunsch, sich das Leben angenehm zu machen, liegen.

Frau jüngstes/Mann ältestes Kind
Bei dieser Kombination dürfte es kein Dominanzproblem geben, doch kann ein anderes Problem auftreten. Der erstgeborene Mann übernimmt seiner letztgeborenen Frau gegenüber die Elternrolle. Sie bestärkt ihn darin, indem sie sich auf seine Hilfe und Fürsorge verläßt, ärgert sich aber unter Umständen zugleich darüber, weil sie das Gefühl hat, nicht als erwachsener Mensch behandelt zu werden.

Frau jüngstes/Mann zweites Kind
Machtkonflikte sind in dieser Ehe unwahrscheinlich. Probleme können sich daraus ergeben, daß die Frau sich von ihrem Mann zu abhängig macht. Unter Umständen bestärkt das den Mann aber nur in seinem Gefühl der Dominanz, die zu erreichen er sich als Kind erfolglos bemühte.

Frau jüngstes Kind/Mann Spätergeborener
Diese Ehe dürfte recht zufriedenstellend verlaufen, da der Ehemann zumeist die von ihm bevorzugte dominante Rolle spielen wird. Probleme können sich ergeben, weil die Frau nicht bereit ist, Verantwortung zu übernehmen, und diese Tendenz auch bei manchen spätergeborenen Männern vorherrscht.

Frau und Mann beide jüngste Kinder
Diese Ehe kann gut funktionieren, wenn beide Partner von Haus aus über reichliche finanzielle Mittel verfügen. Die werden sie brauchen, um ihrer Neigung zum angenehmen Leben nachgeben zu können. Zwei jüngste Kinder machen es meist irgendwie möglich, daß sie miteinander spielen können. Wenn irgendwelche Probleme entstehen, dann wird es meist darum gehen, wer von beiden Partnern den anderen dazu zwingen kann, die Verantwortung zu übernehmen.

Natürlich dürfen wir über dieser Diskussion nicht vergessen, daß jeder Mensch seine eigenen Eigenschaften und Einstellungen hat, von denen viele *nichts* mit der Geschwisterkonstellation zu tun haben. In der Ehe müssen wir jeden Partner als einen einzigartigen Menschen betrachten, der zum Teil durch den Zufall seiner Familienposition geformt ist und in der Familie bestimmte Weisen, zu anderen in Beziehung zu treten, gelernt hat.

Kapitel 14
Elternschaft I

Konstellationseffekte bilden sich durch familiäre Umstände heraus, die während der ersten Lebensjahre eines Kindes bestehen. Erwachsene und junge Menschen jenseits der prägenden Jahre werden – so hoffe ich – in diesem Buch das Rüstzeug finden, ihr Leben erneut zu bestätigen oder es zu ändern. Kinder aber werden noch mehr davon profitieren, wenn ihre Eltern dieses Wissen haben und es dazu benutzen, die Interaktion der Geschwister so zu lenken, daß jedes Kind seine Möglichkeiten erkennt und optimal entwickelt. Talente sind nicht auf eine Familienposition beschränkt, und keine Familienposition ist wertvoller als die anderen. Wie stets bei Vorsorgemaßnahmen kann ein gewisses Maß an elterlicher Klugheit und Aufmerksamkeit Kosten sparen – das heißt hier, teure Psychotherapiestunden, die nötig werden, wenn ein Erwachsener schließlich durcheinandergeratene Persönlichkeitsfäden entwirren muß.

Die Geschwisterkonstellation wirkt sich für die Elternschaft in zweifacher Hinsicht aus: einmal, wenn ein Paar beginnt, an Kinder zu denken, und dann, wenn die Kinder geboren sind. In diesem Kapitel wollen wir untersuchen, wie die Geschwisterkonstellation den Wunsch und die Bereitschaft, Kinder zu haben, und die Art der Elternschaft beeinflußt. Da sich die Familienplanung durch neue Mittell zur Geburtenkontrolle und neue Abtreibungsgesetze schnell wandelt, werden wir auf diese Trends in einem späteren Kapitel eingehen. An dieser Stelle werden wir uns damit beschäftigen, wie sich die jungen Eltern auf Grund ihrer Geschwisterkonstellationen ihren Kindern gegenüber verhalten werden.

Der Pyramideneffekt

Den Einfluß der elterlichen Geschwisterkonstellation auf die Beziehungen zu den Kindern können wir als *Pyramideneffekt* bezeichnen. Durch diesen Effekt werden Eigenschaften, die in einer bestimmten Familienposition erworben wurden, an die Kinder und sogar die Enkel weitergegeben.

Stanley war beispielsweise ein spätergeborenes Kind. Er hatte zwei ältere Schwestern, einen älteren Bruder und noch eine jüngere Schwester. Ein solcher Junge wächst oft von seiner Mutter und seiner älteren Schwester beschützt, aber im Konflikt mit seinem Bruder auf. In dieser Konstellation scheint eine jüngere Schwester die männliche Neigung zu fördern, Frauen gegenüber liebenswürdig und interessiert zu sein.

Stanley war seiner Frau gegenüber unterwürfig, zu Hause und im Geschäft, wo sie mitarbeitete und mitentschied. Er war sehr bemüht, die Bedürfnisse seiner Frau zu erfüllen, aber geradezu besessen davon, seine Tochter zu beschützen und für sie zu sorgen. Oft wurde er in Meinungsverschiedenheiten zwischen Mutter und Tochter hineingezogen.

‹Wenn ich mit meiner Mutter eine Auseinandersetzung habe, ergreift er immer ihre Partei›, sagte die Tochter, ‹aber wenn ich weinend ins Bett gegangen bin, weil ich nicht bekommen habe, was ich wollte, dann steckt er mir einen Fünfdollarschein unters Kopfkissen.›

Allmählich nahm der Konflikt zwischen Mutter und Tochter (der noch dadurch intensiviert wurde, daß Stanley in dem Bemühen, beiden zu gefallen, zwischen ihnen hin- und herpendelte) solche Ausmaße an, daß die Tochter, als sie sechzehn Jahre alt geworden war, auf ein Internat nach Europa geschickt wurde. Stanley schickt ihr ohne Wissen seiner Frau Geld. Er hofft, daß sie bei ihrer Rückkehr soweit sein wird, daß sie irgendwo alleine leben und arbeiten kann – weit weg von dem Konflikt mit der Mutter.

‹Ich bin wie Pudding, wenn meine Frau oder meine Tochter etwas von mir wollen›, sagte Stanley, ‹gleich, ob es sich um Liebe, Geld, Schutz oder Fürsorge handelt.› Offensichtlich wurde die Entwicklung der Tochter von Eigenschaften beeinflußt, die auf die Familienposition des Vaters zurückgehen.

Komplexer ist der Fall Timothy – ein mittleres Kind zwischen zwei Schwestern. Die wichtigsten Faktoren waren hier die ältere Schwester und die Tatsache, daß Timothy der einzige Junge war. Seine Eltern vergötterten ihn. Als Erwachsener hielt er sich, wenn er Hilfe brauchte, an Frauen. Er hatte auch eine weibliche Vorgesetzte, aber nie entwickelte er enge Beziehungen zu diesen Frauen. Anscheinend wollte er ihnen nicht zu viel zugestehen, um seine männliche Identität zu wahren.

Timothy heiratete die ältere von zwei Schwestern. Seine Frau war nicht intellektuell orientiert, aber sie hatte sich während des Heranwachsens mit ihrem Vater identifiziert. Schnell übernahm sie die dominante Position im Geschäft ihres Mannes. Mit einigen Flirts versicherte Timothy sich gelegentlich seiner Männlichkeit, doch seine Frau tolerierte das, solange er es nicht ernst nahm und eng mit ihr als Geschäftspartnerin zusammenarbeitete.

Ihr Hauptproblem betraf die Erziehung der beiden Töchter. Timothy war übertrieben beschützend und um sie besorgt, so als wiederhole er seine Beziehung zu seiner jüngeren Schwester. Hier war er frei von der Vorherrschaft seiner älteren Schwester (jetzt repräsentiert von seiner Frau) und konnte die jüngere (die jetzt von seinen Töchtern repräsentiert wurde) dominieren und beschützen.

Timothys Frau war gegen seine enge Beziehung zu den Töchtern. Sie konkurrierte mit ihren Töchtern, als repräsentierten sie ihre jüngere Schwester, die geboren war, als sie sich daran gewöhnt hatte, das einzige Kind in der Familie zu sein.

In der Therapie sah Timothys Frau ein, daß er für ihre Töchter sorgte, weil die Kinder ebenso zu ihr wie zu ihm gehörten, und daß er und die Töchter das Leben mit ihr teilen wollten. Sie kam zu einer objektiveren Einstellung und entwickelte dadurch tatsächlich eine reichere Beziehung zu ihren Töchtern und ihrem Mann.

Der Wunsch nach Kindern

Es gibt zwei grobe Annahmen zum Thema Kinderkriegen – seien sie nun aus wissenschaftlicher Sicht gerechtfertigt oder nicht: Daß viele erste Kinder nicht eingeplant waren und daß Männer weniger bereit sind als Frauen, die Verantwortung der Elternschaft auf sich zu nehmen. Für die Wahl eines Partners ist es hilfreich, wenn wir wissen, welche Einstellung in bezug auf Kinder wir von ihm erwarten dürfen.

Eine Untersuchung über kleine Familien zeigte, daß bei Männern, die als Einzelkinder oder als das jüngste von drei Kindern aufgewachsen sind, der Wunsch nach Kindern am wenigsten ausgeprägt ist. Eine Erklärung dafür mag darin liegen, daß die Einzelkinder und die Jüngsten keine Erfahrung darin haben, älter als jemand anderes in der Familie zu sein. Sie sind eher daran gewöhnt, daß man für sie sorgt, als daran, für jemanden zu sorgen. Solche Männer haben oft eine enge Beziehung zur Mutter und genießen die mütterliche Fürsorge. Die Identifikation mit dem Vater ist bei ihnen weniger stark als bei ältesten oder mittleren Jungen.

In unserer klinischen Praxis haben wir oft beobachtet, daß männliche Einzelkinder *zunächst* am Kinderkriegen außerordentlich uninteressiert sind, daß sich ihr Interesse aber oft nach der Geburt des Kindes entwickkelt. Weibliche Einzelkinder haben eine ambivalente Einstellung. Unsere Erfahrung zeigt, daß weniger als ein Drittel der Einzelkind-Frauen starkes Interesse daran hat, Kinder aufzuziehen, obwohl sie unter Umständen in der Erzeugung eines Kindes durchaus einen Wert sehen.

Anders ist die Situation bei den Ältesten aus Familien mit drei oder mehr Kindern. Hier wünscht sich die Mehrheit der Männer Kinder, und erstgeborene Frauen haben fast einhellig den starken Wunsch, Mutter zu werden. Möglicherweise ist dieser Wunsch von dem Machtgefühl beeinflußt, das sie als Kinder hatten, weil sie für die jüngeren Geschwister als Mutterersatz fungierten.

Bei den jüngeren von zwei Kindern besteht, was den Wunsch nach Kindern betrifft, ein großer Unterschied zwischen Männern und Frauen. Die Männer gehören hier (wie auch die jüngsten von drei Kindern) zu denen, bei denen der Kinderwunsch am wenigsten ausgeprägt ist. Frauen, die als jüngeres von zwei Kindern aufwuchsen, stehen dagegen der Mutterschaft noch positiver gegenüber als die Erstgeborenen. Wie kommt es zu einem so deutlichen Unterschied zwischen Männern und Frauen in dieser Familienposition?

Der Mann, der das jüngere von zwei Kindern war, hat natürlich in der Kindheit keine Erfahrungen mit der Elternrolle gemacht; dadurch schätzt er Familienrollen möglicherweise nicht so hoch ein wie sein älterer Bruder oder seine ältere Schwester, die ihre Befriedigung zum Teil daraus zogen, daß sie ihn dominierten. Eine jüngere Tochter identifiziert sich jedoch mit der Mutter – im Gegensatz zur älteren Schwester oder zum älteren Bruder, die sich mit den Einstellungen und Werten des Vaters identifizieren. Eine Möglichkeit, mit dem älteren Kind zu konkurrieren, besteht darin, früh eine Ehe zu schließen und Kinder zu bekommen. Wir haben beobachtet, daß jüngere Töchter jung heiraten und so bald wie möglich Kinder bekommen, oft noch vor ihren älteren Schwestern.

Männer und Frauen, die als mittlere Kinder – vor allem als zweites oder drittes von vieren – aufgewachsen sind, wünschen sich oft Kinder. Allerdings haben Frauen, die als mittleres von sechs oder mehr Kindern aufgewachsen sind, im Durchschnitt weniger Kinder als ihre älteren oder jüngeren Schwestern. Das liegt möglicherweise nicht so sehr daran, daß sie weniger Interesse an Kindern hätten, sondern daran, daß sie ihren Kindern die Nachteile, die sie selbst erfahren haben mögen, ersparen möchten.

Wir haben gesehen, daß Männer, die als jüngstes oder einziges Kind ihrer Familie aufwuchsen geringes Interesse an Kindern haben. Das gleiche gilt im allgemeinen für Frauen, die als jüngstes von drei oder mehr Kindern aufwuchsen und deswegen nur an die Rolle des Abhängigen gewöhnt sind. Es ist aber interessant, daß Frauen, die zunächst das jüngste von drei oder mehr Kindern waren, dann jedoch in weitem zeitlichem Abstand noch einen kleinen Bruder oder eine kleine Schwester bekommen, sich mehr dafür interessieren, Kinder zu bekommen, als andere ‹jüngste› Frauen. Das zeigt uns, wie wichtig die Rolle als Mutterersatz für den Wunsch, selbst Kinder zu haben, und für die Fähigkeit, sie zu erziehen, ist.

Die Eignung als Eltern

Das Einzelkind

Obwohl der Wunsch nach einer eigenen Familie bei Männern und Frauen, die als Einzelkinder aufwuchsen, nur schwach ist, zeigen sie starkes Engagement und Verantwortungsbewußtsein, wenn erst einmal ein Kind geboren ist. Ihre Einstellung bleibt zuweilen ambivalent, doch Einzelkind-Frauen versorgen oft höchst effizient zwei, drei und mehr Kinder. Solange die Kinder klein sind, bleiben diese Frauen oft bereitwilliger als andere zu Hause und erfüllen ihre Mutterpflichten. Wenn sie unter irgendwelchen Ängsten leiden, dann betreffen sie eher die Beziehungen zu ihrem Mann als die Forderungen, die an sie als Mutter gestellt sind.

Aber auch bei Einzelkindern gibt es Probleme mit den Kindern. Sie klagen stets über den Lärm und das Durcheinander, das die Kinder verursachen, einfach deswegen, weil sie solche Störungen aus ihrem Elternhaus kaum kennen. Wenn zwei Einzelkinder miteinander verheiratet sind, dann erkennen sie vielleicht ihr Bedürfnis nach Ruhe und Abgeschiedenheit im voraus und entschließen sich, auf Kinder zu verzichten. Aber solche glücklichen Kombinationen sind selten, und manches Einzelkind wählt einen Partner, der sich sehnlichst Kinder wünscht. Die daraus entstehenden Irritationen können die Ehe belasten.

Das war bei einem einzigen Sohn der Fall, der die jüngere von zwei Töchtern geheiratet hatte. Mortimers Frau war lebhaft und sprach oft davon, wie sehr sie sich Kinder wünschte, obwohl ihr Mann weit weniger begeistert war.

‹Sie war warmherzig und zärtlich, und ich wußte, daß sie eine gute Mutter sein würde›, sagte Mortimer. ‹Es mußte also irgend etwas mit mir falsch sein, weil ich keine Kinder wollte. Letzten Endes war es doch – bevor dieses Gerede von der Bevölkerungsexplosion aufkam – einfach üblich, Kinder zu haben, und ich hatte auch nichts gegen die Vorstellung, daß ein Junge unseren Familiennamen erhalten würde.›

Die Entscheidung wurde ihm schnell abgenommen. Einen Monat nach der Hochzeit wurde Mortimers Frau schwanger. Schon vor der Geburt des Kindes fühlte sich Mortimer gestört.

‹Vivian wurde im Laufe der Monate immer zurückgezogener›, sagte er. ‹Es machte mir keine Freude, ihren hübschen Körper so deformiert zu sehen, aber was noch schlimmer war, sie schien sich immer mehr nach innen zu wenden, als sei das Baby für sie das einzig Wichtige auf der Welt, und ich existiere überhaupt nicht mehr.› (Diese Reaktion finden wir häufig bei einzigen Söhnen, die daran gewöhnt sind, daß ihre Mutter ihnen ihre volle Aufmerksamkeit schenkte.)

Als sein Sohn geboren war, war Mortimer stolz auf ihn, doch er überließ Vivian die ganze Sorge für das Kind.

‹Was mir zu schaffen machte›, sagte er, ‹war die äußere Unordnung im Hause. Überall Windeln, Milchflaschen, und dauernd schrie das Kind. Vielleicht war ich selbstsüchtig, aber es war ein Schock, nach einem ruhigen Tag im Büro in diese Atmosphäre zu kommen. Abgesehen von dem Lärm und dem Durcheinander schien Vivian sich auch ausschließlich auf den Jungen zu konzentrieren und hatte kaum Zeit für mich.›

Nach der Geburt des zweiten Kindes, eines Mädchens, wurde die Situation noch schlimmer. Mehrmals in der Woche fand Mortimer eine Entschuldigung, mit Freunden auszugehen. Vivian merkte, daß ihr Mann sich innerlich von ihr entfernte, und sprach darüber mit ihrer Mutter. Glücklicherweise war die Mutter eine scharfsichtige Frau. Sie riet Vivian, sich mehr um ihren Mann zu kümmern.

Eines Abends, als die Kinder schliefen, sprach Vivian ihren Mann darauf an, und beide erörterten die ganze Situation. Beide hatten schon darüber nachgedacht. Sie sprachen sich ohne Krach aus und fanden eine neue Basis gegenseitigen Verstehens. Als der Sohn älter wurde, hatte Mortimer mehr Freude an ihm, und schließlich waren sie eine glückliche Familie mit vier Kindern.

Nicht alle Ehen verlaufen so zufriedenstellend. Als Einzelkind aufgewachsene Mütter reagieren auf den Lärm und das Durcheinander oft mit Ungeduld und nervösen Spannungen, was dazu führt, daß sie ihre Kinder anschreien. Daraus ergeben sich immer neue Spannungen, die nicht aufhören, bis die Mutter oder das Kind den Circulus vitiosus durchbricht. Die Mutter muß oft durch bewußtes Handeln verhindern, daß Spannungen entstehen. Sie braucht zuweilen ihre Ruhe, und manche Mütter engagieren Babysitter, um einmal in Ruhe einkaufen oder spazierengehen zu können oder sich in der Bücherei ein Buch auszusuchen. Andere schicken ihre Kinder in den Kindergarten oder in Tagesstätten.

Auch als Einzelkind aufgewachsene Väter brauchen ihre Ruhe. Meist finden sie im Büro oder an ähnlichen Orten Zuflucht, aber es ist wichtig, ihr Bedürfnis zu erkennen, damit man etwas tun kann, ehe sie anfangen, Heim, Frau und Kinder zu meiden. Die Frau eines als Einzelkind aufgewachsenen Mannes sollte sein Bedürfnis nach Ruhe akzeptieren und dazu beitragen, das Familienleben so zu gestalten, daß dem Vater Zeit für sich bleibt, seine Lebensgeister zu beflügeln und wieder Interesse an der Familie zu gewinnen.

Eltern, die selbst als Einzelkinder aufgewachsen sind, reagieren zuweilen je nach Anzahl und Geschlecht ihrer Kinder in bestimmter Weise. Der Vater ist vielleicht seinen Töchtern besonders zugetan, streitet aber ständig mit den Söhnen oder (ganz besonders) dem einzigen Sohn. Ist der Sohn auch ein Einzelkind, dann kann es zu starken Konflikten zwischen Vater und Sohn kommen, weil beide miteinander um die Aufmerksamkeit der Frau bzw. Mutter konkurrieren. In ähnlicher Weise sind Einzelkind-Mütter manchmal ihren Söhnen zugetan, haben aber Konflikte mit ihren Töchtern.

Eine besondere Situation kann für den als Einzelkind aufgewachsenen Vater entstehen: Er erscheint unter Umständen eifersüchtig oder ärgerlich über seine Kinder, wenn sie zu viel von der Zeit seiner Frau beanspruchen. Er kann dann indifferent oder feindselig sein und damit das Selbstwertgefühl des Kindes, besonders seine Geschlechtsrollenübernahme, stören. Wenn der Vater seiner Tochter gegenüber indifferent ist, dann erscheint ihr ihr Wert als Frau fraglich. Wenn er seinen Sohn ignoriert, dann erscheint ihm seine Männlichkeit fraglich, weil sein Vater ihm keinen Wert als Mann beimißt.

Auch die Erziehung ist eine schwierige Aufgabe. Einzelkind-Eltern schwanken manchmal zwischen Strenge und übertriebener Nachsicht. In der Regel sind Eltern streng, weil sie in ihrer Kindheit und Jugend traditionelle Moralvorstellungen und Verhaltensvorschriften gelernt haben. Viele Einzelkinder, die von ihren Eltern verwöhnt wurden, machen es jetzt umgekehrt und sind ihren eigenen Kindern gegenüber streng. Solchen Eltern fällt es schwer, stets gleichmäßig zu reagieren, und sie verwirren ihre Kinder manchmal dadurch, daß sie gegen die Gewohnheit etwas erlauben oder verwehren. Einzelkind-Eltern sind oft überprotektiv, wie es ihre Eltern waren, und überwachen ihre Kinder stark. Sie können aber auch permissiv im Gewähren von ‹Dingen› sein oder ihren Kindern Entscheidungen, zum Beispiel über die Auswahl ihrer Freunde oder ob sie aufs College gehen wollen, selbst überlassen.

Das älteste Kind

Die für das älteste Kind charakteristischen Merkmale Ernsthaftigkeit, starkes Gewissen und Leistungsbedürfnis wirken sich auch auf andere Weise auf ihr Verhalten als Eltern aus. Wenn beide Eltern älteste Kinder sind, dürfte ihr Kind in einer strengen, harten Atmosphäre aufwachsen. Glücklicherweise entstammen die Partner meist unterschiedlichen Familienpositionen, so daß die Härte, die bei zwei Ältesten zu erwarten wäre, gemildert wird.

Im allgemeinen freut sich das älteste Kind über Kinder und ist ein verantwortungsvoller Vater oder eine verantwortungsvolle Mutter. Die Größe der Elternfamilie kann eine Rolle spielen. Manche Untersuchungen weisen darauf hin, daß erstgeborene Männer aus Familien mit sechs oder mehr Kindern sich mehr über eigene Kinder freuen als Frauen aus der gleichen Familienposition. Das mag daran liegen, daß den Mädchen so viel Verantwortung für die Geschwister aufgebürdet wurde. Erstgeborene Jungen erleben die Vaterersatzrolle in der Kindheit eher als mächtig denn als dienend. Daher stehen sie der Erziehungsverantwortung weniger negativ gegenüber. Erstgeborene Männer nehmen die Elternschaft ernst. In ihren Anforderungen an die Kinder sind sie vielfach moralistisch und perfektionistisch, und sie legen viel Wert auf Disziplin. Oft verlangen sie ein ernsthafteres Verhalten, als es dem Alter der Kinder angemessen ist.

Erstgeborene Mütter sind vielfach ängstlich. In der Regel sind sie kompetent, aber zuweilen müssen sie das von anderen bestätigt bekommen. Gleichzeitig ärgern sie sich über die kleinste Andeutung, daß sie vielleicht als Mütter nicht ganz perfekt seien. Männern wie Frauen aus dieser Familienposition fehlt oft die Fähigkeit, sich in andere einzufühlen und sie zu verstehen. Dadurch sind sie oft intolerant und erscheinen ihren Kindern kühl und intellektuell.

Die erstgeborene Mutter wird meist auf ihr eigenes erstes Kind starken Leistungsdruck ausüben, besonders beim Sprechenlernen. Unter Umständen lernt das Kind, besonders viel zu sprechen, möglicherweise entwickelt es durch den Stress aber auch eine Sprachstörung. Erstgeborene Frauen fürchten sich auch vor Ungewißheit. Eine beschrieb mir ein Erlebnis, das sie als Kind hatte.

‹Ich war mit Freunden zum Karneval›, sagte sie, ‹und am Ende kamen wir zu einer Stelle, wo wir eine Rutschbahn hinunterrutschen sollten, deren Ende man nicht sehen konnte. Ich konnte es einfach nicht. Trotz des Spotts der Freunde und der beruhigenden Versicherungen der aufsichtführenden Erwachsenen konnte ich mich nicht auf diese Rutschbahn setzen. Schließlich führte mich einer der Aufsichtführenden eine Treppe hinunter.

So ist es mein ganzes Leben lang geblieben. Immer wenn ich nicht absehen konnte, was bei einem Plan oder einer Situation herauskommen würde, war ich ängstlich und fürchtete mich.› Kurse für werdende Mütter, die Erstgeborene öfter besuchen als andere Frauen, helfen ihnen vielleicht, ‹das Ende der Rutschbahn zu sehen›.

Das zweite Kind

Ein zweites Kind ist oft lockerer, toleranter, menschlicher, und nimmt mehr Rücksicht auf die Bedürfnisse und Gefühle seiner Kinder.

Der Mann wird meist an maskulinen Beschäftigungen interessiert sein und seinen Söhnen mehr Aufmerksamkeit widmen als den Töchtern. Die klinische Erfahrung zeigt, daß Väter, die zusammen mit einer älteren Schwester aufwuchsen, zu ihrer eigenen Tochter Distanz halten, wenn sie das erste Kind ist. Dieser Vater wird keine intellektuellen Hochleistungen von seinen Kindern verlangen, da er selbst – im Gegensatz zu seinem Bruder – vor allem auf anderen Gebieten nach Erfolg strebte. Hinsichtlich der Disziplinierung der Kinder verläßt er sich manchmal zu sehr auf seine Frau, weil er selbst nur ungern erzieherische Maßnahmen ergreift.

Die als zweites Kind geborene Mutter ist im allgemeinen rücksichtsvoll. Welche Probleme sich ergeben können, hängt davon ab, ob sie einen älteren Bruder oder eine ältere Schwester hatte. Hatte sie einen Bruder, dann fällt es ihr auf Grund ihrer eigenen Geschlechtsrollenambivalenz unter Umständen schwer, Töchter zu akzeptieren. Wenn sie eine Schwester hatte, ist sie möglicherweise zu abhängig und konformistisch und braucht Hilfe bei der Erziehung ihrer eigenen Kinder.

Eine Frau, die jüngere von zwei Schwestern, hatte sich in der Kindheit der Schwester gegenüber unterlegen gefühlt. Später hatte sie unerklärliche feindselige Gefühle gegenüber ihrem ersten Kind, ebenfalls einem Mädchen. Sie erklärte: ‹Ich konnte ihr einfach nichts geben.›

Die Mutter ärgerte sich darüber, daß das Baby so viel Fürsorge verlangte, und sträubte sich dagegen. Als das kleine Mädchen in die Schule kam, schränkte sie ihre Aufmerksamkeit und Hilfe ein. Als Tess sich aus anderen Gründen in Therapie begeben hatte, mußte sie mit Schrecken erkennen, daß sie tatsächlich versucht hatte, ihr erstes Kind zum Versagen zu treiben, so wie sie erfolglos versucht hatte, gegen ihre Schwester anzuarbeiten.

Auch eine andere Frau übertrug ihre Gefühle gegenüber ihrer Schwester auf ihre Tochter. In ihrer Kindheit war Yvette von ihrer älteren Schwester versorgt worden. Als dann die eigene Tochter älter wurde, rief die Mutter sie oft mit dem Namen der Schwester.

Die Tochter suchte schließlich meine Hilfe gegen die Schuldgefühle, die sich daraus ergaben, daß sie glaubte, für das Wohlergehen ihrer Mutter verantwortlich zu sein. Yvette hatte der Tochter eingeimpft, es sei ihre Aufgabe, für die Mutter so zu sorgen und sie zu beschützen, wie es einst die ältere Schwester getan hatte. Als die Tochter diese Übertragung erkannte, konnte sie sich davon freimachen. Yvette aber versuchte bis zu ihrem Tod, der Tochter Schuldgefühle beizubringen, weil sie nicht genügend für sie sorge.

Die zweitgeborene Mutter freut sich meist sehr über einen Sohn. Nach der psychoanalytischen Theorie ist die Geburt eines Sohnes für die Frau eine Möglichkeit, zu einem Penis zu kommen. So seltsam diese Theorie scheinen mag, für Frauen, die mit ihrer weiblichen Geschlechtsrolle unzufrieden sind, scheint sie zu gelten. Wenn sie einen Sohn geboren haben, werden sie oft häuslich und widmen diesem Kind einen Großteil ihrer Mühe und Fürsorge.

Zweitgeborene Männer, die noch jüngere Geschwister haben, ermuntern ihre Kinder meist ähnlich wie Erstgeborene zu konkurrenzbezogenem Verhalten. Zweitgeborene Frauen verbinden in der Erziehung ihrer Kinder oft Konkurrenzbezogenheit mit weiblichen Interessen. Wenn sie ältere und jüngere Geschwister hatten, haben sie gelernt, mit dem älteren Bruder oder der älteren Schwester zu konkurrieren und über die jüngeren

Geschwister Macht auszuüben. Ihr Hauptproblem liegt manchmal darin, daß sie zu viel von ihren Kindern verlangen und sie kritisieren, wenn sie nicht den erwarteten Erfolg haben.

Spätergeborene

Diese Kinder entwickeln in ihrem Bemühen um Identität und bei ihren Versuchen, sich einen Macht- und Statusbereich abzugrenzen, einzigartige Rollen. Da spätergeborene Frauen im Durchschnitt weniger Kinder haben als andere und meist als Erwachsene gut angepaßt sind, kommen sie mit ihrer eigenen Familie im allgemeinen gut zurecht. Männer, die als mittleres unter vier Kindern aufwuchsen, wünschen sich selbst Kinder, und die Frauen sind meist hingebungsvolle Mütter.

Das häufigste Problem der spätergeborenen Eltern ist wahrscheinlich die Frage, wer von beiden die Autorität ausüben soll. Wenn ein spätergeborener Mann eine Frau heiratet, die zu den älteren Kindern innerhalb der Geschwisterreihe gehörte, wird er unter Umständen nichts mit der Kontrolle und Überwachung der Kinder zu tun haben, und darunter werden alle leiden. Solche Konflikte zwischen den Eltern führen manchmal dazu, daß die Kinder aufsässig werden und dem Vater gegenüber eine feindliche Haltung einnehmen, weil der sie nicht gegen die strenge, fordernde Mutter in Schutz nimmt.

Die jüngsten Kinder

Männer und Frauen, die als jüngste ihrer Familie aufwuchsen, haben meist nicht den ausgeprägten Wunsch nach Kindern, können aber trotzdem großartige Eltern sein. Da jüngste Kinder gerne anderen, besonders Schwächeren, helfen, sind sie ihren Kindern gegenüber oft freundlich und liebevoll. Sie zeigen viel Mitgefühl und Verständnis für sie. Da sie selbst verspielt, lebhaft und spontan sein können, schaffen Eltern, die selbst als jüngste Kinder aufwuchsen, oft eine freundliche Familienatmosphäre, in der jeder am anderen Freude hat. Andererseits sind solche Eltern oft übertrieben beschützend eingestellt, wie sie ja auch selbst zu sehr beschützt wurden.

Eine Mutter beispielsweise, die als jüngstes von vier Mädchen aufgewachsen war, fürchtete sich vor Wasser, Blitz und vor großen Höhen. Es fiel ihr schwer, ihre beiden Söhne zu verstehen und ein gutes Verhältnis zu ihnen herzustellen, besonders zu dem jüngeren, der ein athletischer Typ war und ständig in größter körperlicher Gefahr zu schweben schien.

Es kommt jedoch auch vor, daß die jüngsten Kinder unangenehmen Neckereien der Geschwister ausgesetzt sind und von ihnen schlecht behandelt werden. Das kann sich auf ihr Verhalten als Eltern negativ auswirken.

Terry beispielsweise war das jüngste von drei Kindern. Die Mutter arbeitete außer Haus und beschäftigte sich wenig mit ihrer Jüngsten. Wenn sie – wie es oft geschah – mit ihrem Bruder und ihrer Schwester alleine blieb, wurde sie von ihnen geneckt, gekitzelt und auf andere Weise gequält. Als Erwachsene scheute sie vor körperlichem Kontakt zurück und hatte kaum enge Freunde.

Diese Zurückgezogenheit behielt sie auch nach ihrer Eheschließung bei. Als sie ein Baby bekam, wollte sie es gerne selbst versorgen, aber sie hatte keine Freude daran, es zu berühren oder zu knuddeln. Ihr Baby litt dadurch unter einem ständigen Mangel an menschlicher Wärme und Zuneigung.

Elternpaare

Oft werden wir gefragt, welche Elternkombination unter dem Aspekt der Geschwisterkonstellation die gesündeste ist. Die folgenden Hinweise sind mit Vorsicht zu interpretieren, da sie grobe Verallgemeinerungen enthalten und nur den Versuch machen, die auffälligsten individuellen Merkmale und Wechselwirkungen darzustellen.

Mutter und Vater beide Einzelkinder

Die Mutter spielt in der Erziehung die dominante Rolle, während der Vater bemüht ist, den lästigen Einzelheiten aus dem Wege zu gehen. Die beiden müssen sich im Gespräch bemühen, die Verantwortung gleich zu verteilen.

Mutter Einzelkind/Vater ältestes Kind

Dieses Paar muß aufpassen, daß nötige Disziplinarmaßnahmen nicht allein Aufgabe des Vaters werden.

Mutter Einzelkind/Vater zweites Kind

Wenn der Vater das jüngere von zwei Kindern ist, dann müssen er und die Mutter sich gegenseitig darin bestätigen, daß sie in der Lage sind, ihre Elternrolle auszufüllen. Ist der Vater das zweite von mehreren Kindern, dann wird er meist in der Erziehung dominieren. Die Mutter wird sich unter Umständen besonders anstrengen müssen, um an der Erziehung beteiligt zu werden.

Mutter Einzelkind/Vater Spätergeborener

Diese Kombination dürfte angenehm gleichgewichtig sein. In den Augen der Frau ist ihr Mann unter Umständen den Kindern gegenüber zu nachsichtig.

Mutter Einzelkind/Vater jüngstes Kind

Diese beiden Eltern müssen sich immer wieder gegenseitig beteuern, daß sie den Kindern gegenüber nicht zu weich und nachsichtig sind, und sie müssen dafür sorgen, daß beide Verantwortung übernehmen.

Mutter ältestes Kind/Vater Einzelkind

Der Vater ist unter Umständen irritiert durch die Ernsthaftigkeit und Intensität, mit der die Mutter sich der Erziehung widmet; sie muß vielleicht toleranter werden.

Vater und Mutter beide älteste Kinder

Der Vater kann wie ein Einzelkind sein: streng, aber auch nachsichtig. Beide Eltern müssen den Kindern gegenüber toleranter werden. Sie müssen ihren Machtkampf untereinander so abmachen, daß die häusliche Atmosphäre nicht gestört wird.

Mutter ältestes/Vater zweites Kind

Wenn der Vater das jüngere von zwei Kindern ist, erscheint er vielleicht in der Kindererziehung zu locker und zurückhaltend. Ist er das zweite von drei oder mehr Kindern, dann wird die Ehe der zwischen zwei Erstgeborenen ähneln, doch wird der Vater stärker den Auffassungen seiner Frau nachgeben.

Mutter ältestes Kind/Vater Spätergeborener

Der Vater scheint den Kindern gegenüber vielleicht zu nachsichtig zu sein, und die Mutter muß möglicherweise sowohl ihren Kindern als auch ihrem Mann gegenüber toleranter werden.

Mutter ältestes/Vater jüngstes Kind

Die Eltern werden immer wieder prüfen müssen, ob der Vater seinen vollen Anteil zur Erziehung beiträgt.

Mutter zweites Kind/Vater Einzelkind

Wenn die Mutter das jüngere von zwei Kindern ist, wird sich dieses Elternpaar höchstwahrscheinlich die Erziehungsaufgaben gleichmäßig teilen. Ist sie dagegen das zweite von drei oder mehr Kindern, dann wird weitgehend das gelten, was wir über die Kombination Mutter ältestes Kind/Vater Einzelkind gesagt haben.

Mutter zweites/Vater ältestes Kind

Wenn die Mutter das jüngere von zwei Kindern ist, wird der Ehemann den größeren Einfluß auf die Erziehung haben. Wenn sie das zweite von drei oder mehr Kindern ist, kann es zu Meinungsverschiedenheiten der

Eltern darüber kommen, wie streng die Kinder erzogen werden sollen. Die Mutter mag durchaus wünschen, daß die Kinder sich anständig benehmen und gute Leistungen bringen, aber die väterlichen Normen werden ihr meist doch zu streng vorkommen.

Mutter und Vater beide zweite Kinder
Hier wird die Qualität der Erziehung davon abhängig sein, wie gut die Beziehung zwischen den Ehepartnern ist. Wenn die Eltern gut miteinander auskommen, wird auch mit den Kindern alles in Ordnung sein. Kommen sie weniger gut miteinander aus, dann wird die gespannte häusliche Atmosphäre allen zu schaffen machen.

Mutter zweites Kind/Vater Spätergeborener
Ist die Mutter das jüngere von zwei Kindern, dann dürften die Eltern gut miteinander harmonieren. Wenn sie das zweite von drei oder mehr Kindern ist, wird sie möglicherweise den Eindruck haben, daß der Vater seine Erziehungspflichten vernachlässigt.

Mutter zweites/Vater jüngstes Kind
Wenn die Mutter das jüngere von zwei Kindern ist, werden sich möglicherweise beide Eltern sträuben, die Verantwortung für die Erziehung zu übernehmen. Wenn sie das zweite von drei oder mehr Kindern ist, sind Konflikte nicht zu erwarten.

Mutter Spätergeborene/Vater Einzelkind
Hier haben beide Eltern ungefähr den gleichen Status, doch möglicherweise ist die Mutter ihrem Mann den Kindern gegenüber zu nachsichtig.

Mutter Spätergeborene/Vater ältestes Kind
Bei dieser Kombination wird der Vater wahrscheinlich einen zu großen Teil der Erziehungsmaßnahmen übernehmen.

Mutter Spätergeborene/Vater zweites Kind
Wenn der Vater das jüngere von zwei Kindern ist, kann dies eine ausgeglichene Situation sein, in der beide Eltern die elterliche Verantwortung zu gleichen Teilen übernehmen. Ist der Vater das zweite von drei oder mehr Kindern, dann wird die Mutter seine Erziehungsmaßnahmen möglicherweise für zu streng halten.

Mutter und Vater beide Spätergeborene
Im allgemeinen werden sich keine Probleme ergeben. Wenn es doch zu Konflikten kommt, dann wird es im allgemeinen darum gehen, wer von beiden Partnern für die Erziehung verantwortlich sein soll.

Mutter Spätergeborene/Vater jüngstes Kind

Dies ist im allgemeinen eine harmonische Kombination. Wenn es zu einem Konflikt kommt, dann meist deswegen, weil der Vater sich sträubt, häusliche Verantwortung zu übernehmen.

Mutter jüngstes Kind/Vater Einzelkind

Die Mutter wird möglicherweise zwischen übergroßer Strenge und übertriebener Nachgiebigkeit schwanken. Der Vater muß sich mehr an der Erziehung der Kinder beteiligen.

Mutter jüngstes/Vater ältestes Kind

Die Unsicherheit bezüglich ihrer Erziehungsbefähigung, unter der diese Mütter häufig leiden, kann dazu führen, daß sie dem Vater sein Selbstvertrauen hinsichtlich der Elternrolle verübeln. Der Vater wird seine Frau möglicherweise für zu nachsichtig halten.

Mutter jüngstes/Vater zweites Kind

Wenn der Vater das jüngere von zwei Kindern ist, kann es zu Konflikten darüber kommen, wer die Erziehungsverantwortung tragen soll. Ist er das zweite von mehreren Kindern, dann wird er möglicherweise bereitwillig einen großen Teil der Aufgaben übernehmen, und beide können die Elternrolle harmonisch ausfüllen.

Mutter jüngstes Kind/Vater Spätergeborener

Dies kann eine angenehme Elternbeziehung ohne Machtkampf sein, in der es nur gelegentlich Konflikte darüber gibt, wer den Hauptteil der Erziehungsverantwortung tragen soll.

Mutter und Vater beide jüngste Kinder

Beide werden unter Umständen die Elternrolle nur widerwillig übernehmen, und es kann zu Konflikten über die Frage der Verantwortungsverteilung kommen. Unter günstigen Umständen werden die Eltern ihren Kindern eine angenehme und entspannte häusliche Atmosphäre bieten.

Kapitel 15
Elternschaft II

Die meisten Paare (und das gleiche dürfte für manche unverheiratete Mütter gelten) freuen sich auf ihr erstes Kind, aber in diese Freude mischt sich oft Furcht.

Wie wird das Kind das Leben der zukünftigen Eltern beeinflussen?

Werden sie weiterhin den Vergnügungen nachgehen können, an die sie als Jungverheiratete gewöhnt waren?

Welche neuen Verantwortungen kommen auf sie zu?

Wenn sich Schwangerschaftsbeschwerden einstellen und die Geburt schwierig ist – was bei einer Erstgeburt wahrscheinlich ist –, sind die Eltern unter Umständen von den Belastungen der Elternschaft überwältigt, noch bevor aus der physischen eine psychologische Aufgabe geworden ist.

Für das erste Kind gelten im allgemeinen zwei Grundsätze:

1. Männer wie auch Frauen wünschen sich noch immer eher einen Sohn als eine Tochter – auch wenn uns dieses maskuline Vorurteil nicht gefällt: in den meisten Kulturen bleibt es eine Tatsache – und

2. *unabhängig von seinem Geschlecht* hat das erste Kind größere Aussicht, in der Familie akzeptiert zu werden, als jedes spätere.

Ob das Baby nun ein Junge oder ein Mädchen ist – die erste Herausforderung ist das Stillen. Die Mutter des Erstgeborenen wird diesbezüglich ängstlicher sein als bei späteren Kindern. Es ist belegt, daß Mütter sich beim Stillen am zweiten Lebenstag ihres ersten Kindes mit weniger Erfolg mehr abmühen und mehr Zeit benötigen als bei späteren Kindern. So muß das Erstgeborene sich gleich zu Anfang mehr anstrengen als spätere Kinder. Die Mutter stellt oft einen Zusammenhang zwischen der Fähigkeit zum Stillen und ihrer Kompetenz als Mutter her, und so kann durch ihr erstes Kind ihr Selbstwertgefühl geschmälert werden. Das steigert oft noch ihre Entschlossenheit, das Kind ‹hochzutrimmen›, wenn es älter wird. Mit dem Schlafen ist es ein ähnliches Problem. Wenn es Schwierigkeiten mit dem Füttern gibt, ist das Baby vielleicht unzufrieden, es schläft schlecht und schreit oft. Auch das wird die Mutter unter Umständen ihrer mangelnden Kompetenz zuschreiben und darum versuchen, dem Säugling einen regelmäßigen Schlafrhythmus aufzuzwingen. Bei späteren Kindern gibt es hier auf Grund der gewonnenen Erfahrung meist weniger Kämpfe.

Viele Babies belohnen ihre Eltern, indem sie gut essen und schlafen und nur gurren statt zu schreien. Allmählich entwickeln sie auch motorische und sensorische Fähigkeiten, ein natürlicher Prozeß, der den jungen Eltern wunderbar erscheint. Die Beobachtung von Babies zwischen dem ersten und dem fünfzehnten Lebensmonat hat gezeigt, daß sich die motorischen und sensorischen Fähigkeiten bei Erstgeborenen schneller entwickeln als bei späteren Kindern, wahrscheinlich deswegen, weil die Interaktion zwischen der Mutter und ihrem Erstgeborenen intensiver ist. Diese Überlegenheit läßt *nicht* auf größere Intelligenz schließen, aber sie genügt vielleicht, den Ehrgeiz der Mutter zu befriedigen, die in ihr Erstgeborenes große Hoffnungen setzt.

Da Mütter mit ihren Erstgeborenen mehr sprechen als mit späteren Kindern, lernen sie schneller, wie Erwachsene zu sprechen und zu denken. Erstgeborene Babies sind auch isoliert. Sie sind im allgemeinen ängstlicher als Spätergeborene, und sie halten weniger Schmerzen aus, die ja mit Angst verbunden sind. Alle Kinder können lernen, Wut und Aggression zur Erreichung ihrer Ziele einzusetzen, aber Erstgeborene tun es häufiger als andere Kinder. Das mag ein Grund dafür sein, daß sie auch als Erwachsene schneller wütend werden und ihre Wut weniger schnell verraucht. Wenn Einzelkinder lernen, sich auf diese Weise Vorteile zu verschaffen, dann ist möglicherweise der erste Schritt zu der bleibenden Gewohnheit getan, schnell und heftig wütend zu werden, wodurch die Beziehung zu Freunden, Liebes- und Ehepartnern gefährdet wird.

Daher sollten junge Eltern ihr Möglichstes tun, ihrem ersten Kind gegenüber entspannt zu sein, und sie sollten Liebe oder Liebesentzug nicht als Mittel benutzen, um – zum Beispiel in der Sauberkeitserziehung – Leistungen zu erzwingen. Es ist nicht leicht, diesen Rat in die Tat umzusetzen, weil das erstmalige Erlebnis der Elternschaft die Menschen antreibt, ihr ‹Bestes› zu leisten. Es ist aber für die ganze Familie besser, wenn die Eltern von diesem Leistungszwang loskommen und sich an ihrem Kind als einem neuen menschlichen Wesen freuen, das ihr Leben erweitert und bereichert, statt es als einen Maßstab ihrer Kompetenz zu betrachten.

Das Einzelkind

Unabhängig davon, ob es sich um einen Jungen oder um ein Mädchen handelt, steht das Einzelkind meist der Mutter näher als dem Vater. Diese Beziehung beeinflußt das Einzelkind auch als Erwachsenen: sein Bedürfnis nach engen Beziehungen, seine emotionale Abhängigkeit, sein Selbstwertgefühl, aber auch seine Geschlechtsrollenentwicklung. Die Mütter sind meist übertrieben beschützend eingestellt, sie überwachen alles, was das Kind tut, und lassen wenig Außenkontakte zu. Das Kind wird von einem einzigen Menschen abhängig.

Einzelkinder sind oft passiver als andere, weil sie weniger Gelegenheiten haben, eigene Gedanken zu entwickeln und Entscheidungen zu treffen. Sie sind oft einsam und kompensieren das in Phantasiespielen, zu denen sie sich auch Phantasiekameraden ausdenken. Obwohl sie scheinbar zufrieden sind, verübeln sie es in Wirklichkeit den Eltern, daß sie aus ihrer Beziehung ausgeschlossen bleiben. Eine Mutter eines sechsjährigen Jungen war über sein Verhalten beunruhigt.

‹Joey sitzt jeden Abend vor dem Fernseher und masturbiert dauernd›, sagte sie.

Die Frau berichtete, daß sie eine Halbtagstätigkeit angenommen habe, nachdem der Junge in die Schule gekommen war. Wenn sie zu Hause war, hatte sie immer viel im Haushalt zu tun. Der Vater sah fern, und Joey wurde an einen andern Fernseher in seinem Zimmer verbannt. So lernte der Junge, sich alleine zu unterhalten. Stimulation und menschlichen Kontakt erhielt er von der Mattscheibe und, durch Masturbation, von seinem Körper.

Sobald ich Joeys Eltern die Zusammenhänge erklärt hatte, begriffen sie, warum er mehr von ihrer Zeit und Aufmerksamkeit brauchte. Sie nahmen ihm den Fernsehapparat weg und forderten ihn auf, zusammen mit dem Vater im Wohnzimmer fernzusehen. Immer wenn er zu masturbieren begann, erklärten sie ihm freundlich, aber bestimmt, daß man das in Anwesenheit anderer nicht tue. Das Masturbieren hörte schließlich auf, und Vater und Sohn fanden Fernsehprogramme, die sie gemeinsam anschauen konnten, wobei sie einander bald näherkamen.

Eine andere Klage kam von der Mutter einer elfjährigen Tochter: ‹Leslie hat ihre Nase dauernd in einem Buch, oder sie trödelt herum und träumt in den Tag hinein. Sie braucht Stunden, um irgend etwas zu tun, weil sie mit ihren Gedanken dauernd in den Wolken schwebt. In der Schule ist sie gut, aber wenn sie zu Hause ist, scheint sie dauernd etwas anderes im Kopf zu haben.›

Einzelkinder müssen oft lernen, in der Phantasie zu leben. Übermäßig beschützt und in ihren Außenaktivitäten beschränkt, lesen sie oder träumen in den Tag hinein, um sich zu beschäftigen. Als Leslies Mutter das eingesehen hatte, machte sie ein Kontaktprogramm für das Mädchen und bemühte sich besonders, Verwandte und Freunde einzuladen. Bald gab Leslie ihre Zurückgezogenheit auf. In Fällen wie diesem kommt es entscheidend darauf an, daß die Eltern ihren Kindern helfen, möglichst früh soziale Kontakte zu Gleichaltrigen zu knüpfen, etwa im Kindergarten, in Clubs oder bei anderen Gelegenheiten.

Ein weiteres Problem ist der ‹Ödipus-Komplex›, der sich beim Einzelkind besonders intensiv entwickeln kann. Unter Umständen konkurrieren Vater und Sohn um die Aufmerksamkeit der Mutter oder Mutter und Tochter um die des Vaters. Obwohl gewisse Rivalitäten unvermeidlich sind, müssen die Eltern eine Verquickung mit ihrer eigenen Beziehung sorgfältig vermeiden. Etwa im Alter zwischen dreieinhalb und fünfeinhalb Jahren ist die ödipale Anziehung besonders stark, und die Eltern verstärken die Gefühle des Kindes noch, wenn sie ihm erlauben, bei ihnen im Bett zu schlafen. Es ist gut, ein Kind zu lieben und zärtlich zu ihm zu sein, aber man muß vorsichtig damit sein, es mit ins Bett der Eltern zu nehmen.

Eine Familie kam mit ihrer viereinhalbjährigen einzigen Tochter zur Therapie. Vor etwa einem Jahr hatten Vater und Tochter aus Spaß angefangen, jeden Morgen vor dem Aufstehen ein paar Minuten im Bett der Eltern miteinander zu balgen.

Eines Nachts fing Rosy plötzlich an zu schreien, so daß die Eltern in ihr Zimmer liefen. Sie sagte, sie habe schlecht geträumt und habe Angst, jemand würde ihr etwas tun. Jedesmal, wenn der Vater das Zimmer verließ, fing sie so laut an zu schreien, daß die Eltern ihr schließlich erlaubten, für den Rest der Nacht bei ihnen zu schlafen. Eine Woche später wiederholte sich der Alptraum, und wieder durfte Rosy zu ihren Eltern ins Bett kommen. In der darauffolgenden Woche fing Rosy schon an zu weinen, als sie ins Bett gehen sollte, und beteuerte, sie habe Angst, alleine zu schlafen. Die Eltern standen vor einem Problem.

Ich erklärte ihnen, daß kleine Mädchen oft die besondere Aufmerksamkeit des Vaters brauchen, daß aber die Stimulation und der körperliche Kontakt im Bett der Eltern das Kind erregen könne, ohne daß es den Grund verstünde. Ich erklärte ihnen auch, daß Einzelkinder sich besonders nach der Annehmlichkeit sehnen, mit jemandem zusammen zu schlafen. Dem Vater riet ich, das Kind nicht weiter zu stimulieren, aber mit normalen Zärtlichkeiten *nicht* zurückzuhalten. Rosys Alpträume ließen allmählich nach.

Rosys Mutter riet ich, ihr die Qual etwas zu erleichtern. Eine Couch wurde in das Kinderzimmer gestellt, und immer wenn Rosy sich besonders zu ängstigen schien, schlief die Mutter bei ihr. Diese Maßnahmen führten dazu, daß Rosy recht schnell mit ihrem Verhalten aufhörte, das darauf abgezielt hatte, die Aufmerksamkeit des Vaters zu erregen. Zugleich wurde ihr immer wieder versichert, daß beide Eltern sich um sie sorgten und daß sie mit ihrem Problem nicht alleine fertig werden müßte. Rosys Eltern verhinderten klug eine Situation, die später zu Eifersucht und Zwietracht zwischen den Familienmitgliedern hätte führen können.

Jungen werden als Einzelkinder von ihren Müttern oft mehr begünstigt als Mädchen. Auch wenn der Junge aggressiv ist, wird er im allgemeinen den Wünschen der Mutter Folge leisten, um die Beziehung zu erhalten. Einzelmädchen zeigen oft extreme Verhaltensweisen – entweder sind sie übertrieben folgsam, oder sie weigern sich gänzlich, den Wünschen der Mutter nachzukommen.

Eltern sollten bei Einzelkindern vor der Gefahr homosexueller Neigung auf der Hut sein. Die Abwesenheit des Vaters scheint ein wichtiger Dispositionsfaktor zu sein, weil der Junge oder das Mädchen dadurch völlig der Kontrolle der Mutter untersteht. Der Junge identifiziert sich mit ihr, fürchtet aber seine sexuellen Gefühle ihr gegenüber. Mädchen spielen unter Umständen eine maskuline Rolle, um den fehlenden Vater zu ersetzen, bleiben aber von der Liebe der Mutter abhängig.

Einzelkinder sind bei Gleichaltrigen im allgemeinen beliebt, sie bringen gute Schulleistungen und lernen positive Mittel, Aufmerksamkeit auf sich zu ziehen. Sie sind zuweilen einsam und reagieren auf Frustrationen leicht und schnell mit Wut, doch zumeist sind sie in ihrem persönlichen Wesen charmant und einnehmend.

Das erstgeborene Kind

Sobald ein weiteres Kind geboren wird, vielleicht sogar schon vorher, bemerken die Erstgeborenen, daß sich ihr Status gegenüber den Eltern geändert hat. Die Auswirkungen können geringer sein, wenn sie bei der Geburt des zweiten Kindes jünger als achtzehn Monate oder älter als sechs Jahre sind. Sind sie jünger als achtzehn Monate, dann haben sie sich noch nicht so sehr daran gewöhnt, die Eltern für sich alleine zu haben; sind sie schon sechs Jahre oder älter, dann hat sich die Einzelkind-Struktur schon verfestigt. Viele Kinder werden selbst dann noch auf ein zweites Kind oder auf etwaige Stiefgeschwister eifersüchtig, wenn sie selbst schon fast auf die zwanzig zugehen. Jedes weitere Kind verändert den Status des Erstgeborenen, aber keines so sehr, wie dieser erste Bruder oder diese erste Schwester.

Ein vierzigjähriger Mann kam zur Therapie, weil seine Frau sich scheiden lassen wollte und er ihre Feindseligkeit nicht verstehen konnte.

Perry hatte eine zwei Jahre jüngere Schwester, einen nachgiebigen Vater und eine dominante Mutter. Er war der Liebling seiner Mutter und stand ihr näher als sein Vater, während er zu seiner Schwester eine distanzierte Beziehung hatte.

‹Sie war eine Plage›, sagte er. ‹Sie konnte nicht viel, nicht Baseball spielen und so. Ich hatte Mitleid mit ihr, weil sie ein Mädchen war und so hilflos.› Später beklagte sich seine Frau, daß er sie ebenso herabsetzte wie als Kind seine Schwester.

‹Er hält mich für hilflos›, sagte sie, ‹und trotzdem verlangt er dauernd von mir, daß ich ihm bei schweren Arbeiten, zum Beispiel beim Rasenmähen, helfe.›

Die Frau hatte einen jüngeren Bruder und identifizierte sich mit ihrem Vater. Anscheinend schätzte Perry den maskulinen Teil ihrer Persönlichkeit, hielt aber den femininen Teil für schwach.

Eltern müssen berücksichtigen, daß ihr erstes Kind eine Zeitlang ein Einzelkind gewesen ist und darum ungeteilte Hilfe und Aufmerksamkeit erwartet. Das Erstgeborene hat angefangen, wie die Eltern zu reden, zu handeln und zu denken, und es hält sich für ein wichtiges Mitglied der Familie. Die Geburt eines zweiten Kindes zwingt das erste, neue Wege zur Selbstbehauptung und Selbststeigerung zu suchen. Da der neue Säugling so hilflos ist, kommt das Erstgeborene den Eltern reifer vor, und sie drängen auf rasche Verhaltensfortschritte. Das Kind ist irritiert über das veränderte Verhalten der Eltern und hat Angst vor den neuen Forderungen, die sie stellen. Die Tatsache, daß Erstgeborene leicht ärgerlich werden und nur langsam ihre Gelassenheit wiederfinden, mag mit der geteilten Aufmerksamkeit der Eltern zusammenhängen. Eltern, die mehr als ein kleines Kind haben, stehen unter besonderem Stress und greifen bei ihrem ersten Kind häufiger zu körperlichen Strafen als bei späteren.

Geduld im Umgang mit dem Erstgeborenen ist besonders wichtig, wenn ein zweites Kind geboren ist. Geduld ist gewiß nicht leicht aufzubringen, aber manche späteren Probleme lassen sich vermeiden, wenn die Eltern es schaffen, beide Kinder in der richtigen Perspektive zu sehen und zu erkennen, daß das erste noch ebensoviel Liebe und Führung braucht wie vor der Geburt des zweiten. Sehr wichtig ist es auch zu sehen, daß das erste Kind mit der Geburt des zweiten plötzlich seines geschützten Bereichs beraubt wird. Es reagiert darauf mit Wut, aber auch mit Regression auf frühere Verhaltensweisen: das Kind möchte zum Beispiel wieder aus der Flasche trinken. Die Eltern sollten unbedingt vor der zweiten Geburt mit dem ersten Kind sprechen und es nach der Geburt bewußt verwöhnen.

Das ältere von zwei Mädchen

Das ältere Mädchen empfindet es als weniger belastend, wenn das zweite Kind ebenfalls ein Mädchen ist. Aber auch wenn es sich um einen Jungen handelt, findet es Wege, mit der Situation fertig zu werden. Wenn das Neugeborene ein Mädchen ist, dann benutzt die ältere Schwester ihr Alter, ihre Stärke und ihre Intelligenz, um mit ihm zu konkurrieren. Sie wird die Kleine vielleicht bemuttern, aber trotzdem wird sie von ihrer Mutter enttäuscht sein, weil sie eine Rivalin ins Haus gebracht hat, und sich daher mehr dem Vater zuwenden.

Auch wenn das ältere Mädchen sich gut anzupassen scheint, ist diese äußere Anpassung unter Umständen die einzige Art, wie sie ihre Gefühle des Abgelehntseins und die fehlende Befriedigung ihres Abhängigkeitsbedürfnisses bewältigt. Sie versucht, sich den Respekt der Eltern zu erhalten, indem sie brav ist, aber sie ist sich ihres Wertes nicht mehr sicher.

Sie wird vielleicht ihre eigene Sehnsucht nach Liebe ablehnen. Eine erstgeborene Frau erzählte mir, daß sie als Kind die Küsse von Verwandten abgewischt hatte, um ihnen und ihren Eltern zu zeigen, wie wenig sie sich aus ihrer Aufmerksamkeit machte. Sie verleugnete ihre eigenen Bedürfnisse. Eltern können solche seelischen Selbstverstümmelungstendenzen leicht überwinden, indem sie engen und liebevollen Kontakt mit der älteren Tochter halten.

In dem Bemühen, den elterlichen Normen gerecht zu werden, wird das erstgeborene Mädchen sich mit Feindseligkeiten und Aggressionen ihrer kleinen Schwester abfinden. Unter Umständen wird sie dabei ihre eigenen Gefühle so unterdrücken, daß sie später im Leben unfähig ist, sich durchzusetzen. Wenn die jüngere Schwester besonders charmant ist, wird die ältere wahrscheinlich andere Menschen ablehnen und sich auf penetrante Weise Geltung verschaffen.

Die ältere Schwester eines Jungen

Ein neuer Bruder ist für das erstgeborene Mädchen eine ernste Herausforderung. Ihre Sicherheit hängt vom fortdauernden engen Kontakt, besonders mit der Mutter, ab. Sie ist ‹brav› gewesen, hat etwas geleistet, um den Eltern zu gefallen, und ist zufrieden damit, ein Mädchen zu sein, weil die meisten Eltern sich über ihr erstes Kind unabhängig von seinem Geschlecht freuen. Dann kommt da plötzlich ein Bruder, über den sich alle aufs höchste freuen, weil er der erste Junge in der Familie ist.

Hier liegt der Grund, warum Frauen mit Minderwertigkeitsgefühlen zu kämpfen haben. Die meisten Eltern sind auf einen Jungen ein klein wenig stolzer als auf ein Mädchen, und ihre Tochter erkennt diese Einstellung augenblicklich. Weil sie merkt, daß sie weniger geschätzt wird, muß sie eifersüchtig werden. *Die schwere Aufgabe der Eltern ist es, ihrer Tochter das Gefühl zu vermitteln, daß sie ebenso um ihrer selbst willen geschätzt wird wie der Sohn.*

Oft kompensiert die ältere Schwester, indem sie sich um die Aufmerksamkeit des Vaters bemüht und seine Werte übernimmt. Sie wird möglicherweise eine ausgezeichnete Schülerin, weil sie etwas leisten will, was der kleine Bruder noch nicht kann. Dieses Mädchen kann neugierig, ehrgeizig und hartnäckig sein, aber auch eifersüchtig, konkurrenzbezogen, exhibitionistisch, aggressiv, geschwätzig und streitsüchtig. Die Eltern müssen ihr helfen, es mit ihrem Bruder aufzunehmen, und sie müssen ihr Selbstwertgefühl als Mädchen stärken. Der Vater kann ihr ihren Wert als weiblicher Mensch deutlich machen und ihre Fähigkeiten fördern. Die Mutter kann ihre weiblichen Interessen unterstützen und bei der Beurteilung von Streitigkeiten fair sein.

Der ältere Junge wird stärker von seiner Mutter abhängig, wenn ein Bruder zur Welt kommt, aber gegen Ende der Kindheit wird er wieder unabhängiger.

Die Geburt des kleinen Bruders spornt den älteren an, nach verbaler und intellektueller Vollkommenheit zu streben. Während dieser Junge oft äußerlich konformistisch erscheint, finden seine Lehrer ihn streitsüchtig; er besteht auf seinen ‹Rechten› und kühlt sich nur langsam wieder ab, wenn er in Wut geraten ist. Nach dem zehnten oder elften Lebensjahr nimmt sein Trotz oft ab, er wird unabhängig und wendet sich mehr den Altersgenossen zu, aber er versucht immer noch, seinen jüngeren Bruder zu beherrschen.

Der Erstgeborene fürchtet, bei seiner Mutter an Status zu verlieren. Er versucht, ihr zu gefallen, indem er sich ihren Vorstellungen entsprechend verhält, und er erscheint möglicherweise abhängig, weil er ihren Rat, ihre Hilfe und ihre Gesellschaft sucht. Wenn diese Beziehung nicht befriedigend ist, wird er unter Umständen feindselig und rebellisch. Zwischen dem neunten und dem zwölften Lebensjahr hat es oft den Anschein, als sei er mehr an der Gesellschaft seiner Altersgenossen interessiert als an der der Eltern, doch nach der Pubertät sucht er wieder eine enge Beziehung zur Mutter. Er ist maskulin, aber in dem Bemühen, der Mutter näherzukommen, kann er auch einige weibliche Züge entwickeln.

Zum Beispiel Patrick: Sein Vater war ein ungeduldiger Mann mit einem heftigen Temperament. Seine Mutter war kühl und distanziert. Als Patrick zwei Jahre alt war, bekam er einen kleinen Bruder.

Patrick hatte Angst, von seiner Mutter getrennt zu werden. Er weigerte sich, außerhalb ihrer Sichtweite zu spielen, und war gegen seinen Bruder so feindselig, daß die Mutter um die Sicherheit des Säuglings fürchtete. Patricks Vater bot keine Zuflucht oder Gesellschaft. Vor der Geburt des Bruders war Patrick ‹wahrscheinlich das beste Kind auf der Welt› gewesen. Seine Mutter war gerade jetzt, wo das Baby so viel Aufmerksamkeit erforderte, schlecht für seine Anklammerungstendenzen (verzweifelte Abhängigkeit) und seine Feindseligkeit gerüstet.

Der ältere Junge entwickelte Allergien – Ekzeme, Heuschnupfen und Asthma –, jedes neue Symptom brachte ihm mehr Aufmerksamkeit der Mutter ein. Als er vier war, mußte seine Mutter schließlich Tag und Nacht bei ihm sein, damit er sich nicht durch Kratzen verletzte und vor Asthma fast erstickte. Seine Symptome verlangten auf psychosomatischem Wege nach der Aufmerksamkeit, die er verbal nicht erbitten konnte.

Patrick wie auch seine Mutter bedurften intensiver Therapie. Sie gewann mehr Selbstvertrauen und spornte ihren Mann an, mehr Zeit mit seinem Ältesten zu verbringen. Glücklicherweise machte der Junge gute Fortschritte, als er in die Schule kam. Dieser Umstand, zusammen mit den in der Therapie gewonnenen Einsichten, verhalf ihm dazu, seine Aufmerksamkeits- und Selbstwertbedürfnisse zu befriedigen, und seine allergischen Symptome wurden schwächer.

Der ältere Bruder eines Mädchens

Dieser Junge wird auf seine kleine Schwester mit der Betonung seiner Männlichkeit reagieren. Er fühlt sich wohler als der ältere Bruder eines Jungen, denn seine Mutter legt immer noch besonderen Wert auf ihren einzigen Sohn. Seine Schwester entwickelt nie die Tüchtigkeit, im Spiel mit ihm mitzuhalten, und da er nicht mit ihr konkurrieren muß, wird er weniger dominant und streitsüchtig und in der späten Kindheit und Jugend unabhängiger. Dadurch daß er zwischen zwei Frauen steht, ist er aber möglicherweise in sexueller Hinsicht etwas ängstlich.

Ältere Jungen versuchen manchmal, ihrer Schwester aus dem Wege zu gehen. Ein junger Mann, der eine zwei Jahre jüngere Schwester hatte, sagte:

‹Meine Schwester ist für mich völlig ohne Bedeutung, aber wenn ich irgend etwas anderes tun müßte, als sie zu ignorieren, würde ich ihr gemahlenes Glas in die Zuckerdose tun. Ich habe an nichts, was sie tut, irgendwelches Interesse. Wir waren nie Freunde. Sie verhält sich wie ein Baby, und gerade dadurch bekommt sie von unserem Vater alles, was sie will.› (Diese letzte Bemerkung mag seine Feindseligkeit erklären.)

Ältere Brüder betonen ihre Männlichkeit und verspotten ihre Schwestern. Diese Reaktion auf den Verlust der besonderen elterlichen Aufmerksamkeit kann später zu Problemen in Beziehungen zu Frauen führen. Die Eltern können diesen Konflikt abschwächen, indem sie Kommunikation, Verständnis und Toleranz fördern. Vor allem die Mutter sollte keines der Kinder zum Nachteil des anderen bevorzugen.

Das zweite Kind

Wenn das zweite Kind geboren wird, sind die Eltern um viele Erfahrungen reicher als beim ersten, aber sie können dem zweiten Kind nicht mehr so viel Aufmerksamkeit widmen. Das zweite Kind ist nicht mehr den Einstellungen ausgesetzt, die das Erstgeborene zur Leistung anstacheln. Wenn es das jüngere von zwei Kindern bleibt, genießt es eine besondere Beziehung, vor allem zur Mutter. Das erste Kind lehrt die Eltern, vom zweiten kein besonders reifes Verhalten zu erwarten, daher sind sie mehr geneigt, das zweite Kind vor Krankheiten und Verletzungen zu schützen.

Das zweite Kind wird weniger unter Druck gesetzt und ist oft weniger reizbar und provozierend. Manchmal sagen die Mütter: ‹Ich wollte, ich hätte mein zweites Kind zuerst gehabt, dann hätte ich nicht noch eines bekommen.›

Wenn die Eltern ihr erstes Kind zu sehr disziplinieren, wird das zweite unter Umständen ruhig und zurückgezogen, um Strafe zu vermeiden. Zuweilen mag es rebellieren oder in Passivität versinken, wenn es einen Kampf mit dem älteren Bruder oder der älteren Schwester verloren hat. Das ältere Kind wird vor allem verbal aggressiv sein, das jüngere dagegen greift körperlich an, zieht sich zurück oder findet subtilere Wege, sich die Hilfe der Mutter zu sichern. Das Zweitgeborene wird von Altersgenossen und Lehrern oft gerne akzeptiert, weil es vieles leichternimmt und freundlich ist.

Das jüngere von zwei Mädchen

Solange es klein ist, erscheint dieses Kind unter Umständen unabhängig, doch wird es später abhängiger. Es fühlt sich der Mutter näher als dem Vater und identifiziert sich mit ihren Werten. In der Jugend wird die jüngere Tochter zuweilen rebellieren und ihrer Schwester gegenüber aggressiv sein und dabei die Rolle der ‹armen getretenen Kleinen› spielen. Im allgemeinen unterhält sie gute Beziehungen zu ihren Altersgenossen, und deren Meinungen sind ihr oft wichtiger als die der Familienmitglieder. Anfängliche Versagensangst kann zu Desinteresse an der Schule führen.

Ein besonderes Problem bei dem jüngeren von zwei Mädchen ist die Gefahr zu früher sexueller Überreizung. Ein Mädchen sagte: ‹Ich wollte immer sein wie meine ältere Schwester. Sie lernte einen Jungen kennen, als sie dreizehn war, und geht immer noch mit ihm. Ich wollte das auch. Deswegen hänge ich mich so an Jungen.›

Später erkannte sie, daß sie ihre Schwester auch in anderer Hinsicht beneidet hatte: ‹Ich habe mich immer vor meinem Vater gefürchtet›, sagte sie. ‹Er hat keine Ahnung von meinen Gefühlen. Er hat meine Nase blutig geschlagen und mich verprügelt. Meine Schwester hat er nie angerührt. Sie kommandiert mich herum, aber ich wollte immer sein wie sie. Ich habe gesehen, für wie vollkommen meine Eltern sie halten.›

Als dieses Mädchen zur Therapie kam, war sie von einem vierzehnjährigen Jungen schwanger und festgenommen worden, weil sie ihm geholfen hatte, Radkappen zu stehlen. Sie hatte eine Fehlgeburt. Später heiratete sie, immer noch sehr früh, aber seither führt sie ein zufriedenstellendes Leben.

Die jüngere Schwester eines Jungen

Dieses Mädchen wird in seiner Jugend nonkonformistisch sein und den Bruder um seine Männlichkeit beneiden. Sie fühlt sich dominiert und weniger mächtig, ist streit- und rachsüchtig. Sie ist vielleicht ein Wildfang, aber sie hat Selbstvertrauen, ist begeisterungsfähig, beliebt und hat außerhalb des familiären Bereichs oft Führungspositionen inne.

Ein zwölfjähriges Mädchen, das einen älteren Bruder hatte, erzählte mir, sie hasse ihn und habe das Gefühl, ihre Mutter stehe auf seiner Seite. Sie verachtete ihn und versteckte aus Rache seine Sachen.

‹Er versteckt sich hinter Mutters Rock›, sagte sie, ‹ich nicht.›

Ein achtzehnjähriges Mädchen bat um meine Hilfe, weil sie sich für häßlich hielt und glaubte, sie könne keinen attraktiven Mann gewinnen.

‹Als ich jünger war, sprach mein Bruder immer nur geringschätzig von mir›, sagte Peggy. ‹Selbst jetzt behandelt er mich nie als gleichberechtigt.›

Die beiden hatten oft Streit. Sie begann, sich über ihre Erscheinung Sorgen zu machen, als sie bemerkte, daß ihr Bruder ungewöhnlich gut aussah. Sie glaubte, er habe eine schönere Haut, schönere Haare und schönere Augen als sie.

Als Peggy sich in der Therapie darüber aussprach, nahmen ihre Feindseligkeit und ihre innere Spannung etwas ab. Schließlich begriff sie, daß das Verhalten ihres Bruders Ausdruck der Geschwisterrivalität war. Im gleichen Maße, wie ihre Feindseligkeit abnahm, zeigte sie auch anderen Männern gegenüber mehr Selbstvertrauen. Als sie erst einmal aufgehört hatte, sich mit ihrem Bruder zu vergleichen, entwickelte sie allmählich eine positivere Einstellung zu ihrem Aussehen.

Das Beste, was die Eltern für ein Mädchen in dieser Position tun können, ist vielleicht, ihr zu helfen, den Bruder für sich einzunehmen. Selbst wenn der Vater zärtlich ist und seine Tochter bewundert, selbst wenn die Mutter sie unterstützt – der Bruder kann ihr Selbstvertrauen zerstören. Sie kann nicht wissen, daß er sie vielleicht gerade deswegen unterdrückt, weil sie ihn anzieht.

‹Mein Bruder sagte mir immer wieder, wie häßlich ich wäre›, sagte ein Mädchen. ‹Ich glaubte, ich könnte nie einen Freund haben. Noch heute befriedigt es mich besonders, meinem Bruder das Gegenteil zu beweisen.›

Der jüngere Bruder eines Mädchens

Dieser Junge ist oft nonkonformistisch, abhängig und der Liebling seiner Eltern. Er streitet viel mit seiner Schwester und versucht in der späteren Kindheit möglicherweise, sie zu dominieren. Als einzigem Jungen wird ihm so viel familiäre Wärme zuteil, daß er oft extrem familienzentriert ist, wenig außerfamiliäre Sozialkontakte hat und kaum Führungspositionen innehat. Obwohl er das Lieblingskind ist, wird er unter Umständen ein schwaches Selbstwertgefühl und wenig Selbstvertrauen haben, weil er intellektuell nicht mit seiner Schwester konkurrieren kann.

Die Eltern sollten sich hüten, Konkurrenzgelüste des Jungen mit dem

Argument abzuwürgen, er sei ein Junge und müsse als solcher auf seine Schwester Rücksicht nehmen. In einem Falle brachten die Eltern ihrem Sohn die Vorstellung, er dürfe seine Schwester nicht verletzen, so gründlich bei, daß er sich später auch anderen Frauen gegenüber nicht durchsetzen konnte.

Der jüngere von zwei Jungen

Dieser Junge erscheint oft angepaßt, wenn er eigentlich nur nichtkommunikativ ist. Vielfach wird er zwischen dem sechsten und zehnten Lebensjahr unabhängig wirken, danach eher abhängig, und nach dem vierzehnten Lebensjahr zeigt sich plötzlich eine starke Neigung zur Dominanz. Er steht im Schatten seines Bruders, aber er wird auch von ihm geprägt. Zu Erwachsenen ist er leicht unfreundlich, in der Schule aufsässig, aber bei den Altersgenossen beliebt. Sein Leistungsantrieb wird oft schwächer sein als der des älteren Bruders, doch er fürchtet keine Mißerfolge. Herausragende Leistungen zeigt er oft im Sport und anderen männlichen Domänen.[1]

Um den Bruder in seiner familiären Spitzenposition auszustechen und Aufmerksamkeit auf sich zu ziehen, gibt sich der Jüngere manchmal babyhaft abhängig. Eine Mutter brachte ihren siebenjährigen zweiten Sohn wegen seiner schlechten Aussprache und seiner infantilen Redeweise zur Therapie.

‹Er gibt sich keine Mühe, und er macht sich nichts daraus›, sagte seine Mutter. ‹Es ist für ihn wichtiger, ein Baby zu sein. Seinem Vater und mir gegenüber benimmt er sich unmöglich. Wenn ich versuche, ihm eine deutlichere Aussprache beizubringen, sagt er, ich solle den Mund halten.›

Als wir die Entwicklung zurückverfolgten, stellen wir fest, daß die Mutter ihre Aufmerksamkeit ganz auf den älteren Jungen konzentriert hatte, der gerade, als der jüngere zu sprechen begann, ernstlich krank war.

‹Unser Zweiter war ursprünglich ein unkompliziertes und gesundes Kind›, sagte die Mutter. ‹Bei ihm war ich sorgloser. Ich überließ ihn mehr sich selbst, ohne ihn bewußt zu vernachlässigen. Ich mußte mich schließlich um den Älteren kümmern.›

Der zweite Sohn zog die Aufmerksamkeit der Mutter auf sich, indem er sein infantiles Verhalten über die Zeit beibehielt. Jetzt, mit sieben Jahren, hatte er mit seinem Babyverhalten keinen Erfolg mehr, und er war aggressiv geworden, um seine Wünsche durchzusetzen. Eine Sprachtherapie brachte Hilfe, und mit Hilfe der Spieltherapie konnten das Gefühl des Ignoriertwerdens gemindert und die Aggressivität gebessert werden.

Die folgenden Ratschläge haben wir für Eltern mit zwei Kindern zusammengestellt:

1. *Seien Sie vorsichtig, wenn Sie die Kinder miteinander vergleichen.*

Ein erstgeborenes Mädchen war ganz niedergeschmettert, weil die Mutter ihr erzählt hatte, daß ihr Bruder einen höheren IQ habe. Ein Junge, zweites Kind seiner Familie, beklagte sich:

‹Meine Mutter sagte immer: ‚Deiner Schwester muß ich nie sagen, daß sie ihre Hausaufgaben machen soll, die macht sie immer von selbst.' Aber ich bin nicht meine Schwester, und ich muß alles auf meine Weise machen.›

2. Erwarten Sie vom zweiten Kind nicht das gleiche Verhalten und die gleiche Leistung wie vom ersten.

3. Wenn es sich um einen Jungen und ein Mädchen handelt, fördern Sie jedes Kind nach seinen Fähigkeiten, unabhängig von gesellschaftlichen Geschlechtsrollendefinitionen.

44. Verhindern Sie, daß das erste Kind das zweite dominiert.

Ein jüngerer Bruder, der sich seiner Schwester gegenüber nicht durchsetzen konnte, sagte: ‹Wenn wir alleine waren, mußte ich niederknien, Hände und Stirn auf den Boden legen und sagen ‚Allah, Herr.' Ich denke, so mache ich es immer noch mit den Frauen.›

5. Fördern Sie die intellektuelle Entwicklung des zweiten Kindes.

6. Gehen Sie nicht davon aus, daß alles in Ordnung ist, nur weil Sie keine Klagen hören. Das eine Kind wird sich oft gerade entgegengesetzt dem anderen verhalten, um stärker zu erscheinen. Wenn das ältere sich beklagte wird das jüngere nichts sagen, und umgekehrt.

7. Wenn ein Kind sich beklagt, sagt das nichts darüber aus, wer ‹angefangen› hat.

Eltern neigen dazu, den zu begünstigen, der Klage führt. Versuchen Sie, die Tatsachen aufzuklären und mit Ihren Disziplinarmaßnahmen gerecht zu sein.

Das zweite von mehreren Kindern

Die Position als mittleres von drei oder als zweites von mehreren Kindern gilt vielfach als die schwierigste von allen. Dieser Junge oder dieses Mädchen ist es von Geburt an gewöhnt, mit einem älteren Kind um die Gunst der Eltern zu konkurrieren, und nach der Geburt des nächsten Kindes muß es seine Abwehrfront umgruppieren, um die Konkurrenz auch mit diesem Kind aufzunehmen.

Die Eltern sollten darauf vorbereitet sein, daß das zweite Kind nach der Geburt des dritten mehr Hilfe und Bestätigung verlangen wird. Die Eltern, die für alle drei Kinder und besonders für den Säugling zu sorgen haben, reagieren auf diese Forderungen des Kindes leicht mit Ärger und Ablehnung. Der beste Rat, den ich geben kann, heißt: Lehnen Sie Ihr zweites Kind *nicht* ab, weil es plötzlich schwieriger erscheint. Das Kind würde darauf aggressiv und manchmal negativ reagieren, um Liebe und Aufmerksamkeit der Eltern wiederzugewinnen.

Man kann beim mittleren Kind verschiedene Reaktionen anderen gegenüber beobachten. Manche werden den Geschwistern und anderen Gleichaltrigen gegenüber rechthaberisch, spöttisch und beleidigend. Manchmal sind die Probleme dieser Kinder leichter für die Lehrer zu erkennen. Die Beobachtung in der Schule zeigt oft, daß das mittlere Kind verletzlicher ist und weniger gut angepaßt.

Viele Anpassungsprobleme hängen mit dem Geschlecht der Geschwister zusammen. Hier einige Beispiele:

Der Junge zwischen zwei Mädchen

Kevins Eltern wurden aufmerksam, als er hartnäckig darauf bestand, das Make-up und die Kleider seiner Mutter und seiner Schwestern zu tragen. Mit zehn Jahren verbrachte der Junge fast seine ganze Freizeit mit Mädchen oder in seinem Zimmer, wo er sich als Mädchen verkleidete.

Der Vater behauptete, er widme sich ganz seinen Kindern, doch nach Angabe der Mutter war er immer mit geschäftlichen Problemen beschäftigt und nie mit seinem Sohn zusammen.

Kevin litt unter zahlreichen Ängsten. Nachdem er einen Gruselfilm gesehen hatte, ‹erbrach er sich die ganze Nacht›. Er hatte Angst, seine Mutter könnte sterben. Er sagte: ‹Die anderen Kinder mögen mich nicht.› Seine Eltern schilderten das klägliche Bild, wie er oft auf der vorderen Veranda saß und den anderen Kindern zusah. Wenn man ihn ermunterte, sich ihnen anzuschließen, sagte er: ‹Ich mag nicht, die wollen mich nicht.›

Die Familientherapie zeigte, daß Kevin ständig von drei Frauen dominiert worden war: von seiner Mutter und den beiden Schwestern, die ihn umgaben. Er wurde gezwungen, zu ihren Gunsten auf manches zu verzichten, und seine Mutter war ängstlich und beschützte ihn übertrieben. Keines der Kinder durfte ein Fahrrad besitzen, weil die Mutter fürchtete, sie könnten sich verletzen. Kevin wurde sogar zusammen mit seinen Schwestern ins Sommerlager geschickt.

Die Hauptlösung in der Therapie war, daß Kevins Vater erkannte, wie wenig Aufmerksamkeit er seinem Sohn geschenkt hatte. Beide Eltern begannen, die Vorherrschaft der Schwestern zu begrenzen, und sie ermöglichten dem Jungen, sich durchzusetzen und eine männliche Identität zu entwickeln. Die Beratung und die Mitarbeit der Familie waren so erfolgreich, daß Kevin mit sechzehn Jahren Auto fahren konnte und eine Freundin hatte.

Das mittlere von drei Mädchen

Die Mutter eines attraktiven zwölfjährigen Mädchens war ‹mit ihrer Weisheit am Ende›. Phyllis war eigensinnig und weigerte sich zu gehorchen. Sie log, und die Familie war in ständigem Aufruhr, weil sie so rebellisch war und sich heftig mit ihren Schwestern stritt. ‹Sie fängt meistens an›, sagte die Mutter.

Phyllis hatte auch Schulprobleme. Sie kleidete sich auffällig und trug zu viel Make-up. Sie war eifersüchtig auf die Kleidung anderer Mädchen und auf die Aufmerksamkeit, die ihnen die Jungen schenkten. Oft zog sie sich mit anderen Kindern an den Haaren. Beide Eltern meinten, sie sei von Anfang an die Böse gewesen. Ihr Vater nannte sie ‹ein Monstrum, das immer in Schwierigkeiten steckt, alles kaputtmacht und jegliche Regeln durchbricht›. Phyllis selbst wollte gerne besser mit ihren Schwestern auskommen. Sie hatte keine Freude an dem Ärger, den sie verursachte, aber sie sagte: ‹Irgend etwas fährt in mich hinein, und dann kann ich nicht anders.›

Während der Familientherapie kam heraus, daß Phyllis von ihren Eltern nie die Aufmerksamkeit bekommen hatte, die den beiden anderen Mädchen zuteil geworden war. Der Vater war enttäuscht, weil Phyllis kein Junge geworden war. Als dann das dritte Kind auch ein Mädchen war, war er von dem Baby eingenommen und schenkte Phyllis sogar noch weniger Aufmerksamkeit.

Ich ermutigte die Eltern, besonders den Vater, Phyllis mehr Aufmerksamkeit und Liebe zuzuwenden. Diese Einstellungsänderung verhinderte wahrscheinlich noch schwerere Probleme, weil damit der Grund für Phyllis' Aggressivität und ihre ‹Jagd› nach Jungen entfiel.

Das zweite von vier Kindern

Dieses zweitgeborene Mädchen hatte eine ältere Schwester, einen jüngeren Bruder und eine jüngere Schwester. Mit vierzehn Jahren war Lorraine, wie sie sagte, ‹die einzige Jungfrau, die ich kenne›.

Lorraines Mutter hatte sich nach der Geburt der vier Kinder vom Vater scheiden lassen. Sie ließ sich dann in einem psychiatrischen Krankenhaus wegen Depressionen behandeln. Während ihres Aufenthalts dort schlief sie mit zahlreichen männlichen Patienten. Später wurde sie aus dem Krankenhaus entlassen.

Die drei jüngeren Kinder standen unter gerichtlicher Vormundschaft. Lorraine wurde zur psychologischen Beratung geschickt, weil ihre Persönlichkeitsanpassung bis zu jenem Zeitpunkt ziemlich unproblematisch verlaufen war. Man hoffte, sie trotz der ungünstigen Umgebung, in die sie zurückkehren würde, ‹retten› zu können.

Zuerst war Lorraine mißtrauisch und sprach wenig. Später wurde sie zutraulicher und gab zu erkennen, daß sie – wie jede jüngere Schwester – gelernt hatte, sich auf ihre eigene Weise einen Status in der Familie zu verschaffen. In Opposition zu dem negativen Vorbild hatte sie ein starkes Verantwortungsgefühl entwickelt und war nicht gewillt, sich sexueller

Promiskuität hinzugeben wie ihre Mutter, ihre Schwester und ihre Tanten, die uneheliche Kinder hatten.

Die Therapie festigte Lorraines an sich schon starkes Ich durch Rat und Unterweisung. Ihr Interesse für die Schule verstärkte sich, und sie schloß die *high school* ab. Heute ist sie verheiratet und arbeitet als Stenotypistin.

In einer größeren Familie ist beim zweiten Kind die Gefahr besonders groß, daß die Eltern seine Bedürfnisse nicht erkennen. Sorgfältige Beobachtung und gutes Zuhören können dazu beitragen, Probleme festzustellen und die Ursachen von Fehlverhalten aufzudecken. Vor allem sollten die Eltern den Bedürfnissen ihrer Kinder – und zwar allen – nach Aufmerksamkeit, Interesse, Bestätigung und Gesellschaft gerecht werden.

Die Erziehung der spätergeborenen Kinder

Spätergeborene Kinder lernen viele Arten, Aufmerksamkeit zu gewinnen und mit ihren Geschwistern zu konkurrieren. Da sie in der Menge leicht untergehen, trauen sie oft ihrer Fähigkeit nicht, das, was sie von den Eltern wollen, auf direktem Wege zu erreichen, und entwickeln unter Umständen komplizierte Techniken, um individuelle Anerkennung zu finden. Dieser Kampf wirkt sich meist zu ihrem Vorteil aus. Spätergeborene Kinder größerer Familien sind oft besser angepaßt als andere Kinder. Möglicherweise suchen aus diesem Grunde so wenige psychologische Beratung.

Die Eltern sind meist weniger erfreut, wenn diese späteren Kinder geboren werden – noch ein weiteres Kind ist nicht so willkommen wie vielleicht das erste oder zweite. Durch die älteren Geschwister ist die Distanz zu den Eltern größer, und den jüngeren Geschwistern erscheinen die Ältesten mächtiger. Da die mittleren auf diese Weise daran gehindert sind, innerhalb der Familie Macht auszuüben, versuchen sie es unter Umständen anderswo, was zu Problemen mit den Altersgenossen und Lehrern führen kann.

Einen Vorteil hat das spätergeborene Kind, wenn es das erste oder einzige seines Geschlechts ist. Ein einziger Junge in einer Schar von Mädchen (oder ein Mädchen unter lauter Jungen) wird stets besondere Gelegenheiten finden, seine Individualität zu entwickeln.

Spätergeborene Kinder haben tendenziell schlechtere Schulnoten, zum Teil deswegen, weil auf sie weniger Leistungsdruck ausgeübt wird. Auch mag bei ihnen die Drohung mit Ablehnung als Mittel, Gehorsam zu erzwingen, weniger wirksam sein, weil sie schon immer mit einer gewissen Ablehnung leben mußten.

Ein Mädchen, das dritte von vier Kindern, wurde wegen ihrer schlechten

Leistungen von der Schule zu mir geschickt. Sie beschrieb sich selbst als ‹diejenige, die für alles verantwortlich gemacht und bestraft wird›, und zeigte kein Interesse an Bildung. Mit vierzehn Jahren war ihr einziges Ziel, möglichst schnell einen Mann zu finden, der für sie sorgen würde. Sie hatte es nicht fertiggebracht, ein Selbstwert- und Kompetenzgefühl aufzubauen, und wußte deshalb nichts zu beginnen, was ihr irgendwie sinnvoll erschienen wäre. Sie war ‹in der Mitte verloren› – als eines von vier Kindern, alles Mädchen.

Im Laufe unserer Arbeit begann dieses Mädchen, sich mit mir zu identifizieren, weil ich ihr einige Aufmerksamkeit schenkte und sie beriet – beides hatte ihr vorher gefehlt. Zwei Jahre später hatte sie gute Noten und hatte sich vorgenommen, Arzthelferin zu werden.

Eine andere Frau war das dritte von vier Kindern. Myrtle war fünfzehn Monate nach dem einzigen Sohn geboren. Sie hatte nie gute Beziehungen zu ihren Eltern und Geschwistern gehabt.

‹Mein ganzes Leben lang habe ich alle gehaßt›, sagte sie. ‹Ich war schon immer ein unglücklicher Mensch.›

Ein Kind, das so bald nach einem anderen zur Welt kommt, erfährt – zumal wenn das ältere, wie Myrtles Bruder, bevorzugt wird – oft nicht die Fürsorge, die das Selbstwertgefühl fördert, und nicht das Wohlwollen, das einen Menschen fröhlich macht. Nichtsdestoweniger heiratete Myrtle dreimal (vielleicht auf der Suche nach einem Menschen, der sich wirklich um sie kümmerte) und hatte insgesamt vier Kinder. Sie arbeitete hart, um die Familie zu ernähren.

Als sie zu mir kam, hatte sie eine Reaktion auf all ihre Anstrengungen entwickelt. Sie hatte den Wunsch, ihren Mann und die Kinder zu verlassen und vor ihrer Verantwortung zu flüchten. Sie fühlte sich unfähig zu arbeiten und verbrachte ihre Tage im Bett oder vor dem Fernseher.

Solche Symptome lassen sich oft durch therapeutische Unterstützung und durch eine objektive Analyse der Beziehungen, die zu der Depression beigetragen haben, bessern. Bald konnte Myrtle ihre Verantwortung als Mutter wieder übernehmen.

Vorschläge für Eltern:

1. *Fördern Sie bei dem spätergeborenen Kind das Leistungsbewußtsein.*
2. *Helfen Sie diesem Kind, sich ebenso leistungsfähig und wichtig zu fühlen wie die vorher geborenen Kinder.*
3. *Fördern Sie die Entwicklung spezieller Interessen und Fähigkeiten.*
4. *Übertragen Sie den Spätergeborenen altersgemäße Verantwortung.*
5. *Achten Sie darauf, daß sie nicht von den älteren Kindern dominiert werden.*

Die Erziehung des Jüngsten
(von drei oder mehr Kindern)

Dieses Kind muß damit fertig werden, daß es von allen Familienmitgliedern das kleinste und schwächste ist. Es wird möglicherweise keine starke Leistungsbezogenheit entwickeln, weil es nicht darauf angewiesen ist, den Beifall oder die Gunst der Eltern zu gewinnen. Unter Umständen macht es sich seine Kleinheit zunutze und konkurriert mit den älteren Geschwistern durch Weinen und Petzen.

Andererseits kann dieses Kind (besonders in großen Familien) auch hohe Leistungen erreichen, weil Eltern und Geschwister ihm helfen und als Schrittmacher und Führer dienen. Es erwartet von anderen Hilfe und setzt persönliche Kontakte auf angenehme Weise ein, um seine Ziele zu erreichen. Dem jüngsten Kind kommt alles zugute, was die Eltern gelernt haben, und zusätzlich die Kenntnisse der Geschwister, die sich schon in der Welt draußen umgesehen haben. Die Beziehungen zu den Eltern können verschieden sein: vielleicht eng, weil dieses Kind ja das Nesthäkchen ist, vielleicht auch distanziert, weil die Eltern es müde sind, für ihre Kinder Probleme zu lösen.

Eine jüngste Tochter stand ihrer verwitweten Mutter besonders nahe. Sie erzählte: ‹Ich schlief bei meiner Mutter bis zu dem Tag, an dem ich heiratete.› In diesem Fall schien die enge Beziehung zur Entwicklung eines sicheren Selbstwertgefühls und festen Vertrauens in die Wärme und Großzügigkeit der Menschen geführt zu haben.

In anderen Fällen beschützen die Eltern das jüngste Kind übertrieben, während sie andererseits über die Belastung durch ein weiteres Kind verärgert sind. Ein Beispiel hierfür war ein Junge, über den die Mutter sich nach zwei Mädchen eigentlich gefreut hatte. In den ersten Jahren war sie warmherzig und liebevoll, doch wegen der zunehmenden Beanspruchung ihrer Zeit durch ihren Mann und die Töchter wurde sie schließlich des Jüngsten müde.

‹Ich drängte ihn, draußen zu spielen›, sagte sie. ‹Manchmal verriegelte ich die Tür, so daß er nicht hereinkonnte, ehe ich ihn reinließ.›

Die Auswirkungen dieser Behandlung auf den Jungen wurden erst offenbar, als er in die Schule kam. Am ersten Tag verließ er den Schulhof und lief nach Hause. Er entwickelte eine Schulphobie und blieb nur in der Schule, wenn seine Mutter neben ihm saß – ein Reflex seiner Angst, von ihr getrennt zu werden. Schließlich suchte die Familie therapeutische Hilfe. Durch Spieltherapie und Ausagieren der Beziehung zur Mutter konnte die Angst des Jungen gebessert werden, und er ging wieder alleine in die Schule.

Das Kind mit ‹zweierlei Eltern›

Anders ist die Situation unter Umständen, wenn das jüngste Kind mehrere Jahre nach den anderen geboren wird. Dieses Kind hat dann möglicherweise das Gefühl, zwei Arten von Eltern zu haben. Die Eltern eines achtjährigen Jungen waren beispielsweise höchst erstaunt, als der ihre Anweisungen ignorierte. Als Patrick geboren wurde, waren seine Geschwister fünf und sieben Jahre alt.

Das Rätsel löste sich, als der Vater mit Patrick und seinem damals dreizehnjährigen Bruder einen Campingsausflug machte. Nach ein oder zwei Tagen beobachtete er, daß Patrick wegen jeder Anweisung, die er von ihm bekam, bei seinem Bruder rückfragte: ‹Meinst du, ich soll das machen? Geht das in Ordnung?› Wie Patricks Vater selbst sagte: Er hatte zweierlei Eltern, seinen Vater und seine Mutter einerseits, seinen Bruder und seine Schwester andererseits. Die Situation war leicht durch eine Reihe von Familiengesprächen zu lösen, in denen die Probleme durchgesprochen und die Rollen der einzelnen Familienmitglieder klargestellt wurden. Ein Problem, das bei jüngsten Kindern auftreten kann, ist auch exzessive Abhängigkeit. Wenn es dem Kind gelingt, das, was es will, durch Weinen und Petzerei zu erreichen, dann kann sich daraus eine bleibende und hinderliche Gewohnheit in den Beziehungen zu anderen Menschen entwickeln. Die Jüngsten klammern sich manchmal an ihre Eltern, und die Eltern klammern sich an sie. Einer Mutter wurde erst, als ihr jüngster Sohn schon ein Teenager war, klar, daß er das Nest nie weit verlassen hatte. Nach der Schule kam er nach Hause und setzte sich vor den Fernseher. Mit neun Jahren fuhr er in ein Ferienlager, doch er mußte bald wieder nach Hause geschickt werden, weil er sich weigerte zu essen, zu schlafen oder das Zelt zu verlassen. Seine Mutter erkannte schließlich, daß sie es genossen hatte, ihn so von sich abhängig zu wissen.

Ein besonderes Problem ist, daß das jüngste Kind noch stärker als andere den Verlust eines Elternteils durch Scheidung, Trennung oder Tod erlebt. Manchmal kann ein älterer Bruder oder eine ältere Schwester zum Vater- oder Mutterersatz werden, aber der Verlust eines Elternteils führt, solange ein Kind klein ist, zu bleibenden Schäden, die die Hilfe mitfühlender Freunde, Verwandter oder eines Therapeuten erforderlich machen. Ein kleines Kind macht sich unter Umständen selbst dafür verantwortlich, daß es offensichtlich verlassen worden ist. Daraus entwickelt sich im späteren Leben die Furcht, einen anderen geliebten Menschen, zum Beispiel den Mann oder die Ehefrau, zu verlieren.

Ein Mädchen fürchtete beispielsweise immer, von den Männern abgelehnt zu werden, weil ihr Vater die Familie verlassen hatte, als sie zehn Jahre alt war. Auf Grund ihrer in der Kindheit aufgebauten Erwartung, daß sie von Männern keine Hilfe oder Aufmerksamkeit zu erwarten habe, wandte sie sich von ihnen ab und sorgte so dafür, daß ihre Bedürfnisse nicht erfüllt werden konnten. Sie heiratete, ‹weil man das eben tat›, doch litt sie wiederholt an psychosomatischen Erkrankungen, weil sie erfolglos versuchte, ihre Wünsche nach Aufmerksamkeit zu verleugnen.

Es gibt Belege dafür, daß jüngste Kinder häufiger als ihre älteren Geschwister an Alkoholismus leiden, besonders dann, wenn sie in der frühen Kindheit einen Elternteil verloren haben. Ein solcher Verlust kann für ein Kind vielerlei Bedeutung haben, die später *besondere* Spannungen und Depressionen hervorrufen können. Alkohol ist eine leicht zugängliche Droge, die solche Gefühle zumindest zeitweilig vertreibt. Klinische Erfahrungen zeigen, daß jüngste Kinder mit ähnlichen Problemen sich auch anderen Drogen zuwenden können.

Vorschläge für die Erziehung jüngster Kinder:

1. *Sorgen Sie dafür, daß das Jüngste nicht von den älteren Geschwistern dominiert wird.*

2. *Achten Sie sorgfältig darauf, daß die älteren Kinder das jüngste nicht über Gebühr necken und belästigen.*

3. *Geben Sie dem Kind Gelegenheit und ermuntern Sie es dazu, etwas zu leisten.*

4. *Lassen Sie das Kind Erfahrungen sammeln, die sein Selbstvertrauen und seine Fähigkeit zu selbständigem Handeln stärken.*

5. *Fördern Sie selbständige Entscheidungen und Unabhängigkeit.*

6. *Passen Sie auf, daß das Jüngste sich nicht zuviel vornimmt: wiederholte Mißerfolgserlebnisse führen zu Minderwertigkeitsgefühlen.*

7. *Sorgen Sie im Falle besonderer Probleme – zum Beispiel bei schweren Krankheiten oder beim Verlust eines Elternteils – notfalls für Hilfe durch Außenstehende. Solche Hilfe kann auch dann wertvoll sein und emotionale Nöte lindern, wenn äußerlich keine ernsten Symptome erkennbar sind.*

Allgemeine Erziehungsratschläge auf der Grundlage von Untersuchungen zur Geschwisterkonstellation

1. Geben Sie sich nicht der Hoffnung hin, sie könnten jegliche Eifersucht zwischen den Kindern vermeiden. Eifersucht ist ein gesundes Gefühl, das sich bei allen höheren Tierarten beobachten läßt. Sie entsteht aus dem Wunsch, den eigenen Status dadurch zu verbessern, daß man etwas Wertvolles bekommt oder behält, das ein anderer ebenfalls anstrebt.

Ebenso wie ganze Nationen müssen auch Individuen lernen, miteinander in konstruktiver Weise zu konkurrieren, statt Mittel einzusetzen, die für sie und andere negative Folgen haben. Die wichtigste Aufgabe der Eltern ist es, den Familienmitgliedern zu helfen, auf kooperative Weise miteinander zu konkurrieren (eine Formulierung, die nicht notwendigerweise einen Widerspruch beeinhaltet). Ihre größte Verantwortung ist es, Kinder heranzuziehen, die sich in eine kooperative Gesellschaft einpassen.

Ein erster Schritt dahin, sinnlose Eifersuchtsausbrüche zu vermeiden, ist es, wenn man Kindern hilft, die eigene Lage durch die Geschwister gebessert statt verschlechtert zu sehen. Ein neues Baby kann als eine Bereicherung für die ganze Familie dargestellt werden.

Lassen Sie die älteren Kinder an der Versorgung des neuen Babys teilnehmen. Sprechen Sie mit ihnen darüber. Erklären Sie ihnen, warum so viel Zeit und Fürsorge aufgewandt werden müssen und welche Entwicklungsschritte bei dem Baby als nächste zu erwarten sind.

2. Versuchen Sie, jedes Kind in einer Weise zu ‹zivilisieren›, die es ihm erlaubt, sein Selbstvertrauen und sein Selbstwertgefühl zu behalten. Fortgesetzte Kritik oder andauernde Herabsetzung können Selbstvertrauen und Initiative zerstören oder ihre Entwicklung verhindern. Eine solche Behandlung kann dazu führen, daß Jugendliche oder junge Erwachsene die Schule verlassen oder andere antisoziale Verhaltensweisen an den Tag legen.

3. Allzu harte Disziplinierung führt unter Umständen erst recht zu Rebellion. Selbst wenn ein Elternteil liebevoll und besorgt ist, können übertriebene Anforderungen und allzu große Strenge den jungen Menschen dazu treiben, seine Spannungen, Ängste und Schuldgefühle auf andere Weise zu beheben – vielleicht durch Alkohol, Drogen, krankhaftes Sexualverhalten oder Destruktivität.

4. Bringen Sie Ihren Kindern durch Ihr Beispiel den richtigen Umgang mit der Macht bei. Benutzen Sie das neue Baby nicht als Mittel, um von den älteren Kindern reiferes Verhalten zu erzwingen.

Eine Frau fragte mich vor der Geburt ihres dritten Kindes, wie sie bei ihrem zweiten mehr Selbständigkeit erreichen könne. (Ein sehr guter Ansatz: ein Problem anzugehen, ehe es aktuell wird.) ‹Sie ist noch nicht sauber›, sagte die Mutter, ‹und sie braucht unbedingt einen Nuckel. Dann und wann verlangt sie sogar noch nach der Flasche. Ich glaube, sie ist bloß verwöhnt und faul, und ich ärgere mich darüber. Ich weiß nicht, was ich tun werde, wenn das Baby kommt, und sie sich weiter so verhält.› Auch wenn diese Mutter sicherlich in der Erziehung ihres zweiten Kindes etwas weniger sorglos hätte sein sollen: Jetzt war nicht der Zeitpunkt, etwas zu forcieren. Ich riet ihr, dem älteren Mädchen ruhig seine infantilen Verhaltensweisen zu lassen, bis das neue Baby in der Familie akzeptiert wäre. Dann sollte sie Geburtstage und ähnliche markante Ereignisse benutzen, um in dem älteren Mädchen den Stolz auf ein reiferes Verhalten zu wecken. Bestrafung kann kindliches Verhalten nur zu leicht stärker fixieren.

Benutzen Sie das neue Baby nicht als Entschuldigung dafür, daß Sie einem älteren Kind mehr Verantwortung aufzwingen. Das kann zu Minderwertigkeitsgefühlen und mangelndem Selbstvertrauen führen. Berücksichtigen Sie immer das Alter Ihrer Kinder und denken Sie daran, daß Sie nur Altersgemäßes erwarten können.

Erstgeborene und Nachgeborene müssen auf unterschiedliche Weise motiviert werden. Erstgeborene werden durch Erfolg motiviert, aber sie geben unter Umständen nach wiederholten Mißerfolgen auf. Nachgeborene brauchen als Motivation die Unterstützung der Eltern. Wenn sie jedoch allzu leichte Erfolge erzielen, neigen sie dazu, ihre Bemühungen einzustellen.

5. Seien Sie sensibel für die besondere Art der Beziehung Ihrer Kinder zu Ihnen. Mögen sie Sie, legen sie Wert auf Ihre Anerkennung, haben sie ähnliche Wertvorstellungen? Ermutigen Sie die Kinder zu berichten, wie sie fühlen und denken, denn ihr Verhalten kann täuschen.

Erstgeborene lernen im allgemeinen nach einigen kurzen Rebellionsversuchen, die Wertvorstellungen der Eltern zu akzeptieren. Bei Nachgeborenen müssen die Eltern zuweilen bewußte Anstrengungen unternehmen, um eine enge Beziehung herzustellen und zu gewährleisten, daß ihre Erfahrungen und Kenntnisse den Kindern bei ihrer Entwicklung zugute kommen.

6. Wenn die Interaktion in der Familie bei allen Familienmitgliedern eine konstruktive Entwicklung der Persönlichkeit und der Verhaltensweisen fördern soll, dann müssen

– die Eltern in ihren Einstellungen und Verhaltensweisen übereinstimmen,

– demokratische Einstellungen gefördert, autoritäre Verhaltensweisen bei Eltern und Kindern abgebaut werden,

– die Eltern Anerkennung und Vertrauen zeigen und solche Einstellungen unter den Geschwistern fördern,

– notwendige Disziplinarmaßnahmen konsequent, bestimmt und mit Maßen getroffen werden.

Teil VI
Ausblick

Kapitel 16
Die Anwendung der Erkenntnisse

Die bloße Kenntnis der Konstellationseffekte verhindert durchaus nicht automatisch emotionale Störungen. Positive oder negative Erfahrungen, die jemand macht, weil er in seiner Familie eine bestimmte Position einnimmt, sind nur ein Teil der Umweltfaktoren, die Reifung und Persönlichkeitsentwicklung beeinflussen. So gesehen kann uns die Geschwisterkonstellation als einer von verschiedenen Hinweisen auf die Ursachen emotionaler Konflikte dienen, gerade so, wie der Blutdruck nur einer von zahlreichen Faktoren ist, die dem Arzt Hinweise auf körperliche Krankheit oder Gesundheit geben.

Obwohl die Forschungsergebnisse noch unvollständig sind, lassen sich doch Möglichkeiten erkennen, die Befunde in der Praxis anzuwenden. Ich habe gezeigt, wie sie dazu beitragen können, sich selbst und andere Menschen – Freunde, Verwandte, Kinder, Ehemänner und Ehefrauen – besser zu verstehen und glücklichere und zufriedenere Beziehungen zu ihnen herzustellen. Auch im beruflichen Bereich, für die geschlechtlichen Beziehungen, bei der Familienplanung und bei der Kindererziehung können die Erkenntnisse von Nutzen sein.

Die Kenntnisse können dem praktizierenden klinischen Psychologen helfen, Theorien über einzelne Klienten aufzustellen. Wenn klar ist, daß die Geschwisterkonstellation für das Problem von Bedeutung ist, können solche Informationen den Patienten die Zusammenhänge klarmachen und ihnen helfen, die störenden Verhaltensweisen zu überwinden, die auf Kindheitsrollen zurückgehen. Da viele Teile der gelernten Lebensrolle positiv sind, kann die Kenntnis der Konstellationseffekte den Menschen dazu verhelfen, diese positiven Aspekte besser zu verstehen, sie zu akzeptieren und wirksamer einzusetzen.

Besonders wichtig wäre es vielleicht, daß die Sozialwissenschaftler untersuchten, ob nicht möglicherweise die Interaktion im Elternhaus zwischenmenschliche Fähigkeiten entwickeln hilft, mit deren Hilfe sich schwerwiegende soziale Probleme lösen lassen könnten. Die Soziologen könnten vielleicht Beziehungen zwischen den Menschen entdecken, die rationalere Antworten auf die Probleme der Welt erlauben.

Als Psychotherapeutin finde ich, daß die Kenntnisse über Geschwisterkonstellationen mir helfen, das zu tun, was jeder Therapeut tun sollte: so gut zu verstehen, was in den Patienten vorgeht, daß man fast in ihre Haut schlüpft.

Wenn Menschen erstmals zu mir kommen und mir ihre Lebensgeschichte erzählen, erfahre ich automatisch vieles über das Leben in ihrem Elternhaus. Wenn ich höre, daß sie als Einzelkinder oder als eines von mehreren Kindern aufgewachsen sind und an welcher Position sie in der Familie standen, dann überlege ich mir, welchen Zwängen und Einflüssen die verschiedenen Personen in dieser Familie ausgesetzt gewesen sein mögen. Wie hat sich der Patient diesen Einflüssen gegenüber verhalten? Welche Verhaltensweisen hat er erlernt, um mit den anderen Familienmitgliedern um die Aufmerksamkeit der Eltern zu konkurrieren oder sich an mangelnde Aufmerksamkeit anzupassen? Wie wirken sich diese Einflüsse gegenwärtig aus? Obwohl ich es mit dem gegenwärtigen Verhalten des Patienten zu tun habe, kann ich mir durch die Kenntnis der Konstellationseffekte ein Bild davon machen, wie der Patient als Kind aufgewachsen ist.

Ebenso wichtig ist es, etwas über wichtige Menschen im Leben des Patienten zu erfahren. Oft bitten mich Patienten, ihnen diese Menschen zu interpretieren, und das Wissen um *deren* Geschwisterkonstellation hilft mir dabei. Wenn ein Mensch mit einem psychologischen Problem kämpft, ist nicht nur Einsicht, sondern auch ‹Aussicht› nötig. Ein Patient muß verstehen, was zwischen ihm und anderen Menschen vorgeht, was *zwischen* anderen Menschen vorgeht und was *in* ihnen vorgeht.

Wenn man zum Beispiel weiß, daß der Freund oder Ehemann der Patientin ein Einzelkind ist, dann kann man einige Theorien darüber aufstellen, was in diesem Menschen vorgeht und wie er wohl mit der Klientin interagieren wird. Meine Patienten sind in dieser Hinsicht selbst durchaus nicht naiv. Ein Mann sagte beispielsweise:

‹Na ja, sie ist ein Einzelkind, und deswegen hab ich Ärger mit ihr.›
Aber inwiefern ist die Tatsache, daß jemand ein Einzelkind ist, für diese spezielle Beziehung von Bedeutung?

Ein junger Mann, das älteste von fünf Kindern, liebte ein Mädchen, aber es störte ihn, daß sie keinerlei Interesse am ‹Ernst des Lebens›, zum Beispiel an Arbeit, erkennen ließ.

Da ich wußte, daß dieses Mädchen ein Einzelkind war, konnte ich mir überlegen, welche Änderungs- und Reifungsmöglichkeiten es für sie gäbe. Der Klient, das älteste Kind, wollte sich in einem komfortablen Heim niederlassen und Kinder haben. Seine Einzelkind-Freundin hatte andere Vorstellungen. Während wir ihre Einstellungen tiefer und sorgfältiger prüften, erkannte der junge Mann allmählich, daß ihre Werthaltungen und Einstellungen von den seinen so verschieden waren, daß sie für ihn nicht die richtige Frau sein würde. Er konnte nun auch ihr Verhalten als *ihres* (unpersönlich), nicht speziell auf ihn gerichtetes verstehen.

Wenn man weiß, wie Konstellationseffekte eine Situation beeinflussen, kann man manchmal den therapeutischen Prozeß ‹kurzschließen›. Ein dramatisches Beispiel hierfür war einer der wenigen Notfälle, die mir begegnet sind.

Norma wurde von einem Arzt zu mir überwiesen, weil sie unter einer schweren Depression litt und selbstmordgefährdet war. Der Arzt hielt den Fall für so dringend, daß ich die Frau schon wenige Stunden nach seinem Anruf sah. Meine Kenntnisse über Konstellationseffekte erlaubten mir, sofort eine Beziehung zu ihr herzustellen.

Ziemlich zu Anfang unserer Unterhaltung erwähnte Norma, daß sie das älteste von sieben Kindern sei. Jetzt hatte sie drei eigene Kinder im Alter zwischen elf und zwanzig Jahren. Ohne gleich näher auf ihre Depressionen und Selbstmordgedanken einzugehen, wandte ich mich zunächst den positiven Aspekten *ihrer* Familienposition zu.

Da erstgeborene Frauen meist starke Verantwortung für die Menschen empfinden, für die sie zu sorgen haben, sagte ich ihr, sie müsse sehr um ihre Kinder besorgt sein, und brachte diesen Gedanken in Zusammenhang mit ihrer Familienposition. Sie akzeptierte die Überlegung bereitwillig. Dann erzählte ich ihr, welche Konsequenzen es für ihre Kinder haben würde, wenn sie sich selbst töten sollte. Sie wurde immer nachdenklicher, und gegen Ende der Sitzung merkte ich, daß ich sie fürs erste von ihrer Selbstmordabsicht abgebracht hatte.

Am nächsten Tag rief Norma mich an und fragte, ob ich einen Platz wüßte, an dem sie vor ihrer Neigung zur Selbstdestruktion geschützt wäre.

Inzwischen hatte ich mehr darüber erfahren, was diese Frau in eine so tiefe Depression getrieben hatte. Dummerweise hatte ihr Mann ihr von seinen Phantasiewünschen nach einer außerehelichen Beziehung erzählt. Er sagte, er habe sich in ein Mädchen verliebt, das nur halb so alt sei wie sie (und nur halb so alt wie *er*), und wollte von seiner Frau die Erlaubnis, jede zweite Woche mit dieser anderen Frau zu verbringen. Er meinte diesen Vorschlag ganz ernst und führte zu seiner Verteidigung die augenblickliche Welle sexueller Freiheit an, aber gleichzeitig betonte er, daß er die Ehe erhalten wolle.

Dieser Vorschlag war für Norma ein besonderer Schock, weil sie als Erstgeborene tief in traditionellen Moral- und Wertvorstellungen verhaftet war. Natürlich bedrohte das Ansinnen ihres Mannes ihre Sicherheit, ihr Selbstwertgefühl und ihr Wertsystem. Da ihre emotionale Anpassung schon immer gefährdet war, mußte dieser Schock ernste Auswirkungen haben.

Offensichtlich bedurfte Norma einer tiefergehenden Therapie, bevor sie zu einer echten Anpassung gelangen konnte, aber die Kenntnis der Konstellationseffekte hatte es zumindest ermöglicht, für den Augenblick eine Tragödie für die Familie zu vermeiden. (Natürlich mußte auch der Ehemann in die Therapie einbezogen werden.)

In weniger kritischen Situationen können die Konstellationseffekte höchst wichtig oder auch nur von untergeordneter Bedeutung sein. Ein Therapeut muß sich vor der Gefahr in acht nehmen, voreilige Schlußfolgerungen zu ziehen, die für den speziellen Fall nicht gelten, oder gar auf Grund solcher Schlußfolgerungen dem Patienten Vorschläge zu machen. Ich habe mich stets bemüht, Beziehungen zu Konstellationseffekten erst ins Gespräch zu bringen, wenn sich starke Hinweise auf solche Verbindungen ergeben haben. Dann – so habe ich festgestellt – genügt es oft, die *Möglichkeit*, daß solche Effekte eine Rolle spielen könnten (und eine Möglichkeit kann es immer nur sein), zu erwähnen, um einem Patienten die persönlichen Beziehungen klarzumachen.

Kapitel 17
Welches ist die günstigste Familienposition?

Bevor wir uns mit einigen Implikationen der Geschwisterkonstellation für die Zukunft unserer Gesellschaft beschäftigen, wollen wir uns einer Frage zuwenden, mit der jedes Gespräch über dieses Thema zu beginnen und zu enden scheint: ‹Welche Position ist die günstigste?›

Es wäre bequem, wenn wir eine säuberliche Liste aufstellen könnten, beginnend mit der besten, bis hin zu schlechtesten, aber das ist unmöglich. Wie die vorangegangenen Kapitel gezeigt haben, bringt jede Rolle besondere Herausforderungen mit sich, bietet jede besondere Möglichkeiten und fördert besondere Fähigkeiten und Einstellungen. Wenn sie konstruktiv genutzt werden, dann erlauben diese Herausforderungen und Möglichkeiten jedem Kind auf jeder Familienposition, einen Lebensstil oder eine Rolle zu entwickeln, die an Wert keinem anderen Lebensstil und keiner anderen Rolle nachsteht.

Keine Familienposition ist an sich besser und keine bringt mehr Probleme mit sich als eine andere – sie sind nur einfach verschieden.

Am wichtigsten wäre es mir, den Menschen dazu zu verhelfen, die Vor- und Nachteile zu erkennen, die sich aus ihrer Familienposition ergeben, und aus dieser Kenntnis das Beste zu machen. Wie schon Alfred Adler sagt: Es ist nicht wichtig, an welcher Stelle in einer Familie man geboren wird – wichtig ist, daß jede Position der Entwicklung eine andere Umwelt bietet. Eltern und andere Familienmitglieder können diese Umwelt *ändern*, wenn eine Änderung erforderlich ist. Ein Erwachsener, der erkennt, welche seiner Eigenschaften auf positionsbedingte Umwelteinflüsse zurückzuführen sind, kann sich bemühen, die guten Eigenschaften zu betonen und die schlechten zu verbessern.

Ich betone diese Punkte immer wieder, weil ich mit der vorherrschenden Meinung aufräumen möchte, Erstgeborene und Einzelkinder hätten es automatisch in jeder Hinsicht am besten, und weil ich die anderen dazu bringen will, sich darüber klarzuwerden, daß sie die gleiche Möglichkeit haben, im Leben zufrieden zu sein. Außerdem möchte ich, ohne die hohe Wertschätzung zu beeinträchtigen, die – zumal erstgeborene – Jungen genießen, darauf hinwirken, daß Mädchen bei Eltern und Geschwistern gleichermaßen geschätzt werden. Ein junger Mann sagte einmal: ‹Ob man die Position des ersten Kindes für die beste hält, hängt davon ab, ob man besonderen Wert auf wissenschaftliche und sonstige akademische Erfolge legt. Vielleicht gibt es im Leben noch andere Bereiche, die wichtiger oder ebenso wichtig sind, und vielleicht haben Nachgeborene in diesen Bereichen größere Erfolge.›

Diese Bemerkung ist sehr treffend, besonders wenn man sie mit den sozialen Veränderungen seit den späten sechziger Jahren in Beziehung bringt – als junge Leute begannen, Amerikas puritanische Arbeitsethik und das Konzept von materiellem Wohlstand und Leistung als den wertvollsten Zielen des Lebens umzuwerten. Unsere Gesellschaft neigt dazu, konkurrenzbezogenen intellektuellen und professionellen Fähigkeiten den höchsten Wert beizumessen, doch allmählich werden andere Aspekte des Lebens stärker betont: humanitäre Werte, harmonische soziale Beziehungen und Leistungen auf anderen Gebieten als denen, die mit Bildung zu tun haben. Eltern der Zukunft werden vielleicht einen Sohn, der sich mit einer Kommune in die Wälder zurückzieht, ebenso schätzen wie einen anderen, der ein berühmter Wissenschaftler wird. Sie werden vielleicht eine Tochter, die beruflich Karriere macht, nicht weniger schätzen als eine, die die Rolle der Hausfrau und Mutter wählt und Enkelkinder zur Welt bringt. Die Familie ist die kleinste soziale Einheit, und ihre Einstellungen, Wertvorstellungen und ihre Interaktion spiegeln stets die Erfordernisse der größeren Gesellschaft wider, in der sie existiert.

Bevor ich jedoch über Künftiges spreche, wollen wir kurz sehen, wie manche Menschen ihre eigene Familienposition und die sich daraus ergebende persönliche und berufliche Anpassung sehen. Dr. Bossard[1] stellte in seiner Untersuchung an großen Familien fest, daß neun Zehntel aller Kinder, die als *viertes* von sechsen geboren wurden, von anderen als emotional und beruflich gut angepaßt angesehen wurden, während die Erstgeborenen großer Familien in dieser Hinsicht besonders schlecht eingestuft wurden. Im Gegensatz dazu scheinen in kleineren Familien die Erstgeborenen, jedenfalls was den Leistungsbereich betrifft, besser angepaßt zu sein.

Die von Bossard untersuchten Erwachsenen aus großen Familien neigten zu der Ansicht, die Geschwister in vierter oder fünfter Rangposition hätten es am besten. Sie meinten, auf dem ältesten Kind laste meist zu viel Verantwortung, es sei für die Eltern das ‹Übungskind› und werde ausgebeutet. Nur ein Drittel der Erstgeborenen waren mit ihrer Position zufrieden.

Die meisten Erwachsenen aus großen Familien hielten auch die Position des jüngsten Kindes nicht für besonders günstig. Sie hielten diese Kinder für verwöhnt, überbeschützt und als Erwachsene selbstbezogen. Die jüngsten Kinder selber waren dagegen mit ihrer Position zufriedener als Erstgeborene und mittlere Kinder. Mehr als 85 Prozent der jüngsten

Kinder äußerten sich positiv. Von den mittleren Kindern waren etwa 80 Prozent mit ihrer Position in der Familie zufrieden.

Zu der Frage, welche Position in der Familie die beste sei, haben wir die Äußerungen einiger Menschen gesammelt, die selbst aus unterschiedlichen Positionen stammen:

Der erfolgreiche technische Direktor einer großen Organisation, *Einzelkind*, meint:

‹Da ich das einzige Kind war, hatte ich viele Vorteile, die meine Eltern mir nicht hätten bieten können, wenn noch mehr Kinder dagewesen wären. Ich war immer gut angezogen und hatte immer gut zu essen – was bei anderen Kindern, die ich kannte und die aus großen Familien stammten, während der Weltwirtschaftskrise durchaus nicht immer der Fall war.

Ich konnte aufs College gehen. Meine Eltern waren sehr gesellig und gaben oft Parties oder luden Leute zum Essen ein. Sie freuten sich, wenn andere Kinder zu Besuch kamen. Meine Mutter war eigentlich am glücklichsten, wenn ich einen Haufen Kinder da hatte und sie in der Küche herumwirtschaften konnte, um Pasteten und Kuchen für sie zu bakken.› Ein Arzt, *ältestes* von drei Kindern, sagt:

‹Ich war gerne der Älteste. Im Vergleich zu meinen jüngeren Geschwistern fühlte ich mich stark und klug. Während unserer ganzen Kindheit betrachtete ich mich als ihren Lehrer und Beschützer. Ich glaubte sogar, daß ich unsere Eltern davon abhielt, zu streng mit den Kleinen zu sein.

Ich denke, daß meine Position mir zu einigem Selbstrespekt verholfen hat und daß ich gelernt habe, Verantwortung für andere Menschen zu übernehmen.›

Eine College-Professorin, verheiratet, Mutter von vier Kindern, *zweites Kind* ihrer Familie, äußert sich folgendermaßen:

‹Ich bin froh, daß ich nicht die erste war. Meiner älteren Schwester wurde eine Menge Verantwortung aufgebürdet, weil mein Vater starb, als das jüngste Kind kaum geboren war und meine Mutter arbeiten gehen mußte.

Ich trug auch Verantwortung, aber sie engte mich nicht so ein wie meine Schwester. Sie war für uns und für das Haus verantwortlich, und damit hatte sie eine Menge zu tun, während ich mehr Zeit aufs Lernen und für Schulveranstaltungen verwenden konnte.›

Ein Biologe, *jüngeres von zwei* Kindern:

‹Meine Schwester war fünf Jahre älter als ich, und ich denke, daß sie so viel älter war, war für uns beide gut. Sie war für mich wie eine kleine Mutter. Da sie sehr intelligent war und gerne zur Schule ging, hielt sie mein Interesse für die Schule und das Lernen wach.

Ich denke, sie hatte es viel schwerer als ich, weil sie mehr Verantwortung

229

trug. Zum Teil lag das Problem wohl darin, daß sie ein Mädchen war. Von ihr erwartete man mehr Hilfe bei der Hausarbeit, während man mir – dem Jungen – mehr Freiheit ließ.›

Eine Hauswirtschaftslehrerin, verheiratet, Kinder, selbst das *mittlere von drei* Kindern:

‹Ich war gerne die mittlere – obwohl ich gehört habe, daß das bei vielen anders ist. Mein älterer Bruder beachtete mich nicht, solange ich klein war, aber später brachte er für mich ein paar sehr interessante Freunde mit.

Ich denke, ich habe früh gelernt, mit Männern zurechtzukommen, weil immer so viele von seinen Freunden da waren. Meine jüngere Schwester schien im Nachteil zu sein, weil sie immer so viele Ältere um sich herum hatte.›

Ein Stadtrat, *jüngstes von vier* Kindern:

‹Ich hatte alle Vorteile. Jeder kümmerte sich um mich und achtete darauf, daß es mir gutging. Glücklicherweise wurde ich weder von meinen Eltern noch von meinen Geschwistern wie ein Baby behandelt. Sie achteten ängstlich darauf, daß ich lernte, so viel Verantwortung zu tragen, wie ich konnte.

Wahrscheinlich denken sie alle genau wie ich: daß sie in der besten Position waren. Aber ich *weiß*, daß ich die beste Position hatte! Ich glaube, ich könnte in meinem Alter in der Politik nicht so erfolgreich sein, wie ich es bin, wenn ich nicht hätte lernen müssen, mit all diesen älteren Menschen diplomatisch umzugehen.›

Kapitel 18
Konsequenzen für die Zukunft

Die Kenntnis der Familienbeziehungen und der Konstellationseffekte wird an Bedeutung vielleicht noch zunehmen, wenn wir an die bevorstehenden Wandlungen unserer Gesellschaft denken. Durch die zunehmende Freiheit der Frauen, eine unabhängige Rolle zu übernehmen und die Größe ihrer Familien selbst zu bestimmen, ergeben sich qualitative und quantitative Veränderungen.

‹Zwei Faktoren lassen für die kommenden Jahrzehnte eine grundlegende Änderung der Rolle der Frau in der Gesellschaft erwarten›, schrieb Lester Brown 1974. ‹Der eine ist der wachsende Wunsch der Frauen in aller Welt nach sozialen und politischen Rechten und wirtschaftlicher Gleichberechtigung. Der zweite ist der Druck der Bevölkerungsexplosion auf die Ressourcen der Erde, der den Punkt absehbar erscheinen läßt, wo es nicht mehr möglich ist, daß alle Frauen Kinder bekommen.›[1]

Während der vergangenen zehn Jahre konnten wir bereits eine tiefgreifende Veränderung der Fortpflanzungsgewohnheiten in der westlichen Gesellschaft beobachten. In den Vereinigten Staaten – wo man zutiefst von den Nachrichten über die Bevölkerungsexplosion, die Erschöpfung der Ressourcen und die Zerstörung der Umwelt betroffen ist – nimmt die Geburtenrate ab. Wenn sich dieser Trend fortsetzt, wird der Bevölkerungszuwachs innerhalb einer Generation auf Null sinken. Das Ziel (das ich selbst nicht unbedingt befürworte) ist, daß Eltern nur noch so viel Kinder haben, wie nötig sind, sie selbst zu ersetzen. Innerhalb nur eines Jahrzehnts hat sich die Einstellung der Gesellschaft um 180 Grad geändert. Große Familien sind ‹out›, kleine sind ‹in› – oder wie ein Vater in mittleren Jahren es ausdrückte:

‹Ich war immer stolz darauf, daß meine Frau und ich sechs Söhne haben. Wenn wir auf einer Party waren, fand ich immer irgendeine Möglichkeit, die Aufmerksamkeit auf unsere Familie zu lenken und mich an den bewundernden Reaktionen zu erbauen, zumal meine Frau noch jung und attraktiv wirkt. Sicher – es war *machismo*. Daß ich sechs Kinder hatte, bewies meine Männlichkeit.

Aber jetzt, nach all dem Gerede, daß ein Mensch in Amerika zwanzig- oder dreißigmal so viel verbraucht wie einer in Indien oder sonstwo, habe ich Hemmungen, den Leuten zu erzählen, wie viele Kinder ich habe. Das einzige, was damit bewiesen wäre, ist, daß meine Frau nicht unfruchtbar ist und daß wir in den zwanzig Jahren wenigstens sechsmal miteinander geschlafen haben. Jetzt bin ich froh, daß meine sechs Söhne bisher nur für drei Kinder verantwortlich sind. Natürlich sind sie noch nicht alle verheiratet, aber wenn sie alle heiraten, dann hoffe ich, daß sie insgesamt nicht mehr als zwölf Kinder haben werden, genug, um sie selbst und ihre Frauen zu ersetzen.›

(Um die Bevölkerung konstant zu halten – unter Berücksichtigung der Geburten, Todesfälle und unfruchtbarer Frauen –, müßte jede Frau im geburtsfähigen Alter tatsächlich 2,1 Kinder haben. Es muß allerdings zugegeben werden, daß die Geburtenrate auch wieder steigen kann, ebenso wie sie im letzten Jahrzehnt gesunken ist.)

Es gibt eine ganze Reihe von Gründen, warum die amerikanischen Frauen heute weniger Kinder haben als früher. Ein Grund ist das Aufkommen neuer Empfängnisverhütungsmethoden und die bessere Information über Empfängnisverhütung seit den sechziger Jahren. Ein weiterer Grund ist die Erweiterung der Indikationen für legale Schwangerschaftsunterbrechungen. Man hat gesagt, das seien Mittel, durch die die Frauen die Selbstbestimmung über ihren Körper bekommen haben. Noch vor relativ kurzer Zeit schätzte man den Anteil der ungewollten Kinder auf zwanzig Prozent aller Geburten. Die Verbreitung der Empfängnisverhütung und vermehrte Abtreibungen dürften diese Zahl inzwischen gesenkt haben. Aber die Möglichkeiten der Empfängnisverhütung und der Abtreibung alleine hätten nicht zu einem so plötzlichen Abfall der Geburtenrate geführt, hätte sich nicht zugleich in der Gesellschaft ein umfassender Einstellungswandel vollzogen.

Diese neuen Einstellungen sind unter anderem durch die hohen Lebenshaltungs- und Ausbildungskosten, durch die Verbreitung geeigneter empfängnisverhütender Mittel, durch die Angst vor Vermassung und Überbevölkerung, durch liberalere Abtreibungsgesetze und durch Veränderungen des Lebensstils infolge der Frauenbefreiung begründet.

Eine Gallup-Umfrage von 1974 zeigt, daß der Anteil der Amerikaner, der für große Familien eintritt, zwischen 1969 und 1974 von 41 Prozent auf 19 Prozent gesunken war. Im Mittel (Medianwert) wurden zwei Kinder für richtig gehalten. Im Jahre 1945 hielten 23 Prozent der Befragten zwei Kinder für ideal. 1974 war dieser Anteil auf 46 Prozent angewachsen.[2]

Ein anderer Hinweis auf die zukünftige Entwicklung ist eine Umfrage bei Studentinnen der höheren Semester an der *Stanford University* aus dem Jahre 1973. Nur vier Prozent der befragten jungen Frauen erwarteten, innerhalb von fünf Jahren nach Studienabschluß ganztätig als Hausfrau tätig zu sein. Zwar repräsentieren die Stanford-Studenten ein hohes intellektuelles Niveau, aber gerade aus solchen Quellen verbreiten sich die veränderten Einstellungen.

Wenn diese Tendenzen sich fortsetzen, dann werden künftig die meisten Kinder in kleinen Familien aufwachsen. Wie wird sich die Ethik der kleinen Familie auf die Kinder auswirken? Welche Konsequenzen ergeben sich, wenn morgen die meisten Kinder als Einzelkinder oder als älteres bzw. jüngeres von zweien aufwachsen?

Die Vorzüge der großen Familie

Wir wollen zunächst sehen, welche Vorzüge große Familien hatten. Menschen, die für große Familien eintreten, erzählen uns oft, eine solche Umgebung biete den Kindern viele Vorteile. Bossards exzellente Untersuchungen über kleine und große Familien können uns einige Hinweise geben. Welche Vorteile sieht er für Eltern und Kinder in großen Familien?

Manche Vorteile kommen den Eltern zugute. Die älteren Kinder helfen bei der Erziehung der jüngeren, und in vielem kommt es darauf an, was die Kinder für- und miteinander tun. Die jüngeren Kinder akzeptieren ihre älteren Geschwister als ‹Disziplinarvorgesetzte›. Bossard meint, ein Vorteil für die Kinder liege darin, daß Geschwisterrivalitäten oft wenig ins Gewicht fallen und nie lange andauern. Die Kinder selbst berichteten, die Tatsache, daß sie in einer großen Familie aufgewachsen seien, habe ihnen als Erwachsenen geholfen, soziale Probleme zu lösen. Auch für einige ältere Kinder großer Familien scheinen sich Vorteile zu ergeben, denn sie lernen, andere zu führen und zu beschützen und gewöhnen sich daran, Verantwortung für andere zu tragen. Andererseits schränkt die Tatsache, daß ihnen diese Rollen aufgezwungen werden, unter Umständen ihre persönlichen Entwicklungsmöglichkeiten ein. Viele erstgeborene Frauen berichten, sie hätten sich von ihren Eltern, die sie in die Rolle von Ersatzmüttern für die jüngeren Kinder drängten, ausgebeutet gefühlt.

Die Vorzüge der kleinen Familie

Bossard fand für Kinder, die in kleinen Familien aufwachsen, folgende Vor- und Nachteile:
1. Sie genießen größere materielle Vorteile. Die Ressourcen der Familie verteilen sich nicht auf viele Menschen, und dadurch kommt das Kind vielfach automatisch zu einem Frühstart in die Welt.
2. Sie erfahren mehr individuelle Zuwendung seitens der Eltern.
3. Sie haben bessere soziale und ökonomische Aufstiegsmöglichkeiten.

4. Sie stehen im Mittelpunkt der Familienbühne.

5. Ein Nachteil ist, daß ihre zeitige Einstellung auf die Kleingruppe möglicherweise ihre Fähigkeit mindert, sich einer Gesellschaft mit umfassender Organisation und Bürokratie anzupassen.

James A. Sweet, Soziologe an der *University of Wisconsin*, schrieb 1974[3], die stärkste Abnahme der Geburtenrate sei bei den Armen, den Schwarzen und den Mexikano-Amerikanern zu verzeichnen. Zwischen 1960 und 1970 verringerte sich die Fruchtbarkeit der weißen Stadtbevölkerung um 27 Prozent, die der Schwarzen um 37 Prozent und die der Indianer und der Mexikano-Amerikaner um 45 bzw. 30 Prozent.

Diese Abnahme der Geburtenrate in allen Kulturgruppen bedeutet nach Sweet, daß ‹weniger amerikanische Kinder in einer armseligen Umwelt mit zahlreichen Geschwistern aufwachsen›.

Die Tendenz erlaubt Vorhersagen über Konstellationseffekte bei künftigen Kindern. Die großen Leistungserfolge der Erstgeborenen kamen weitgehend dadurch zustande, daß die finanziellen Ressourcen meist dem ersten Kind zugute kamen und ihm die bestmögliche Bildung und Ausbildung ermöglichten. Wenn die finanziellen Mittel ausreichen, zeigen alle Kinder einer Familie etwa das gleiche Interesse an höherer Bildung. Wir können daher erwarten, daß von den Kindern kleinerer Familien mehr eine ihren Fähigkeiten entsprechende Ausbildung erhalten.

Es steht zu vermuten, daß die Mütter kleinerer Familien meist außer Hause arbeiten werden und daß dies eben einer der Gründe ist, warum sie weniger Kinder haben. Sie werden auch weniger Zeit für ihre Kinder haben. Bossard berichtet, daß die Kinder in kleineren Familien mehr individuelle Zuwendung erfahren, aber gilt das auch, wenn beide Eltern arbeiten?

Es scheint ein Zusammenhang zu bestehen zwischen dem engen Kontakt des Erstgeborenen mit den Eltern und seiner bevorzugten verbalen Entwicklung, seinen intellektuellen Leistungen und seiner Leistungsmotivation. Erstgeborene sind oft in Berufen erfolgreich, die hohe Anforderungen an das Sprachvermögen stellen. Frederick Wyatt von der *University of Michigan*, James T. Fawcett vom *East-West Population Center* in Honululu und Nancy Russo vom *Richmond College (City University of New York)* meinen, geringere Kinderzahlen und weniger Geschwisterinteraktion könnten einen negativen Einfluß auf die verbalen Intelligenzquotienten haben. Ist das eine gute oder eine schlechte Aussicht?

Wir sind der Meinung, daß jeder mögliche nachteilige Effekt durch die verbesserte *Qualität* der Eltern-Kind-Beziehung, besonders der Mutter-Kind-Beziehung, ausgeglichen werden dürfte. Die Eltern kleiner Familien *wollen* ihre Kinder, und das impliziert, daß sie bereit sind, für sie so viel Zeit aufzuwenden und ihnen so viel Hilfestellung zu bieten, wie für eine gute Erziehung nötig ist. Die berufstätigen Eltern der Zukunft wer-

den sich vielleicht auf die Stunden freuen, die sie mit ihren Kindern verbringen können, und nicht unter dem ambivalenten Ressentiment vieler
Mütter leiden, die sich von ihren Kindern ans Haus gefesselt fühlen.

Auf diese Weise wird die Interaktion zwischen Eltern und Kindern vielleicht um den Austausch von Gedanken und Informationen bereichert
werden.

Auch das Fernsehen kann einen enormen Einfluß auf die Entwicklung
der verbalen Intelligenz der Kinder, ihren Wortschatz und ihre Urteilsfä-
higkeit haben und vielfältige Informationen bieten. Wir sagen ‹kann›,
weil von den derzeitigen Programmen nur wenige auf derartige Einflüsse
abzielen. Nur zu oft prostituieren sich die Produzenten, indem sie Kinder
verführen, Programme anzusehen, die vielleicht unterhaltend sein mögen, die aber kaum zum überlegten Sprechen und Denken anregen. Die
meisten Programme benutzen Wörter, die die Kinder auf dem Spielplatz
hören oder von denen sie wissen, daß Eltern und Lehrer sie mißbilligen.
Fairerweise muß man sagen, daß es *einige* gute Programme gibt, und es ist
ein gutes Zeichen, daß diese Programme die Zustimmung der Eltern finden und von vielen Kindern gesehen werden. Unsere im Wandel begriffe-
ne Gesellschaft muß sich eingehend mit diesem wichtigen Kommunika-
tionsmittel beschäftigen.

Der vierte Vorteil kleinerer Familien liegt nach Bossard darin, daß deren
Kinder mehr Chancen haben, ihren sozialen und ökonomischen Status zu
verbessern. Die kleine Familie der Zukunft dürfte ökonomischen Rückhalt und andere Vorteile bieten, zumal da die Gesellschaft insgesamt offenbar beginnt, ihre Verantwortung für die Bildung der ärmeren Schichten und der Minderheiten zu erkennen.

Die beiden letzten von Bossard erwähnten Kennzeichen kleiner Familien
werden für die Familie der Zukunft wahrscheinlich nicht gelten. Die Kinder werden wahrscheinlich *nicht* ‹im Mittelpunkt der Familienbühne› stehen. Frauen, die außer Hause arbeiten und gleichzeitig die Hauptverant-
wortung für den Haushalt tragen, werden ihre Kinder kaum in den Mittelpunkt ihres Lebens stellen. Der Psychologe kann darin durchaus einen
Vorteil für die kindliche Entwicklung sehen, wenn die Eltern ihr Leben,
ihre häuslichen und beruflichen Verpflichtungen erfolgreich bewältigen.

Ich habe zwar davon gesprochen, daß Kinder, die eine enge Beziehung zu
ihren Eltern haben, im Vorteil sind, doch beschränkt sich diese Aussage
auf das *bisher* (und in vielen Familien weiterhin) übliche Familienleben.
Ich habe gezeigt, wie jedes Kind in seinem Bemühen, sich einen starken
Status zu sichern, die Möglichkeiten nutzt, die ihm sein Platz in der Familie bietet.

Es ergab sich nicht die Notwendigkeit, auf die viel tiefer gehende Frage
einzugehen, welchen Platz das Kind im allgemeinen in der Familienstruk-

tur einnimmt. Ich glaube, daß es *weder* für das Kind *noch* für die Eltern oder für die Gesellschaft vorteilhaft ist, wenn das Kind im Mittelpunkt der Familie steht – wie das in den letzten dreißig bis fünfzig Jahren im amerikanischen Familienleben sicherlich der Fall gewesen ist.

Ich meine folgendes: Der Mensch ist schon immer gruppenorientiert gewesen und wird es auch in Zukunft bleiben. Der einzelne kann sich nur wohl fühlen, wenn es ihm gelingt, die Bedürfnisse anderer ebenso zu berücksichtigen wie seine eigenen. Die puritanische Ethik, die die amerikanische Gesellschaft in der Kolonialzeit und später nach der Unabhängigkeit entscheidend geprägt hat, verlangte die Unterordnung individueller Impulse unter die Erfordernisse einer sich entwickelnden Gesellschaft. Die großen Familien jener Zeit bestärkten diese Auffassung, denn die Kinder mußten sich in ihrem Verhalten danach richten, was für das Wohlergehen der anderen Kinder und der Eltern nötig war. Aus dieser in der Kindheit erlebten Verantwortung und sozialen Interaktion ergab sich die Art und Weise, wie der Erwachsene seinen Beitrag zur Gesellschaft leistete.

In dem Jahrzehnt nach dem Zweiten Weltkrieg – und seither noch verstärkt – wurde die Familie immer kindorientierter. Die Eltern, besonders die Mütter, betrachteten Kinder als ihre wichtigste Leistung. Was mit der Gesellschaft geschah bestimmte, was in der Familie gemacht wurde. Die Gesellschaft erholte sich von der Wirtschaftsdepression, vom Krieg und – vielleicht der wichtigste Faktor – von einer langen ökonomischen Entwicklungsperiode, in der die Gesellschaft wichtiger gewesen war als das Individuum.

Durch die verbesserten ökonomischen Verhältnisse konnten alle Kinder nach Besserem streben, als es ihren Eltern möglich gewesen war. Viele Eltern sahen die Möglichkeit, ihren eigenen Status und ihre eigene Sicherheit durch die Tüchtigkeit ihrer Kinder zu steigern. Das Kind trat tatsächlich in den Mittelpunkt der Familienbühne.

Die Gesellschaft förderte die Konzentration der Eltern auf ihre Kinder. Die ‹Familiengemeinschaft› war nach dem Zweiten Weltkrieg tausendfach das Thema von Artikeln und Vorträgen. Millionen von Dollar wurden für die Entwicklung von Kursen und Programmen zur Elternerziehung ausgegeben. Vieles davon war wertvoll, doch ein Aspekt dieser Konzentration auf die Kinder ist problematisch. Die Kinder waren es gewohnt, immer im Mittelpunkt zu stehen. Davon wurden auch tiefere Persönlichkeitsprozesse beeinflußt – die unmittelbare Befriedigung wurde betont, und bei den Kindern wurde eine narzißtische Selbstbezogenheit gefördert.

Eine natürliche Folge davon mag die gegenwärtige existenzialistische Voreingenommenheit (das Interesse am augenblicklichen individuellen Erleben) sein, das Aufkommen der ‹Erweiterungs›-Bewegungen und die

Verwendung von Drogen zur Intensivierung der individuellen sinnlichen Erlebnisse. Diese Bewegungen sind möglicherweise so verbreitet, weil Menschen, die in kindzentrierten Familien aufgewachsen sind, dazu neigen, sich auch noch als Erwachsener für den natürlichen Mittelpunkt des Geschehens zu halten.

Eine andere Ursache ist die Tendenz weg von der Unterwerfung des Individuums unter die Interessen der Gesellschaft. Dieser Tendenz liegt die gesunde Erkenntnis zugrunde, daß Menschen nicht nur als Glieder der Gesellschaft effektiv interagieren, sondern auch mit sich selbst zufrieden sein müssen. Das Pendel ist zurückgeschwungen: Der Mensch ist nicht mehr hauptsächlich als Arbeitskraft, wegen seines Beitrags für die Gesellschaft interessant, ihm werden jetzt auch individuelle menschliche Bedürfnisse zugestanden.

Die Gesellschaft verfällt oft in Extreme, wenn es darum geht, frühere Fehler zu korrigieren. Bei den gewaltigen Energien und Ressourcen des amerikanischen Volkes konnte eine solche Bewegung leicht zu einer Lawine werden.

Man kann verfolgen, wie die Betonung der Befriedigung der eigenen Wünsche sich zu einer pathologischen Zwangsvorstellung entwickelt, alle Impulse müßten sofort befriedigt werden – was für das Individuum wie für die Gesellschaft von zweifelhaftem Wert ist. Die Konzentration auf die inneren Erlebnisse hat zum Überhandnehmen des Drogengebrauchs geführt, der (vielen empfindlichen und beeinflußbaren Menschen) besondere Erlebnisse und emotionale Erweiterungsmöglichkeiten zu versprechen scheint. Aus der so notwendigen Akzeptierung natürlicher sexueller Impulse, Wünsche und menschlicher Interessen ist die Befürwortung individueller Befriedigung unter Ausschluß anderer geworden («Mein bester Liebhaber bin ich selbst»).

Die Bedeutung, die man dem Ausdrücken der eigenen Gefühle – besonders solcher feindseliger und aggressiver Art – gegeben hat, hat unter anderem zu einer Flut von Filmen und Fernsehspielen geführt, die Gewalt in ihren primitivsten Formen darstellen. Daß diese Dinge vom Publikum akzeptiert werden, läuft der in Jahrtausenden der Zivilisation gewonnenen Erkenntnis zuwider, daß Menschen einander schützen müssen.

In den kleinen Familien der Zukunft könnte die Befriedigung der eigenen Wünsche – im Gegensatz zu denen anderer Individuen und der Gesellschaft – noch stärker betont werden, wenn sich nicht andere, gegenläufige Entwicklungen abzeichneten. So werden die Eltern wahrscheinlich darauf bestehen, daß die Kinder auf die Bedürfnisse aller Rücksicht nehmen (und sei es nur deswegen, weil sie selbst unter einem System groß geworden sind, das *ihr* Recht auf Befriedigung betont hat). Die Kinder dieser kleinen Familien werden sich vielleicht an den häuslichen Arbeiten beteiligen müssen. Hauspersonal ist schwer zu finden, teuer und bleibt meist nicht lange. Kinder, die sehen, daß sie einen offensichtlich wertvollen Beitrag leisten, werden Verantwortungsgefühl entwickeln, gleich ob sie aus einer großen oder aus einer kleinen Familie kommen.

Der Notwendigkeit, daß Frauen außer Haus arbeiten und der allgemeinen Billigung dieser Entwicklung müssen gesellschaftliche Maßnahmen für die Versorgung der Kinder entsprechen. Sie werden außerhalb ihres Elternhauses viel früher mit der Gesellschaft in Berührung kommen als früher. Ja, sie kommen durch das Medium Fernsehen heute mit der Gesellschaft in Berührung, ohne das Elternhaus überhaupt zu verlassen. Das Dilemma für die Gesellschaft und die Produzenten von Fernsehprogrammen besteht offensichtlich in der Frage, wie man freie Konkurrenz und die soziale Forderung nach Programmen, die für die Millionen Zuschauer informativ und nützlich sind, miteinander in Einklang bringen kann. Diese Frage ist für die Entwicklung der Gesellschaft so wichtig, daß man von ihr kaum ohne Angst sprechen kann. Für den Augenblick ist es beruhigend zu wissen, daß manche intelligente Eltern das Fernsehprogramm ihrer Kinder kontrollieren.

Es wird wahrscheinlich mehr und bessere öffentliche Einrichtungen zur Kinderbetreuung geben. Schon heute haben Eltern viele Möglichkeiten, kleine Kinder in Musik-, Tanz- oder Schwimmkurse zu schicken, wo sie Gelegenheit haben, frühzeitig mit anderen Kindern und anderen Erwachsenen als ihren Eltern zu interagieren. Wahrscheinlich werden immer mehr Säuglinge und Kleinkinder in Tagesstätten betreut werden, wo sie die gleichen Gelegenheiten haben.

Werden Konstellationseffekte durch die verstärkte Interaktion zwischen Familie und Gesellschaft verschwinden? Keineswegs, aber sie werden sich wandeln.

Die Eltern werden auch in Zukunft höchstwahrscheinlich auf ihr erstes Kind anders reagieren als auf spätere. Mutter, Vater und Kind werden weiterhin nach Freuds Lehre miteinander interagieren: In der intimen häuslichen Umwelt nach Macht und sexueller Anpassung strebend, werden auch künftige Kinder den alten ödipalen Konflikt durchmachen. Immer noch wird das nachgeborene Kind ein älteres vorfinden, mit dem es konkurrieren muß, und Eltern, die es für sich gewinnen möchte. Der Umstand, daß die Eltern nicht alle häuslichen Aufgaben alleine bewältigen können, und frühere Kontakte mit Menschen außerhalb der Familie werden möglicherweise die Intensität der Geschwisterrivalität mindern. Möglichkeiten des Umgangs mit anderen Menschen werden vielleicht früher und wahrscheinlich gründlicher gelernt als heute. Aber die Unterschiede zwischen Einzelkindern, Erstgeborenen und Nachgeborenen werden wahrscheinlich auch in Zukunft bestehen bleiben, selbst wenn der Anteil der ersten und zweiten Kinder insgesamt zunimmt.

Das Einzelkind

Wenn in Zukunft die Zahl der Familien mit einem Kind zunimmt – welche Probleme könnten sich daraus für die menschlichen Beziehungen ergeben, wenn die Kinder erwachsen sind?

Zunächst einmal tragen Brüder und Schwestern dazu bei, daß ein Kind ein Gefühl für seine eigene Identität entwickelt. Sie bewundern und kritisieren sich gegenseitig und sagen einander die Meinung. In transaktionaler Terminologie ausgedrückt heißt das, daß Einzelkinder nicht durch den ständigen Umgang mit Altersgenossen allmählich den sogenannten ‹inneren Erwachsenen› entwickeln.

Dieses Problem zeigt sich bei Mädchen stärker als bei Jungen, offenbar weil die Eltern Mädchen mehr gegen Außenkontakte abschirmen als Jungen. Solche Mädchen berichten mir als Erwachsene oft, daß sie sich wie Kinder *fühlen*.

‹Aber ich fühle mich gar nicht erwachsen›, sagte ein Mädchen. ‹Ich habe nicht das Gefühl, daß andere mich als Erwachsene akzeptieren müßten, und bin immer wieder überrascht, wenn sie es tun.›

Eine zweite Gefahr liegt aus psychologischer Sicht darin, daß das Einzelkind mit niemandem um die Zuwendung und Akzeptanz der Eltern konkurrieren muß. Es wird nicht dazu angeregt, Fertigkeiten zu entwickeln, die die Geschwister bewundern würden. Daher wird das Einzelkind unter Umständen erwachsen, ohne einen rechten Sinn für Können und Kompetenz zu entwickeln. Auch hier sind Mädchen wieder stärker betroffen als Jungen, die meist mancherlei beiläufig lernen, zum Teil um ihrer Mutter zu gefallen und ihre Zustimmung zu gewinnen.

Eine dritte Gefahr liegt paradoxerweise darin, daß sich das Einzelkind fast *zu* sicher fühlt. Ein Kind, das Geschwister hat, glaubt bewußt oder unbewußt, die Eltern könnten es ‹hinauswerfen›, wenn sie zu sehr erbittert würden, denn sie haben ja noch die anderen Kinder. Dem Einzelkind sind solche Überlegungen meist fremd. Ich nehme an, daß wohl deswegen Einzelkinder oft extrem reizbar sind und andere Menschen, mit denen sie in ihrem Leben zu tun haben – Ehemänner, Ehefrauen, Kinder – bitter kritisieren.

Eltern sagen von einem Einzelkind oft: ‹Ich konnte überhaupt nichts mit ihm (oder mit ihr) machen.›

Das läßt vermuten, daß das Kind schon sehr früh gelernt hat, die Eltern (besonders die Mutter) zu dominieren und sie dahin zu bringen, Disziplinierungs- und Kontrollversuche aufzugeben. So können Einzelkinder, besonders Mädchen, üble Angewohnheiten entwickeln, um alles durchzusetzen, was sie wollen – Wutanfälle, Geschrei, Schlagen, Kratzen oder heftige Vorwürfe. Frauen, die als Einzelkinder aufgewachsen waren, haben mir berichtet:

‹Wenn meine Mutter mir nicht gab, was ich wollte, ging ich zu meinem Vater. Wenn der es mir auch nicht gab, fing ich an zu schreien und zu jammern, bis sie schließlich nachgaben.›

Selbstverständlich wirken sich solche Gewohnheiten auf die Beziehung des Erwachsenen zum Ehepartner aus. Daß sich daraus für Mädchen mehr Probleme ergeben als für Jungen, scheint daran zu liegen, daß die Ehefrauen von männlichen Einzelkindern sich eher anpassen, um ihre Sicherheit nicht aufs Spiel zu setzen und den ehelichen Frieden nicht zu gefährden; die Ehemänner von Einzelkind-Frauen, die sich so verhalten, lehnen es dagegen unter Umständen einfach ab, die Ehe fortzusetzen.

Eine weitere soziale Gefahr liegt für die Einzelkinder darin, daß sie oft nicht lernen, selbst für sich zu sorgen, weil ihre Eltern ihnen alles abnehmen. Wiederum sind Mädchen stärker betroffen, weil das, was die meisten Mädchen selbst tun müssen (etwa ihr Zimmer und ihre Kleidung in Ordnung halten), auch die Dinge sind, die später in der Ehe von ihnen erwartet werden. Mädchen, die als Einzelkinder aufwachsen, entgehen nicht nur der Verantwortung für solche Aufgaben – sie werden auch nicht gedrängt, berufliche Ambitionen zu entwickeln. Solche Kinder haben oft keine anderen Interessen, als bloß herumzubummeln. Eine Frau meinte: ‹Im Grunde meines Herzens bin ich bloß ein Faulpelz.›

Künftige Gleichheit zwischen Mann und Frau wird möglicherweise einige dieser Probleme beseitigen, weil die häuslichen Pflichten zwischen beiden Partnern aufgeteilt werden können. Aber noch eine andere Implikation ergibt sich aus der wachsenden Zahl von Familien mit einem Kind: Es dürfte in Zukunft noch mehr Einzelhaushalte geben. Da Einzelkinder an Einsamkeit gewöhnt sind und man heute auf die Ehe weniger Wert legt, könnten sie ihre Liebesbeziehungen leicht wechseln, weil sie die Frustrationen nicht ertragen, die mit langdauernden, festen Beziehungen verbunden sind.

Ich habe die psychologischen Gefahren der Einzelkind-Familie so ausführlich behandelt, um Eltern zu zeigen, wie sie solchen Problemen im voraus entgegenwirken können. Eltern, die ein Einzelkind großziehen wollen, müssen dafür sorgen, daß der Junge oder das Mädchen schon möglichst früh möglichst viele soziale Erfahrungen sammelt. Wie notwendig das ist, mag uns die folgende Äußerung eines Mannes zeigen, der als Einzelkind aufwuchs:

‹Ich bin jetzt 32 Jahre alt, war nie verheiratet, habe sehr wenig Freunde. Die Mädchen, die ich mag, mögen mich nicht. Ich bekomme nur die Mauerblümchen. Ich habe wohl immer Angst vor Beziehungen zu Mädchen gehabt, die ich attraktiv finde. Meine Mutter tat immer so, als sei Sexualität etwas Verbotenes. Sie mäkelte an jedem Mädchen herum, das ich mochte, und ich konnte mich nicht für die Mädchen erwärmen, die sie mir empfahl.

Immer, wenn ich irgend etwas tat, was im entferntesten mit Sex zu tun hatte – wenn ich ein schmutziges Buch las oder mich nach einem Mädchen umsah –, sagte meine Mutter: ,Ich würde mich schämen.'

Gleichzeitig sah ich›, fuhr der Mann fort, ‹wie mein Vater sich fast krank arbeitete, um für meine Mutter und mich zu sorgen, während sie nichts zu tun schien. Ich hatte den Eindruck, daß Männer bloß arbeiten und Verantwortung tragen, während die Frauen sich ein schönes Leben machen. Darum war ich nie bereit, Verantwortung für ein Mädchen zu übernehmen, weil ich nicht in die gleiche Lage kommen wollte wie mein Vater.

Und meine Mutter war immer da, sorgte immer für mich. So hatte ich immer alles, was ich brauchte oder wollte, und alles, was zu tun war, wurde für mich erledigt. Viele Dinge lernte ich nicht selbst zu tun, und ich sah mich auch nicht nach jemand anderem um, der sie für mich erledigen könnte.

Ich kann einfach keine Freundschaften schließen, nicht einmal mit Männern, weil sie immer irgend etwas tun, was mich stört, und ich kann solche Frustrationen nicht ertragen. Als ich noch ein Kind war, hatte ich nicht die Möglichkeit, mich einsam zu fühlen, weil meine Mutter immer da war. Jetzt habe ich immer das Gefühl zuzuschauen. Ich fühle mich nicht einsam genug, um den Versuch zu machen, mit den Leuten Kontakt aufzunehmen. Gleichzeitig habe ich das Gefühl, immer ausgeschlossen zu sein.

Ich denke, alles wäre viel besser, wenn meine Eltern sich getrennt hätten. Selbst wenn ich bei meiner Mutter gelebt hätte, hätte ich doch zuweilen einige Zeit mit meinem Vater verbringen können. Sicherlich hätte er nicht immer arbeiten müssen, wie er es tat, um für uns zu sorgen. Jetzt bin ich als einziger übrig, um für meine Mutter zu sorgen, und sie erwartet finanzielle Hilfe von mir. Da ich nicht gerne mit ihr und ihren Freundinnen zusammen bin, bin ich an familiären oder sonstigen Feiertagen meist alleine. Einen Bruder oder eine Schwester, die ich ab und an besuchen könnte, hat sie mir ja vorenthalten.›

Das sind die bitteren Klagen eines Einzelkindes. Wir könnten uns eine künftige Welt vorstellen, in der eine große Minderheit unter den Erwachsenen aus Einzelkindern besteht, die ihren einsamen Weg in der Gesellschaft gehen und nie die langfristige, befriedigende Beziehung aufbauen können, die sie so nötig brauchten. Gleichzeitig aber zieht dieses männliche Einzelkind aus seiner Familienposition viele Vorteile. Der Mann hat ein hohes Selbstwertgefühl. Er genoß die finanzielle Hilfe, die Zuwendung und Fürsorge seiner Mutter, und er hatte unter finanziellem und bildungsmäßigem Gesichtspunkt einen guten Start ins Leben, weil die Ressourcen der Familie nicht auf mehrere Kinder verteilt werden mußten. Seine Probleme betreffen hauptsächlich enge persönliche Beziehungen. Die Schwierigkeit liegt darin, einen Menschen zu finden, der ihm die gleiche ungeteilte Aufmerksamkeit, Zuwendung und Fürsorge zukommen läßt wie seine Mutter. Solche Probleme lassen sich leicht lösen oder vermeiden, wenn die Eltern von Einzelkindern ihrem Kind Gelegenheit geben, sich als soziales menschliches Wesen zu entwickeln.

Die Familie mit zwei Kindern

Viele Paare werden künftig ein Kind haben, manche keines, einige vielleicht drei – das wird künftig bereits eine große Familie sein. Aber wahrscheinlich werden die meisten Eltern zwei Kinder haben, weil sie sich selbst reproduzieren möchten und weil sie hoffen, einen Jungen und ein Mädchen zu bekommen. Möglicherweise wird es auch mehr Familien mit einem älteren Mädchen und einem jüngeren Jungen geben als umgekehrt, weil viele Eltern es bei einem Kind bewenden lassen werden, wenn es ein Junge ist.

Die wichtigste Implikation der Zwei-Kinder-Familie für die Gesellschaft liegt in der Gegensätzlichkeit der beiden Kinder. Wenn – wie wir festgestellt haben – das erstgeborene besonderen Wert auf intellektuelle Leistung und harte Arbeit legt, während das zweite sich davon eher fernhält, dann könnte die künftige Welt zwischen Menschen aufgeteilt sein, die weit auseinanderliegende Eigenschaften und Interessen haben. Die letzte Konsequenz wäre die Teilung der Menschheit in zwei Klassen, Arbeiter und Drohnen. So weit wird es aber vermutlich nicht kommen. Eltern, die sich bemühen, beiden Kindern ausreichende Gelegenheit zur Entfaltung ihrer Fähigkeiten zu geben, werden das zu verhindern wissen, und die Kenntnis der Konstellationseffekte kann dazu einen wichtigen Beitrag leisten. Eltern, die sich bewußt sind, welchen Einfluß ihre Zuwendung und ihr Leistungsdruck auf das erste Kind hat, können lernen, das zweite in gleicher Weise zu fördern. Andererseits können sie dem ersten Kind zu besserer sozialer Anpassung verhelfen und ihm die Fähigkeit zu einem entspannten und glücklichen Leben vermitteln.

Wichtig ist, daß künftig weniger Eltern damit belastet sein werden, für viele Kinder zu sorgen. Viele Erwachsene sind nicht fähig, ihre Liebe, Zuwendung und die verfügbaren finanziellen Mittel gleichmäßig auf viele Kinder zu verteilen. Was künftigen Kindern an Vorteilen durch die geringere Geschwisterinteraktion entgehen mag, das dürfte dadurch ausgeglichen werden, daß die Eltern ihre Aufgabe bewußter wahrnehmen und die Bedürfnisse weniger Kinder besser erfüllen können. Insbesondere gilt das für Mädchen. Mit dem Schwinden der überholten und archaischen Vorstellungen von der männlichen Überlegenheit, verbunden mit der Aussicht, nur ein oder zwei Kinder zu haben, werden die Eltern der Zukunft wahrscheinlich Söhnen und Töchtern gleichermaßen ihre Liebe, Wertschätzung, Führung und Zuwendung zukommen lassen.

Auf jeden Fall kann die Kenntnis der Konstellationseffekte für Eltern, die ihren Kindern helfen wollen, das Beste aus ihren Anlagen zu machen, von größtem Nutzen sein. Auf lange Sicht ist es für das Kind am besten, wenn die Eltern ihm helfen zu erkennen, daß der größte wechselseitige Nutzen für alle sich aus friedlichem Wettbewerb ergibt. Wir können unsere Kinder und uns selbst zu Kooperation, Toleranz und Gemeinsinn ermutigen – Einstellungen und Fähigkeiten, die allen Menschen helfen, zu sich selbst und anderen eine gute Beziehung zu entwickeln.

Anmerkungen

Einführung

1. Alfred Adler, *What Life Should Mean to You* (New York: Capricorn Books, 1958), S. 154.

Kapitel 1   Ein Platz in der Familie

1. Sir Francis Galton, *English Men of Science* (London: 1874).
2. Adler, a. a. O., S. 154.
3. Gertrude Stein, *Everybody's Autobiography* (New York: Vintage Books, 1937), S. 70–71.
4. Margaret Mead, *Blackberry Winter: My Earlier Years* (New York: William Morrow & Co., 1972), S. 19.

Kapitel 2   Warum kommt es zu Konstellationseffekten?

1. Ashley Montagu, *Life Before Birth* (New York: New American Library, 1964), S. 187.
2. Marlene Cimons, «Program to Reduce Mongolism», *Los Angeles Times*, Part X, Oct. 12, 1974, S. 1–4.
3. I. S. Wile und Rose Davis, «The Relation of Birth to Behavior», in *Personality in Nature, Society and Culture*, herausgegeben von Clyde Kluckhohn und Henry A. Murray (New York: Knopf, 1949).

Kapitel 3   Besondere Umstände

1. Stein, a. a. O., S. 134.
2. Roberta R. Collard, «Social and Play Responses of Firstborn and Laterborn Infants in an Unfamiliar Situation», *Child Development*, 1968, 39 (1), S. 325–334.
3. Robert Helmreich, Donald Kuiken und Barry Collins, «Effects of Stress of Birth Order on Attitude Change», *Journal of Personality*, 1968, 36 (3), S. 466–473.
4. J. H. S. Bossard, *The Large Family System, An Original Study in the Sociology of Family Behavior* (Philadelphia: University of Pennsylvania Press, 1956), S. 165.
5. Mead, a. a. O., S. 61.

Kapitel 5   Persönlichkeitsmuster II

1. Harry McGurk und Michael Lewis, «Birth Order: A Phenomenon in Search of an Explanation», *Developmental Psychology*, Nov. 1972, Bd. 7 (3), S. 336.
2. *Life* magazine, Mai 12, 1972, S. 22.
3. Kathleen Norris, *Family Gathering: The Memoirs of Kathleen Norris* (Garden City, N. Y.: Doubleday, 1959), S. 228.
4. Bossard, a. a. O., S. 36.

Kapitel 6   Erfolg

1. Peter Dubno und Richard D. Freedman, «Birth Order, Educational Achievement and Managerial Attainment», *Personnel Psychology*, Bd. 24 (1), Frühjahr 1970, S. 63–70.
2. E. E. Sampson, «Birth Order, Need Achievement and Conformity», *Journal of Abnormal Psychology*, 64 (2), 1962, S. 155–159.
3. E. E. Sampson und Francena T. Hancock, «An Examination of the Relationship Between Ordinal Position, Personality and Conformity», *Journal of Personal and Social Psychology*, 5 (4), 1967, S. 398–407.
4. Bernard Baruch, *My Own Story* (New York: Henry Holt & Co., 1957), S. viii.

Kapitel 7   Beruf und Kreativität

1. Mark I. Oberlander, Kenneth J. Frauenfelder und Helen Heath, «The Relationship of Ordinal Position and Sex to Interest Patterns», *Journal of Genetic Psychology*, Bd. 119 (1), Sept. 1971, S. 29–36.
2. Lucille K. Forer, *Birth Order and Life Roles* (Springfield, Ill.: Charles C. Thomas, 1969), S. 8.
3. Alfred Adler, «Reflections: Mathematics and Creativity», *The New Yorker,* Feb. 19, 1972, S. 39–45.
4. William D. Altus, «Birth Order and Its Sequelae», *Science*, Bd. 151, Januar 1966, S. 44–48.
5. William D. Bliss, «Birth Order and Creative Writers», *Journal of Individual Psychology*, Bd. 26, Nov. 1970, S. 200–202.
6. Altus, a. a. O.
7. Brian Sutton-Smith, John M. Roberts und B. G. Rosenberg, «The Dramatic Sibling», *Perceptual and Motor Skills*, 22 (3), 1966, S. 993–994.
8. Edward H. Fischer, Carl F. Wells und Stanley L. Cohen, «Birth Order and Expressed Interest in Becoming a College Professor», *Journal of Counseling Psychology*, 15 (2), 1968, S. 111–116.
9. Sutton-Smith et al., a. a. O.

10. James M. Herrell, «Birth Order and the Military: A Review from the Adlerian Perspective», *Journal of Individual Psychology*, Bd. 28 (1), Mai 1972, S. 38–44.

11. Roger F. Reinhardt, «The Outstanding Jet Pilot», *American Journal of Psychiatry*, Bd. 127 (6), Dez. 1970, S. 732–736.

12. Henry Still und Betty Grissom, *Starfall* (New York: Thomas Y. Crowell Co., 1974), S. 1–46.

Kapitel 8   Leistungsorientierte Frauen

1. Altus, a. a. O.

2. *Life* magazine, «The Furious Young Philosopher», Feb. 7, 1972, S. 22.

3. Rhona und Robert N. Rapoport, «Early and Later Experiences as Determinants of Adult Behavior, Married Women's Family and Career Patterns», *British Journal of Sociology*, Bd. 22 (1), März 1971, S. 16–30.

4. Philip S. Very, Robert B. Goldblatt und Vincent Monacelli, «Birth Order Personality Development and Vocational Choice of Becoming a Carmelite Nun», *Journal of Psychology*, 1973, Bd. 85, S. 75–80.

5. Ravenna Helson, «Effects of Sibling Characteristics and Parental Values on Creative Interest and Achievement», *Journal of Personality*, Bd. 36 (4), Dez. 1968, S. 589–607.

6. *Los Angeles Times*, Okt. 5, 1970, S. 5.

7. *Los Angeles Times*, Aug. 28, 1972, S. 10.

8. Ann Fischer, «The Importance of Sibling Position in the Choice of a Career in Pediatric Nursing», *Journal of Health and Human Behavior*, Bd. 3 (4), 1962, S. 282–288.

9. Katherine K. und Richard E. Gordon, «Birth Order, Achievement and Blood Chemistry Levels Among College Nursing Students», *Nursing Research*, Bd. 16 (3), 1967, S. 234–236.

Kapitel 9   Macht und Politik

1. Louis Stewart, «The Politics of Birth Order», Teil I, *Proceedings of the Annual Convention of the American Psychological Association*, Bd. 5, 1970, S. 365–366.

2. Rita Dallas und Jeanira Ratcliffe, *The Kennedy Case* (New York: Popular Library, 1974), S. 64, 122, 139.

3. Irving D. Harris, *The Promised Seed* (London: The Free Press of Glencoe, Collier-Macmillan Ltd., 1964), S. 30.

4. *Newsweek* magazine, Jan. 8, 1973, S. 17.

5. *Reader's Digest*, Dez. 1972, S. 226–262.

6. «Fragments for a Future Nixon Biographer», Part II, *Los Angeles Times*, August 8, 1974, S. 5.
7. Winthrop Griffith, *Humphrey: A Candid Biography* (New York: William Morrow & Co., 1965), S. 81, 82, 104.
8. Baruch, a. a. O., S. 25–66.
9. *How to Say a Few Words*, April 1971, Nr. 186, S. 1.
10. Georgia Babladelis, «Birth Order and Responsiveness to Social Influence», *Psychological Reports*, Bd. 30 (1), Feb. 1972, S. 99–104.
11. Gordon B. Forbes, «Birth Order of Political Success: A Study of the 1970 Illinois General Election», *Psychological Reports*, Bd. 29, 1971, S. 1239–1242.
12. *Life* magazine, Sept. 11, 1970, S. 21–24.

Kapitel 10   Das Netz sozialer Beziehungen

1. John M. Innes und Jean E. Sambrook, «Paired Associate Learning as Influenced by Birth Order and the Presence of Others», *Psychonomic Science*, Bd. 16 (2), 1969, S. 109–110.
2. L. S. Wrightsman, Jr., «Effects of Waiting with Others on Changes in Level of Felt Anxiety», *Journal of Abnormal Social Psychology*, Bd. 61, 1960, S. 216–222.
3. Martin S. Greenberg, «Role Playing: An Alternative to Deception?» Part 1, *Journal of Personality and Social Psychology*, Bd. 7 (2), 1967, S. 152–157.
4. Michael F. Hoyt und Bertram H. Raven, «Birth Order and the 1971 Los Angeles Earthquake», *Journal of Personality and Social Psychology*, Bd. 28 (1), 1973, S. 123–128.
5. D. J. W. Strumpfer, «Fear and Affiliation During a Disaster», *Journal of Social Psychology*, Bd. 83, 1970, S. 263–268.
6. J. R. Warren, «The Effects of Certain Selection Procedures in Forming a Group of Honors Students», *Special Report* No. 8 (University of Nebraska Agricultural Experiment Station, 1966).
7. Joseph C. LaVoie, «Individual Differences in Resistance to Temptation Behavior in Adolescents», *Journal of Clinical Psychology*, Bd. 29 (1), Jan. 1973, S. 20–22.
8. *Los Angeles Times*, Aug. 8, 1973, S. 5.
9. Paul Wohlford und Marshall R. Jones, «Ordinal Position, Age, Anxiety and Defensiveness in Unwed Mothers», *Proceedings of the 75th Annual Convention of the American Psychological Association*, Bd. 2, 1967, S. 177–178.
10. Richard E. Dimond und David C. Munz, «Ordinal Position and Self-Disclosure in High School Students», *Psychological Reports*, Bd. 21 (3), 1967, S. 829–833.

Kapitel 11   Die Entwicklung der Geschlechtsrollen

1. Margaret Mead, *Male and Female* (New York: William Morrow & Co., 1949), S. 8.
2. William D. Altus, «Sex Role Dissatisfaction, Birth Order and Parental Favoritism», *Proceedings of the Annual Convention of the American Psychological Association*, Bd. 6 (1), 1971, S. 161–162.
3. Helen L. Koch, «Some Emotional Attitudes of the Young Child in Relation to Characteristics of His Sibling», *Child Development*, Bd. 27, 1956, S. 393–426.
4. Frank H. Farley, Robert Hatch, Patrick Murphy und Kenneth Miller, «Sibling Structure and Masculinity-Femininity in Male Adolescents», *Adolescence*, Bd. 6 (24), 1971, S. 441–450.
5. Dr. Bertram Forer (unveröffentlicht), «Family Etiology of Sexual Disorders».

Kapitel 12   Sexuelle Probleme

1. Michael H. Kahn, Alvin R. Mahrer und Robert Bernstein, «Male Psychosexual Development: Role of Sibling Sex and Ordinal Position», *Proceedings of the Annual Convention of the American Psychological Association*, Bd. 5 (1), 1970, S. 267–268.
2. Jan Raboch und V. Bartak, «A Contribution to the Study of Anesthetic-Frigid Syndrome in Women», *Ceskoslovenska Psychiatrie*, Bd. 64 (4), 1968, S. 230–235.
3. E. Mavis Hetherington, «Effects of Father Absence on Personality Development of Adolescent Daughters», *Developmental Psychology*, Bd. 7 (3), Nov. 1972, S. 313–326.
4. Paul Gebhard, Jan Raboch und Hans Giese, *The Sexuality of Women*, Bd. 1 (New York: Stein & Day, 1970) S. 36.
5. Vincent Sheean, *Dorothy and Red* (Boston, Houghton Mifflin, 1963), S. 220.

Kapitel 13   Ehe

1. William D. Altus, «Marriage and Order of Birth», *Proceedings of the Annual Convention of the American Psychological Association*, Bd. 5 (1), 1970, S. 361–362.
2. Walter Toman, «Large Age Differences Among Spouses and Their Family Constellation», *Psychological Reports*, Bd. 13, 1963, S. 386.
3. Peter H. Murdock, «Birth Order and Age at Marriage», *British Journal of Social and Clinical Psychology*, Bd. 5 (1), 1966, S. 24–29.
4. A. P. Mac Donald, Jr., «Birth Order Effects in Marriage and Parenthood: Affiliation and Socialization», *Journal of Marriage and the Family*, Bd. 29 (4), 1967, S. 656–661.

5. Theodore D. Kemper, «Mate Selection and Marital Satisfaction According to Sibling Type of Husband and Wife», *Journal of Marriage and the Family*, Aug. 1966, S. 346–349.
6. Yi Chuang-lu, «Predicting Roles in Images», *American Journal of Sociology*, Bd. 58, 1952, S. 51–55.
7. Everette Hall, «Ordinal Position and Success in Engagement and Marriage», *Journal of Individual Psychology*, Bd. 21 (2), 1965, S. 154–158.

Kapitel 15   Elternschaft II

1. Brian Sutton-Smith und B. G. Rosenberg, «Sibling Consensus on Power Tactics», *Journal of Genetic Psychology*, Bd. 112 (1), 1968, S. 63–72.

Kapitel 17   Welches ist die günstigste Familienposition?

1. Bossard, a. a. O.

Kapitel 18   Konsequenzen für die Zukunft

1. Lester Brown, «Alternatives to Childbearing», *Saturday Review/World*, Juli 27, 1974, S. 47; excerpted from Lester Brown, *In the Human Interest* (New York: W. W. Norton & Co., 1974).
2. *Los Angeles Times*, April 19, 1974, S. 4.
3. *Los Angeles Times*, Juni 18, 1974, S. 10.

Bibliographie

Insgesamt sind mehr als tausend statistische Untersuchungen veröffentlicht, in denen die Familienposition zu verschiedenen Aspekten des Verhaltens und der Persönlichkeit in Beziehung gesetzt wird. In den letzten fünfzehn Jahren habe ich die Daten aus allen mir zugänglichen Untersuchungen systematisch gesammelt und zusammengestellt.

Wie wohl bei jedem umfassenderen psychologischen Konzept ist Einmütigkeit nicht zu erzielen. Die Aufsätze und Bücher, die die Ergebnisse von Tausenden von Forschungsstunden wiedergeben, enthalten zur Frage der Existenz von Konstellationseffekten positive, aber auch negative Ergebnisse. Auch in der Frage, welche Persönlichkeitszüge durch Konstellationseffekte beeinflußt werden können, gibt es widerstreitende Auffassungen. Der weit überwiegende Teil der Untersuchungen spricht jedoch *für* die Existenz von Konstellationseffekten. In diesem Buch haben wir nur solche Bereiche berücksichtigt, für die ein hinreichender Konsens besteht *und* wo Konstellationseffekte durch meine eigene klinische Erfahrung bestätigt werden.

Mein Hauptansatz ist die Integration statistischer und klinischer Befunde. Die beiden verschiedenen Methoden stützen sich gegenseitig. Statistische Untersuchungen zeigen Tendenzen bei einer großen Zahl von Menschen, aber ohne daß die Ergebnisse notwendigerweise für das Individuum gültig sind. Umgekehrt bestimmt die klinische Beobachtung, ob allgemeine Befunde oder Hypothesen für die Einzelperson Gültigkeit haben. Die Ergebnisse sind so genau wie die Wahrnehmung des Beobachters. Die von mir dargestellten Konstellationseffekte sind durch meine eigene Erfahrung gut abgesichert und werden zusätzlich durch unabhängige Untersuchungen Hunderter anderer Forscher bestätigt.

Auf viele Untersuchungen wird im Text hingewiesen, doch ich möchte einige, die mein Denken beeinflußt haben, besonders erwähnen und auf besonders wichtige und wertvolle Arbeiten hinweisen. Es ist unmöglich, all die vielen hundert Forscher aufzuführen, denen wir wertvolle Beiträge verdanken, aber die im folgenden genannten sind besonders bemerkenswert.

Jeder, der sich mit Konstellationseffekten beschäftigt, muß den höchsten Ruhm Alfred Adler zuerkennen, dem Schüler, Freund und späteren

Konkurrenten von Sigmund Freud. Adler wird allgemein als Vater der Konstellationsforschung anerkannt. Er hatte den Eindruck, daß die Geschwisterbeziehungen von Männern und Frauen einen wichtigen Einfluß auf ihren Lebensstil ausübten. (Adler war meines Wissens auch der erste, der den heute so verbreiteten Ausdruck ‹Lebensstil› benutzte.) Adler verdanke ich einige Grundhypothesen über den Einfluß der Geschwisterkonstellation. Ebenso wie ich ging er vom klinischen Ansatz aus. Sein Buch *What Life Should Mean to You* (New York, Capricorn, 1958) ist glänzend und höchst informativ.

Zwischen 1955 und 1960 veröffentlichte Helen L. Koch, jetzt emeritierte Professorin an der *University of Chicago*, zahlreiche Berichte. Sie verglich ältere und jüngere Kinder aus Zwei-Kinder-Familien und konnte mit eleganten statistischen Analysen viele Eigenschaftsunterschiede zwischen beiden Gruppen belegen. Als sie einmal gebeten wurde, eine ihrer Untersuchungen für eine Zeitschrift zusammenzufassen, antwortete sie: ‹Die Befunde sind viel zu kompliziert, um kurz beschrieben zu werden.› Diese Untersuchungen waren für meine eigenen Beobachtungen und Untersuchungen als Informationsquelle und theoretische Grundlage sehr wertvoll.

Obwohl ich mit Walter Tomans offenbar außerordentlich starrer Auffassung von Konstellationseffekten nicht einverstanden bin, muß ich ihm als einem Psychologen, der Konstellationseffekten ebenfalls große Bedeutung für die Persönlichkeitsentwicklung beimißt, mit Respekt begegnen. Toman war 1961, als sein Buch *Family Constellation* (New York: Springer) erschien, *associate professor* für Psychologie an der *Brandeis University*.

Eine provozierende Darstellung der Unterschiede in der Denkweise zwischen erst- und nachgeborenen Männern ist das Buch *The Promised Seed: A Comparative Study of Eminent Firstborn and Later Sons* (New York: Macmillan, Free Press, 1964) von Irving D. Harris. Dieses Buch enthält vielfältige Informationen über den Einfluß von Konstellationseffekten auf das Denken und Verhalten hervorragender Männer aus allen Zeiten.

Mein erstes Buch, *Birth Order and Life Roles* (Springfield, Ill.: Charles C. Thomas, 1969), faßte den damaligen Stand der Forschung zusammen. Ich freue mich, feststellen zu können, daß viele der von mir damals entwickelten Hypothesen in späteren Untersuchungen aufgegriffen worden sind.

Eine weitere bedeutende Untersuchung wurde 1971 von Ezra Stotland, Stanley E. Sherman und Kelley G. Shaver von der *University of Nebraska* in Lincoln veröffentlicht. Diese Autoren untersuchten Unterschiede hinsichtlich des Einfühlungsvermögens zwischen erst- und nachgeborenen Kindern und stellten Zusammenhänge mit der Familienposition und dem Geschlecht der Versuchspersonen fest.

An der *University of California* in Santa Barbara hat William D. Altus zahlreiche Unterschiede zwischen erst- und nachgeborenen Kindern untersucht. Sein Artikel im *Science Magazine* (Bd. 151, 1965, S. 44–49) ist eine der klarsten Zusammenfassungen der Ergebnisse der Konstellationsforschung, die je geschrieben wurden.

Im Jahre 1956 wurden die Ergebnisse von Untersuchungen über Familien mit sechs und mehr Kindern veröffentlicht, die J. H. S. Bossard durchgeführt hat. Eines seiner Bücher ist *The Large Family System: An Original Study in the Sociology of Family Behavior* (Philadelphia: University of Pennsylvania Press, 1956). Dieses Buch bietet wertvolle Informationen über Menschen, die in großen Familien aufgewachsen sind. Seine Darstellung, wie jedes Kind einer großen Familie in Relation zu den bereits etablierten Rollen der älteren Geschwister seine spezielle Rolle entwickelt, dürfte jeden Studenten interessieren, der sich mit Persönlichkeitspsychologie beschäftigt, und ganz besonders natürlich Angehörige großer Familien.

Russel Eisenmann von der *Temple University* hat verschiedene Untersuchungen über den Zusammenhang zwischen Familienposition und Kreativität bzw. ästhetischen Präferenzen veröffentlicht.

John K. Laskos Untersuchung über das unterschiedliche Verhalten von Eltern gegenüber ersten und zweiten Kindern (*Genetic Psychology Monographs*, Bd. 49, 1954, S. 97–137) bestätigte die von mir beobachteten Unterschiede.

A. P. MacDonald von der *West Virginia University* hat eine Reihe von Untersuchungen veröffentlicht, die sich mit den Zusammenhängen zwischen Familienposition und Religiosität, Ehe- und Elternverhalten, Geselligkeit oder Ungeselligkeit, Moralvorstellungen und der Einstellung gegenüber den Armen beschäftigen.

Unter den früheren Untersuchungen ist die von C. MacArthur wichtig. Seine Arbeit ‹Personalities of First and Second Children› (Psychiatry, Bd. 19, 1956, S. 47–54) ist eine interessante Längsschnittuntersuchung über Konstellationseffekte. MacArthur setzt Beobachtungen der Eltern von Harvard-Erstsemestern zum Verhalten der Studenten in Beziehung.

Eine weitere bedeutende Studie stammt von Margaret B. McFarland. Sie ist in der Monographie *Relationships between Young Sisters as Revealed in Their Overt Responses* (New York: New York Teachers College, Columbia University, 1938) enthalten. Gleich mir kommt Mrs. McFarland zu dem Schluß, daß Rivalität wahrscheinlich immer zu solchen Beziehungen gehöre und keinen Grund zur Besorgnis darstelle, solange sie nicht extreme Formen annimmt.

Gutes Material über Interessen, Neigungen und soziale Aktivitäten verdanken wir Mark I. Oberlander vom *Institute for Juvenile Research*, Chicago. Hervorragendes Material über die weiblich Sexualität veröffentlichte Jan Raboch von der Karlsuniversität in Prag.

Anne Roes Studie über hervorragende Wissenschaftler (*The Making of a Scientist*, New York: Dodd, Meda & Co., 1953) ist ein Musterbeispiel für sorgfältig durchgeführte, interessant dargestellte Sozialforschung und bietet viel Information über Konstellationseffekte bei hervorragenden Wissenschaftlern.

Ein Buch aus neuerer Zeit, *The Sibling* von Brian Sutton-Smith und B. G. Rosenberg (New York: Holt, Rinehart & Winston, 1971), informiert über zahlreiche Unterschiede zwischen Erst- und Nachgeborenen. Es stützt durch empirische Befunde Hypothesen ab, die ich früher auf Grund klinischer Erfahrungen aufgestellt hatte.

Der Untersuchung *Male and Female Homosexuality* von Marcel T. Saghir (Baltimore: Williams & Wilkins Co., 1973) verdanke ich viele Informationen über Zusammenhänge zwischen Familienposition und Homosexualität. Eine weitere wertvolle Quelle zum Thema weibliche Homosexualität war *Love Between Women* von Charlotte Wolff (New York: Harper & Row, 1971).

Die erwähnten Untersuchungen gehören zu den umfassendsten, auf die ich bei meiner Beschäftigung mit Konstellationseffekten gestoßen bin.

Register

255

Erziehung und Schule

Ingeborg Altstaedt
Lernbehinderte. Kritische Entwicklungsgeschichte eines Notstandes. Sonderpädagogik in Deutschland und Schweden [6944]

Arbeitsgruppe am Max-Planck-Institut für Bildungsforschung
Das Bildungswesen in der Bundesrepublik Deutschland. Ein Überblick für Eltern, Lehrer, Schüler [7292]

Arbeitsgruppe Tübinger Sozialpädagogen
Grundkurs Sozialpädagogik
Band 1 [7131], Band 2 [7132]. Ersch.-Termin unbestimmt.

Kurt Bader u. a.
Handbuch für Kindertagesstätten. Informationen zur öffentlichen Kindererziehung [7051]

Sönke Bai u. a.
Die Rudolf Steiner Schule im Ruhrgebiet
Leben, lehren, lernen in einer Waldorfschule [6985]

Karl W. Bauer/Heinz Hengst
Wirklichkeit aus zweiter Hand
Kindheit in der Erfahrungswelt von Spielwaren und Medienprodukten [7360]

Bielefelder Lehrergruppe
Schule kann anders sein. Drei Versuche zu handlungsorientiertem Lernen in Hauptschulen und zur Arbeit im Lehrerteam [7197]

Gerhard Breidenstein
Internationale Konzerne. Arbeitsbuch für Schule, Gewerkschaft, politische Gruppen [7080]

Josef Broich
Rollenspiele mit Erwachsenen. Anleitungen und Beispiele für Erwachsenenbildung, Sozialarbeit, Schule. Mit Bibliographie zur Sozialpädagogik [7307]

Hans Peter Brucker/Willy Klawe/Helmut Maack/Lothar Rieckenberg
Lebensziel Beruf. Arbeitshilfen und Lernmaterialien für Hauptschule und Jugendgruppen zur Berufsvorbereitung, Berufsentscheidung, Berufsrealität [7319]

Heinrich Dauber (Hg.)
Schulkritik
[7234] Ersch.-Termin unbestimmt.

Heinrich Dauber/Etienne Verne (Hg.)
Freiheit zum Lernen. Alternativen zur lebenslänglichen Verschulung [6959] August 81

Heinrich Dauber/Heribert Weber
Eltern aktiv. Handbuch für eine humane Schule [6993]

Heinz Dedering (Hg.)
Lernen für die Arbeitswelt. Praxisnahe Arbeitslehre in der Sekundarstufe II [7298]

Joachim Dennhardt/Siegfried Pater (Hg.)
Entwicklung muß von unten kommen
Perspektiven autonomer Entwicklung und exemplarische Projekte in der Dritten Welt [7412]

Selma Fraiberg
Die magischen Jahre in der Persönlichkeitsentwicklung des Vorschulkindes.
[6794]

Paulo Freire
Pädagogik der Unterdrückten. Bildung als Praxis der Freiheit [6830]
Erziehung als Praxis der Freiheit
Beispiele zur Pädagogik der Unterdrückten [7058]

Hans-Jochen Gamm
Einführung in das Studium der Erziehungswissenschaft. Erziehung als Beruf. Grundlagen, Probleme, Ziele [7119]
Allgemeine Pädagogik. Die Grundlagen von Erziehung und Bildung in der bürgerlichen Gesellschaft [7266]

Peter Groskurth (Hg.)
Arbeit und Persönlichkeit: berufliche Sozialisation in der arbeitsteiligen Gesellschaft. Ergebnisse der Arbeitswissenschaft für Bildung, sozialpädagogische und psychologische Praxis [7240]

Otto Herz (Hg.)
Erziehung im Internat. Lernen und Leben in Schulgemeinschaften. Eliteschulen oder Reform für alle? [7398] August 81

Wulf D. Hund/Bärbel Hund-Kirchhoff
Soziologie der Kommunikation. Arbeitsbuch zu Struktur und Funktion der Medien [6927]

Ivan D. Illich
Schulen helfen nicht. Über das mythenbildende Ritual der Industriegesellschaft [6778]

Modelle emanzipierter Erziehungspraxis

Erziehung und Schule

Modelle emanzipierter Erziehungspraxis

Politische Erziehung

Barabas, Friedrich / Blanke, Thomas /
Sachße, Christoph / Stascheit, Ulrich
(Hg.)
Jahrbuch der Sozialarbeit 1978, Analysen, Berichte, Materialien [7097]

Bast, Heinrich u. a.
Gewalt gegen Kinder. Kindesmißhandlungen und ihre Ursachen. Handbuch für
Diskussion und Aktion [6934]

Beck, Johannes
Lernen in der Klassenschule. Untersuchungen für die Praxis [6820]

Beck, Johannes / Bergmann, Klaus /
Boehncke, Heiner (Hg.)
Das B. Traven-Buch. Lesestücke – Unterrichtsmaterialien [6986]

Beck, Johannes / Boehncke, Heiner (Hg.)
Jahrbuch für Lehrer 1978. Schulalternativen – Schreiben lernen [7103]
Jahrbuch für Lehrer 1979. Zensuren, politisch-technischer Unterricht [7172]
Jahrbuch für Lehrer 4. Selbstbestimmtes
Lernen / Schulalltag / Unterricht: Natur,
Technik, Faschismus [7285]
Jahrbuch für Lehrer 5. Pädagogische
Alternativgruppen / Schule in der Region /
Schulkörper – Körperschule / Lernprojekte / Aktuelles Pädagogisches Museum
[7372]
Jahrbuch für Lehrer 6. Ideen und Geschichten [7451] Oktober '81

Beck, Johannes / Boehncke, Heiner /
Heinz, Werner / Vinnai, Gerhard (Hg.)
**Terror und Hoffnung in Deutschland
1933–45.** Leben im Faschismus [7381]

Bergmann, Klaus / Frank, Günter (Hg.)
Bildungsarbeit mit Erwachsenen. Handbuch für selbstbestimmtes Lernen [7059]

Bergmann, Klaus / Hammann, Winfried /
Ockenfuß, Solveig
Abhauen. Flucht ins Glück [7404]

Biegert, Claus
Indianerschulen. Als Indianer überleben
– von Indianern lernen. Survival Schools
[7278]

Boehncke, Heiner / Humburg, Jürgen
Schreiben kann jeder. Handbuch zur
Schreibpraxis für Vorschule, Schule, Universität, Beruf und Freizeit [7245]

Brock, Adolf u. a.
Arbeiterbildung. Soziologische Phantasie und exemplarisches Lernen in Theorie, Kritik und Praxis. Lernen für Selbstbestimmung [7250]

Brockmann, Anna Dorothea (Hg.)
Landleben. Ein Lesebuch von Land und
Leuten [7064]

Brockmann, Anna Dorothea / Liebel,
Manfred / Rabatsch, Manfred (Hg.)
Jahrbuch der Sozialarbeit 3 [7293]

Busche, Ernst / Marquardt, Brunhilde /
Maurer, Margarete (Hg.)
Natur in der Schule. Kritik und Alternativen zum Biologieunterricht [7148]

Dick, Lutz van
Alternativschulen. Information – Probleme – Erfahrungen [7261]

Freinet, Célestin
Pädagogische Texte. Beispiele aus der
Bibliothek der Arbeit [7367]

Analysen, Modelle, Materialien
für Schüler, Lehrlinge, Studenten, Lehrer

Politische Erziehung

Barabas, Friedrich / Blanke, Thomas / Sachße, Christoph / Stascheit, Ulrich (Hg.)
Jahrbuch der Sozialarbeit 1978, Analysen, Berichte, Materialien [7097]

Bast, Heinrich u. a.
Gewalt gegen Kinder. Kindesmißhandlungen und ihre Ursachen. Handbuch für Diskussion und Aktion [6934]

Beck, Johannes
Lernen in der Klassenschule. Untersuchungen für die Praxis [6820]

Beck, Johannes / Bergmann, Klaus / Boehncke, Heiner (Hg.)
Das B. Traven-Buch. Lesestücke – Unterrichtsmaterialien [6986]

Beck, Johannes / Boehncke, Heiner (Hg.)
Jahrbuch für Lehrer 1978. Schulalternativen – Schreiben lernen [7103]
Jahrbuch für Lehrer 1979. Zensuren, politisch-technischer Unterricht [7172]
Jahrbuch für Lehrer 4. Selbstbestimmtes Lernen / Schulalltag / Unterricht: Natur, Technik, Faschismus [7285]
Jahrbuch für Lehrer 5. Pädagogische Alternativgruppen / Schule in der Region / Schulkörper – Körperschule / Lernprojekte / Aktuelles Pädagogisches Museum [7372]
Jahrbuch für Lehrer 6. Ideen und Geschichten [7451] Oktober '81

Beck, Johannes / Boehncke, Heiner / Heinz, Werner / Vinnai, Gerhard (Hg.)
Terror und Hoffnung in Deutschland 1933–45. Leben im Faschismus [7381]

Bergmann, Klaus / Frank, Günter (Hg.)
Bildungsarbeit mit Erwachsenen. Handbuch für selbstbestimmtes Lernen [7059]

Bergmann, Klaus / Hammann, Winfried / Ockenfuß, Solveig
Abhauen. Flucht ins Glück [7404]

Biegert, Claus
Indianerschulen. Als Indianer überleben – von Indianern lernen. Survival Schools [7278]

Boehncke, Heiner / Humburg, Jürgen
Schreiben kann jeder. Handbuch zur Schreibpraxis für Vorschule, Schule, Universität, Beruf und Freizeit [7245]

Brock, Adolf u. a.
Arbeiterbildung. Soziologische Phantasie und exemplarisches Lernen in Theorie, Kritik und Praxis. Lernen für Selbstbestimmung [7250]

Brockmann, Anna Dorothea (Hg.)
Landleben. Ein Lesebuch von Land und Leuten [7064]

Brockmann, Anna Dorothea / Liebel, Manfred / Rabatsch, Manfred (Hg.)
Jahrbuch der Sozialarbeit 3 [7293]

Busche, Ernst / Marquardt, Brunhilde / Maurer, Margarete (Hg.)
Natur in der Schule. Kritik und Alternativen zum Biologieunterricht [7148]

Dick, Lutz van
Alternativschulen. Information – Probleme – Erfahrungen [7261]

Freinet, Célestin
Pädagogische Texte. Beispiele aus der Bibliothek der Arbeit [7367]

Analysen, Modelle, Materialien
für Schüler, Lehrlinge, Studenten, Lehrer

Taschenbücher für Eltern

Virginia Barber, Merrill Maguire Skaggs
Die Mutter
Erfahrungen und Vorschläge für ein besseres
Selbstverständnis
rororo sachbuch 7342

Angelika Blume
Andere Umstände
Eine Orientierungshilfe für Vorsorge,
Geburtsvorbereitung und Geburt. Mit einem
kompletten Vorbereitungskurs.
rororo sachbuch 7473 (Februar '82)

Laura P. Broad / Nancy T. Butterworth
Die Spielgruppe – ein Spaß
für Kinder, Hilfe für Eltern
Organisation und Spielideen. Herausgegeben
und eingeleitet von Ruth Dirx
rororo sachbuch 7333

Barbara Bronnen
Mütter ohne Männer
Gespräche und Informationen über eine
neue Lebensform
rororo sachbuch 7348

Heinrich Dauber / Heribert Weber
Eltern aktiv
Handbuch für eine humane Schule
rororo sachbuch 6993

Ulrich Dieckmeyer
Das Elternbuch 1–6
Unser Kind im ersten Lebensjahr
bis sechsten Lebensjahr
rororo sachbücher 6951; 6952; 6953;
6080; 6981; 6982

Lieselott Diem
Bewegungsspiele mit Kindern
Körperlich und seelisch intakt durch
motorische Erfahrungen
rororo sachbuch 7232

Louis L. Fine
Die Rebellion der großen Kinder
Konflikte zwischen Heranwachsenden
und Eltern. Ursachen und Lösungen
rororo sachbuch 7409

Geraldine Lux Flanagan
Die ersten neun Monate
des Lebens
Mit einem Nachwort von Adolf Portmann
und 115 ungewöhnlichen Abbildungen
rororo sachbuch 6605

Lucille K. Forer / Henry Still
Erstes, zweites, drittes Kind …
Welche Bedeutung hat die Geschwisterfolge
für Kinder, Eltern und Familie?
rororo sachbuch 7471 (Februar '82)

Haim G. Ginott
Eltern und Kinder
Elternratgeber für eine verständnisvolle
Erziehung
rororo ratgeber 6081

Thomas Gordon
Familienkonferenz in der Praxis
Wie Konflikte mit Kindern gelöst werden
rororo sachbuch 7461

Familienkonferenz
Die Lösung von Konflikten
zwischen Eltern und Kind
rororo sachbuch 7347

Lehrer-Schüler-Konferenz
Wie man Konflikte in der Schule löst
rororo sachbuch 7399

Irene Hardach-Pinke / Gerd Hardach (Hg.)
Kinderalltag
Deutsche Kindheiten in
Selbstzeugnissen 1700–1900
rororo sachbuch 7436

**Prof. Dr. K. Hofmeier /
Prof. Dr. W. Schwidder / Dr. F. Müller**
Alles über dein Kind
Auskunfts- und Nachschlagewerk nach
Altersstufen über die körperliche und
seelische Entwicklung, Pflege und Erziehung
des Kindes. Band I u. II
rororo sachbücher 6702; 6703

Wilhelm Kalff
Eltern lernen erziehen
Ein Übungsprogramm gegen
Erziehungskrisen
rororo sachbuch 6968

Helmut Kentler
Eltern lernen Sexualerziehung
rororo sachbuch 7440

Ekkehard Kloehn
Schwierige Kinder
Woher Verhaltensstörungen kommen
und was man dagegen tut
rororo sachbuch 7400

rororo

Taschenbücher für Eltern

rororo Elternrat

herausgegeben von Horst Speichert

Ein gutes Gewissen beim Erziehen

Behr, Sophie / Häsing, Helga
„Ich erziehe allein"
Problemlösungen und
Ermunterungen für die
Erziehung ohne Partner (7373)

Doormann, Lottemi
„Babys wachsen gemeinsam auf"
Mütter entlasten sich selbst und
helfen ihren Kindern
(7447) (September 81)

Fritsch, Ina
„Eltern trennen sich"
Kinder und Erwachsene
meistern gemeinsam die Krise (7344)

Gerber, Gisela
„Umzug tut weh"
Probleme in Schule und
Familie – Eltern helfen ihren
Kindern (7336)

Gilliotte-Redlich, Elke
„Gefunden oder geklaut?"
Ein ganz normales Entwick-
lungsproblem und wie damit
umzugehen ist (7380)

Grüttner, Tilo
„Legasthenie ist ein Notsignal"
Verstehen und wirksam
helfen (7324)

Hopf, Hans H.
„Kinderträume"
Traumbilder verstehen und
auf sie eingehen (7325)

Keyserlingk, Linde von
„Naschen, trödeln, träumen . . ."
Die tiefere Bedeutung von
„Unarten". Möglichkeiten
der Verständigung mit Kindern (7386)

Mann, İris
„Aus der Behinderung ins Leben"
Sorgenkinder entfalten ihre
Fähigkeiten (7433) (Juli 81)

Nordhoff, Inge
„Erste Liebe"
Kinder lösen sich aus der
Familie – Eltern entdecken
sich selbst (7359)

Müller-Kaldenberg, Rieke
„Mütter im Beruf"
Die Doppelrolle meistern – gegen
Vorurteile und Selbstzweifel
(7418)

Rossberg, Ewa
„Einzelkinder"
Eltern mit nur einem Kind haben
mit vielen Vorurteilen der Umwelt
zu leben (7452) (Oktober 81)

Scheilke, Christel
*„Das Beste
fürs Baby"*
Verhaltenstips und
Einkaufsführer für
Notwendiges und
Frprobtes
(7403)

Speichert, Horst
*„Hausaufgaben
sinnvoll machen"*
Anregungen zum
Lernerfolg (7326)

Fallgeschichten aus dem Erziehungsalltag,
erläutert von erfahrenen Fachleuten.
Hilfe, sich und die Kinder zu verstehen,
gelassen zu bleiben und dadurch verständiger
zu erziehen.

1040/2

Der einzelne und die Gesellschaft -
Konflikte und Konzepte

Horst Brück
**Die Angst des Lehrers vor
seinem Schüler**
Zur Problematik verbliebener
Kindlichkeit in der Unterrichtsarbeit
des Lehrers - ein Modell
460 Seiten. Brosch.

Betty Friedan
Das hat mein Leben verändert
Beiträge und Reflexionen
zur Frauenbewegung
320 Seiten. Brosch.

Christopher Jencks
Chancengleichheit
394 Seiten. Brosch.

Manu L. Kothari/Lopa A. Mehta
Ist Krebs eine Krankheit?
Vom leidbringenden Mißverständnis
der Krebsbehandlung
221 Seiten. Kart.

James J. Lynch
Das gebrochene Herz
344 Seiten. Brosch.

Jerry Mander
Schafft das Fernsehen ab!
Eine Streitschrift gegen das Leben
aus zweiter Hand
319 Seiten. Kart.

Stanley Milgram
Das Milgram-Experiment
Zur Gehorsamsbereitschaft
gegenüber Autorität
257 Seiten mit 25 Abb. im Text
und auf 4 Tafeln. Brosch.

Michael Lukas Moeller
Selbsthilfegruppen
Selbstbehandlung und Selbst-
erkenntnis in eigenverantwortlichen
Kleingruppen
455 Seiten. Brosch.

Gerd und Annegret Overbeck (Hg.)
**Seelischer Konflikt -
körperliches Leiden**
Reader zur psychoanalytischen
Psychosomatik
377 Seiten. Kart.

Niels Pörksen
Kommunale Psychiatrie
Das Mannheimer Modell.
Auf dem Wege zur Überwindung
des Institutionalismus sozialer und
psychiatrischer Einrichtungen
228 Seiten. Brosch.

Helge Pross
Die Männer
Eine repräsentative Untersuchung
über Selbstbilder von Männern
und ihre Bilder von der Frau
191 Seiten. Brosch.

Helge Pross (Hg.)
Familie - wohin?
Leistungen, Leistungsdefizite und Leistungs-
wandlungen der Familien in hochindustrialisierten
Gesellschaften
256 Seiten. Kart.

Horst E. Richter
Der Gotteskomplex
Die Geburt und die Krise des Glaubens an die
Allmacht des Menschen
340 Seiten. Brosch.

Rowohlt

Der einzelne und die Gesellschaft -
Konflikte und Konzepte

Horst Eberhard Richter
Engagierte Analysen
Über den Umgang des Menschen mit dem
Menschen, Reden, Aufsätze, Essays
325 Seiten. Brosch.

Horst Eberhard Richter
Flüchten oder Standhalten
315 Seiten. Brosch.

Horst Eberhard Richter
Lernziel Solidarität
320 Seiten. Brosch.

Horst Eberhard Richter
Die Gruppe
Hoffnung auf einen neuen Weg, sich selbst und
andere zu befreien. Psychoanalyse in Kooperation
mit Gruppeninitiativen
351 Seiten. Brosch.

H. E. Richter/H. Strotzka/J. Willi (Hg.)
Familie und seelische Krankheit
Eine neue Perspektive der psychologischen
Medizin und der Sozialtherapie
378 Seiten. Kart.

Wolfgang Schmidbauer
Die hilflosen Helfer
Über die seelische Problematik der helfenden
Berufe
231 Seiten. Brosch.

Wolfgang Schmidbauer
Alles oder nichts
Über die Destruktivität von Idealen
439 Seiten. Brosch.

Eberhard Schorsch/Nikolaus Becker
Angst, Lust, Zerstörung
Sadismus als soziales und kriminelles Handeln
Zur Psychodynamik sexueller Tötungen
320 Seiten. Brosch.

B. F. Skinner
Was ist Behaviorismus?
287 Seiten. Kart.

Robert J. Stoller
Perversion
Die erotische Form vom Haß
290 Seiten. Brosch.

Stefan Wieser
Isolation
Vom schwierigen Menschen zum
hoffnungslosen Fall
Die soziale Karriere des psychisch Kranken.
Herausgegeben und eingeleitet von
Wolfgang Kirchesch
223 Seiten. Brosch.

Jürg Willi
Die Zweierbeziehung
Spannungsursachen - Störungsmuster
Klärungsprozesse - Lösungsmodelle
296 Seiten. Brosch.

Therapie der Zweierbeziehung
Analytisch orientierte Paartherapie. Anwendung
des Kollusions-Konzeptes. Handhabung
der therapeutischen Dreiecksbeziehung
377 Seiten. Brosch.

Marie Winn
Die Droge im Wohnzimmer
Für die kindliche Psyche ist Fernsehen Gift
Wie wirkt es?
Was hat es für Folgen?
Und warum es nur ein Gegenmittel gibt:
Abschalten!
319 Seiten. Brosch.

Rowohlt

832/10 a

Praktisches Wissen

sachbuch rororo

Dr. med H. ANEMUELLER
Iß dich gesund. Leistungsfähig und aktiv durch Essen mit Verstand [7128]

George R. Bach/Roland M. Deutsch
Pairing. Intimität und Offenheit in der Partnerschaft [7263]

GUNTHER BISCHOFF
Speak you English? Programmierte Übung zum Verlernen typisch deutscher Englischfehler [6857]
Managing Manager English. Gekonnt verhandeln lernen durch Üben an Fallstudien [7129]

Bekommen was man möchte, in sieben Sprachen, die man nicht kann
Bildsprachführer in Englisch, Deutsch, Französisch, Italienisch, Griechisch, Spanisch, Japanisch, Holländisch [7258]

BLOOM / COBURN / PEARLMAN
Die selbstsichere Frau
Anleitung zur Selbstbehauptung [7281]

GÜNTER BUTTLER / REINHOLD STROH
Einführung in die Statistik
Das Buch zum erfolgreichen Fernsehkurs [7318]

MICHAEL CANNAIN / WALTER VOIGT / B + I PROJEKTPLANUNG
Kühles Denken. Wie man mit Analogien gute Ideen findet, erfolgreich improvisiert und überzeugend argumentiert [7140]

Computer. Technik, Anwendung, Auswirkung [7147]

GISELA EBERLEIN
Gesund durch autogenes Training [6875]
Autogenes Training für Fortgeschrittene [6925]

MAREN ENGELBRECHT-GREVE / DIETMAR JULI
Streßverhalten ändern lernen. Programm zum Abbau psychosomatischer Krankheitsrisiken [7193]

BOBBY FISCHER
Bobby Fischer lehrt Schach [6870]

Dr. med. HANNA FRESENIUS
Sauna. Der ärztliche Führer zur Entspannung und Gesundheit durch richtiges Saunabaden [6999]

SIEGFRIED GRUBITZSCH / GÜNTER REXILIUS
Testtheorie – Testpraxis. Vorausetzungen, Verfahren, Formen und Anwendungsmöglichkeiten psychologischer Tests im kritischen Überblick [7157]

ULRICH KLEVER
Klevers Garantie-Diät. Schlank werden mit Sicherheit [7056]
Dein Hund, Dein Freund. Der praktische Ratgeber zu allen Hundefragen [7122]

MANFRED KÖHNLECHNER
Die Managerdiät. Fit ohne Fasten [6851]

WALTER F. KUGEMANN
Lerntechniken für Erwachsene [7123]

EDI LANNERS
Kolumbus-Eier. Tricks, Spiele, Experimente [7257]

RUPERT LAY
Dialektik für Manager. Einübung in die Kunst des Überzeugens [6979]

GERHARD LECHENAUER
Filmemachen mit Super 8 [7069]

LEHRLINGSHANDBUCH
Alles über die Lehre, Berufswahl, Arbeitswelt für Lehrlinge, Eltern, Ausbilder, Lehrer [6212]

PAUL LÜTH
Das Medikamentenbuch für den kritischen Verbraucher. Aktualisierte Ausgabe unter besonderer Berücksichtigung der alternativen rezeptfreien Medikamente [7362]

Mietrecht für Mieter. Juristische Ratschläge zur Selbsthilfe [7084]

ERNST OTT
Optimales Lesen. Schneller lesen – mehr behalten. Ein 25-Tage-Programm [6783]
Optimales Denken. Trainingsprogramm [6836]

Frauen schreiben für Frauen...

Über: Sexualität, Körper, Schwangerschaft

Sigrid Brunk
Ledig, ein Kind

220 Seiten. Gebunden.

»Ledig, ein Kind«, Sigrid Brunks erster Roman, liegt jetzt in einer unveränderten Neuauflage vor. Seine Thematik: der Kampf einer nicht verheirateten Mutter um ihre soziale Existenz, ist nach wie vor aktuell. Sigrid Brunks *»Heldin«*, eine junge Dekorateurin, lebt allein in einer Stadt. Aber dieses Alleinsein hat nichts von den Träumen, mit denen andere junge Menschen ihre Zukunft füllen. Die Zukunft hat hier schon zugeschlagen: Die junge Frau trägt die Verantwortung für ein Kind, das nicht bei ihr lebt, und für das sie doch sorgen muß.

»Ein Zeitroman im besten Sinne«, schrieb Max von der Grün zu diesem Buch. »Er spiegelt ein Stück Arbeitswelt, wie man es nur selten findet. Er hat eine Intensität, die aus dem Spannungsfeld des Menschen unserer Zeit kommt; des Menschen, der arbeiten und verdienen muß, um leben zu können, und der sich darüber hinaus bemüht, seine innere Freiheit zu bewahren; in diesem Fall heißt das: Fantasie, Kreativität, schöpferische Tätigkeit.

Ein empfehlenswertes Buch, spröde und doch glänzend geschrieben, spannend bis zur letzten Zeile. Ein guter Roman.«

k&w
Verlag Kiepenheuer & Witsch